OPÉRATIONS

DU

NEUVIÈME CORPS DE LA GRANDE ARMÉE

EN SILÉSIE.

Paris. — Typographie de H. Vrayet de Surcy et Cie, rue de Sèvres, 57.

OPÉRATIONS

DU

NEUVIÈME CORPS DE LA GRANDE ARMÉE

EN SILÉSIE,

sous le commandement en chef

DE S. A. I. LE PRINCE JÉROME NAPOLÉON,

1806 et 1807

PAR A. DU CASSE,

CAPITAINE D'ÉTAT-MAJOR

> Jérôme eût été propre à gouverner
> Je découvris en lui de ... es espérances
>
> Nap...n
> Mémorial de S.te Hélène

TOME SECOND.

Avec atlas.

PARIS,

LIBRAIRIE MILITAIRE, MARITIME ET POLYTECHNIQUE

DE J. CORRÉARD,

LIBRAIRE-ÉDITEUR ET LIBRAIRE-COMMISSIONNAIRE,

Rue Christine, 1.

1851

PIÈCES JUSTIFICATIVES.

DU LIVRE PREMIER.

—

N° 1er.

Ordre à Son Altesse Impériale le Prince Jérôme.

L'Empereur ordonne que Votre Altesse prenne le commandement de la division bavaroise qui arrive le 9 à Bayreuth, et qui le 10 au matin doit se rendre devant le fort de Culmbach. Je donne l'ordre à l'officier général commandant le corps de cette division bavaroise, d'envoyer un régiment de cavalerie au-devant de vous.

En conséquence, Votre Altesse partira le 10 au matin pour se rendre devant Culmbach; l'intention de l'Empereur est que vous fassiez cerner cette place et que vous la forciez à se rendre. L'intention de Sa Majesté est que le général Hédouville fasse sous vos ordres les fonctions de chef d'état-major de la division du général de Wrède.

Je détache près de Votre Altesse le lieutenant-colonel d'Aubert, officier bavarois, employé près de moi; cet officier vous devancera et sera porteur de l'ordre qui prévient le commandant bavarois du commandement que l'Empereur vous confie.

L'intention de l'Empereur est que, lorsque le fort de Culmbach sera rendu, vous lui envoyiez un rapport qui lui fasse connaître l'état de l'artillerie et des fortifications. Je donne l'ordre à un officier du génie de s'y rendre et de visiter lui-

même le fort. Cette reconnaissance sera indépendante de cell
que feront les officiers bavarois. Vous voudrez bien, Monsei
gneur, envoyer l'état exact de l'infanterie, cavalerie et artilleri
qui se trouvera dans la place; vous passerez la nuit du 10 a
11 à Culmbach, où vous attendrez de nouveaux ordres. Vou
écrirez, pour vos subsistances, au général Legrand qui com
mande toute la province, et qui est en ce moment à Forkeim

Le major-général, prince de Neuchâtel,

M^{al} BERTIER.

N° 2.

Le prince Jérôme à l'Empereur.

Sire,

J'ai l'honneur de rendre compte à Votre Majesté, que je
suis parti de Cronach hier à 4 heures du soir, et je suis arrivé
à Culmbach où j'ai passé la nuit. Le fort a tiré dans la journée
d'hier plusieurs coups de canon sur les patrouilles bavaroises.

Le fort était entièrement cerné à mon arrivée. J'ai fait sommer cette nuit, par le général Mezzanelli, le commandant
prussien de se rendre, il a répondu qu'il avait ordre de son roi
de se défendre jusqu'à la dernière extrémité, et qu'il s'y conformerait. Il aurait pu être pris en peu de jours, quoiqu'il y
ait à peu près 800 hommes, parce que ce sont la plupart des
recrues, et que l'eau leur manquerait bientôt.

J'ai laissé le 13ᵉ de ligne pour cerner le fort. Ce régiment,
composé presque entièrement de recrues, et non habillé, aura
le temps de s'organiser.

Les troupes bavaroises se sont rassemblées ce matin, j'en ai
passé la revue à onze heures, et me suis mis en marche avec
elles, selon l'ordre de Votre Majesté.

J'arrive à Steinvissen avec les troupes. Je serai à Lobeinstein après-demain. Je ne puis partir demain que tard, afin de donner le temps au bataillon d'infanterie de Preysing, qui arrive à marches forcées du Tyrol, de me joindre ici. J'ai laissé ce bataillon à deux lieues de Culmbach, parce qu'il a déjà fait huit lieues dans la matinée.

Une compagnie de dragons de Taxis a été obligée de passer dans le bourg de Culmbach sous le canon du fort.

Steinvissen, le 11 octobre 1806, à 6 heures et demie du soir.

Sire,

Je reçois à six lieues de Lobeinstein, l'ordre de ne point y diriger ma route, et de me porter sur Hoff. Je suis obligé, dans ce moment, de passer par Lobeinstein quand même je me porterais sur Hoff, parce qu'il n'y a point d'autre route et que d'ailleurs je manquerais de vivres.

J'ai laissé le 13e de ligne pour cerner le fort de Culmbach, j'aurai l'honneur d'envoyer ce soir un aide-de-camp à Votre Majesté, *je la supplie de ne pas me tenir éloigné du champ de bataille et de me rapprocher de sa personne.*

Steinvissen, le 13 octobre 1806.

Sire,

J'ai l'honneur de rendre compte à Votre Majesté, que je viens d'arriver à la tête des Bavarois. Ce matin, j'en ai passé la revue homme par homme, et j'ai trouvé présents sous les armes 5,872 hommes, officiers compris, savoir : 4,637 d'infanterie et 1,235 de cavalerie, en très-bon état, manœuvrant très-bien et désirant se battre.

Quant à moi, Sire, Votre Majesté sait mieux que personne, que ce dont j'ai le plus besoin c'est d'acquérir de la gloire. Combien ne serais-je pas à plaindre si, au retour de cette cam-

pagne, je ne pourrais dire autre chose, sinon : J'ai commandé des Bavarois et suis resté à l'arrière-garde.

Lohenstein, 13 octobre 1806, à 2 heures après midi.

N° 3.

Le général Hédouville au prince Jérôme.

- Monseigneur,

La division de Votre Altesse Impériale était en marche hier 18, à 6 heures du matin, et est arrivée ici le même jour, en bon ordre ; les mauvais chemins ont peu retardé les trains d'artillerie.

Nous trouvons plus de ressources pour les subsistances à Plauen qu'à Schleitz ; il est cependant à désirer que nous marchions bientôt en avant, tant parce que les subsistances s'épuiseront bientôt, que par l'espérance que conservent les Bavarois de donner, sous les yeux de V. A. I., des preuves de leur dévouement à l'Empereur.

Plauen, situé dans le fond d'un entonnoir, est entouré de montagnes et monticules qui se dominent les unes les autres, et ses environs que nous venons de parcourir n'offrent aucune bonne position. Les troupes bavaroises y resteront dans les cantonnements indiqués dans la note ci-jointe, jusqu'à nouveaux ordres de Votre Altesse Impériale : ces cantonnements couvrent les routes de Dresde, de Géra et de Schleitz, par de forts bivouacs, et des patrouilles de cavalerie sont continuellement poussées en avant.

Le général Mezzanelli cherche à se procurer quelques chevaux pour atteler ceux de ses charriots de munitions qui ont été jusqu'à présent traînés par des bœufs.

Il fait aussi vérifier par une commission l'argent qui existe dans les caisses publiques de cette petite ville, et n'a encore découvert qu'une somme de onze cents écus; il supplie V. A. I. de l'autoriser à employer cette somme pour les besoins les plus urgents de la division bavaroise, sauf à la faire remplacer par la suite par qui de droit. Il prendra la même précaution dans les autres villes de son passage, sauf à remettre ensuite l'argent dans les caisses qui lui seront indiquées.

Une compagnie du 7e régiment d'infanterie de ligne et un peloton du 2e régiment de cavalerie sont restés à Schleitz, sous les ordres du commandant de la place, pour y maintenir la police dans un moment où les blessés et les prisonniers y affluaient; ces deux détachements seront rappelés dès que la division quittera Plauen. Je fais escorter aujourd'hui dix caissons de cartouches d'infanterie, appartenant à un des corps de l'armée, jusqu'à Schleitz, par un sous-officier et douze hommes du 2e régiment de ligne.

J'ai l'honneur d'être avec le plus profond respect,
Monseigneur,
De Votre Altesse Impériale,
Le très-humble et très-obéissant serviteur,

T. HÉDOUVILLE.

Plauen, le 19 octobre 1806, à 3 heures du soir.

N° 4.

Wittemberg, le 23 octobre 1806.

A Son Altesse Impériale le Prince Jérôme.

J'ai l'honneur de vous prévenir, mon Prince, que l'Empereur a nommé M. de Thiard, chef d'escadron et chambellan de Sa Majesté, commandant de la place de Dresde.

Je lui donne l'ordre d'aller prendre ce commandement; il se

dirigera par la rive gauche de l'Elbe, joindra la tête de la division bavaroise et entrera avec elle dans la ville. Je lui prescris de maintenir une bonne discipline à Dresde et d'ordonner qu'on ait les plus grands égards pour l'Électeur et sa famille.

Il prendra possession de l'arsenal et de tous les magasins à poudre et de guerre en faisant connaître que cela nous est nécessaire comme moyens de guerre. Nous ne sommes point en paix avec l'Électeur ; nous avons été en guerre ; nous sommes en état d'armistice. Tous les magasins de sel, de souliers, de draps, de harnachement, de munitions de guerre, de remonte appartiendront à l'armée comme moyens de guerre, dont l'Électeur n'a pas besoin. J'ai chargé le général Songis d'envoyer un officier d'artillerie pour prendre possession de l'artillerie et lui donner une direction convenable aux intérêts de l'armée. Le général Chasseloup enverra un officier du génie faire la reconnaissance de la place.

L'intention de Sa Majesté est de réunir dans Dresde toutes les troupes alliées. La première division qui y entrera demain n'est composée que de 6,000 hommes ; la seconde, composée de 8,000 hommes, ne doit pas tarder d'y arriver ; la troisième, composée de 10,000 hommes de troupes wurtembergeoises, arrivera dans huit jours. Je charge M. de Thiard de faire préparer des quartiers pour toutes ces troupes.

On laissera la garde du palais aux gardes-du-corps et au régiment des gardes de l'Électeur. Il ne faut pas que l'Électeur ait à Dresde plus de 400 hommes à cheval et 12 ou 1500 hommes d'infanterie. Je préviens M. de Thiard que s'il y en avait davantage, le reste doit retourner dans ses garnisons ordinaires.

J'ai aussi prévenu M. de Thiard que si l'on s'apercevait qu'il y eut esprit de résistance à Dresde, il faudrait attendre l'arrivée de la seconde colonne pour agir plus absolument en maître.

Je prie Votre Altesse Impériale de correspondre avec moi sur tous ces objets. En général, il faut mettre beaucoup de formes, beaucoup de procédés, beaucoup d'honnêtetés, mais en

réalité s'emparer de tout, surtout des moyens de guerre sou
prétexte que l'Électeur n'en a plus besoin.

L'Empereur, mon Prince, ordonne que vous envoyiez au-
devant de la seconde division bavaroise pour savoir le jour où
elle arrivera ainsi que la colonne wurtembergeoise. Veuillez
m'en instruire dès que vous en aurez la connaissance.

Le major général,

Maréchal ALEX. BERTIER.

A Dessau, le 22 octobre 1806.

A S. A. I. le prince Jérôme.

J'ai l'honneur de vous adresser, mon Prince, une plainte
portée par M. le comte de Reuss sur les désordres commis par
la division bavaroise. Comme cette division est sous vos ordres,
je prie Votre Altesse de la rappeler à une plus exacte discipline.

Le major général prince de Neuchâtel,

Maréchal ALEX. BERTIER.

Wittenberg, le 23 octobre 1806.

A S. A. I. le prince Jérôme.

J'ai l'honneur de vous prévenir, mon Prince, que je donne
l'ordre au général Songis de faire venir de Dresde trente à quarante pièces de canon de siége pour armer la place de Wittenberg.

Comme les divisions de troupes bavaroises doivent arriver
demain à Dresde, je prie Votre Altesse Impériale de donner de

ordres, pour qu'elles assurent l'exécution de cette disposition et fournissent les escortes nécessaires à cette artillerie.

Le major général,

Maréchal ALEX. BERTIER.

Berlin, le 29 octobre 1806.

A Son Altesse Impériale le prince Jérôme.

J'ai l'honneur de vous prévenir, mon Prince, que d'après les ordres de l'Empereur, je viens d'ordonner au général de Wrède de partir demain 30 de Dresde avec la division de troupes bavaroises qu'il commande, pour se diriger sur Cottbus et de là se rendre à Peitz où elle tâchera d'arriver le 1er ou le 2 novembre au plus tard, et où elle cantonnera jusqu'à nouvel ordre. La cavalerie attachée à cette division continuera sa marche sur Francfort pour se lier à celle du corps du maréchal Davout qui y sera.

J'ai aussi donné l'ordre qu'aussitôt que la division du général de Deroy sera arrivée à Dresde, elle suive, sans y séjourner, la route de la division de Wrède pour se rendre également à Peitz où le corps bavarois réuni attendra de nouveaux ordres. Le commandant des troupes bavaroises devra se mettre en correspondance avec le corps du maréchal Davout qui sera à Francfort.

Le major général,

Maréchal ALEX. BERTIER.

Berlin, 28 octobre 1806.

Le major général à M. de Thiard.

J'ai mis sous les yeux de l'Empereur, Monsieur de Thiard,

la lettre que vous m'avez écrite. S. M. n'a pas été satisfaite de la comparaison que vous faites des alliés avec nos ennemis. Elle a vu avec peine qu'on faisait sentir aux alliés qu'ils n'avaient pas combattu ni à Austerlitz, ni dans cette campagne; son intention est tout à fait opposée. S. M. cherche, au contraire, à les allier à tous ses succès et à leur en faire partager la gloire. C'est par là qu'il acquiert leur amitié et surtout leur confiance. Autrefois on n'avait pas d'alliés parce qu'on suivait un système opposé. S. M. est très-fâchée que vous n'ayez pas donné de souliers aux Bavarois. Faites-leur en distribuer en gratification. En général, l'Empereur veut que les Bavarois et les autres alliés soient traités comme les Français, et qu'on procure aux officiers et aux soldats toutes les douceurs possibles, et la Saxe et la Prusse en fournissent les moyens.

. . . .

Je vous réitère, Monsieur de Thiard, que l'intention de l'Empereur est que les Bavarois et les Wurtembergeois, quand ils arriveront à Dresde, soient parfaitement bien traités, et qu'il n'y ait entre eux et les Français aucune différence.

Berlin, 29 octobre 1806.

Le major général au général commandant la **2e** *division bavaroise.*

Je viens de donner l'ordre, Monsieur le Général, qu'on fournisse des souliers à vos soldats; l'intention de l'Empereur est qu'ils soient en tous points traités avec les mêmes égards que l'on porte aux troupes françaises, qu'ils éprouvent les mêmes douceurs autant que les circonstances le permettent. Les alliés de l'Empereur et Roi, étant associés à la gloire de la dernière campagne, comme à celle-ci, ont le même droit que les Français à sa sollicitude.

Toutes les campagnes de l'Empereur sont des campagnes de manœuvres, et la gloire appartient également à tout ce qui compose la grande armée, soit troupes françaises, soit troupes alliées. Tels sont, Monsieur le Général, les sentiments de l'Empereur, et s'il pouvait avoir de la prédilection, ce serait assurément en faveur des troupes de S. M. le roi de Bavière.

Dresde, 25 octobre 1806.

Le commandant de Thiard au major général.

Monseigneur,

Je suis arrivé dans cette résidence hier matin ; j'y ai trouvé le général Hédouville qui m'y avait précédé. Nous nous sommes rendus ensemble chez l'Électeur, qui nous a reçus le plus mal possible. C'était un moment d'humeur et les détails so . inutiles. La division bavaroise dont il n'y a que sept bataillons (trois étant en arrière) est entrée ce soir seulement dans la ville. Elle a occupé très-paisiblement tous les postes que j'avais désignés. Elle commet passablement d'excès, a beaucoup de prétentions, parle de réquisitions, de souliers, etc., etc. En général, je suis très-mécontent de son esprit, mais je puis assurer à V. A. que je remédierai aux grands inconvénients, si je peux réprimer les petits.

La proposition de saisir l'arsenal fera ici une grande sensation. Je la ferai demain et je réussirai. Monsieur le colonel Doguereau me presse beaucoup, mais cependant il me laissera le temps nécessaire pour mener les choses à bien.

Il n'y a dans cette résidence ni même dans l'armée aucun magasin de draps, équipements, etc., par la raison que les compagnies sont au compte des capitaines, mais il y a un bel arsenal, des tentes dont j'espère bien me saisir demain.

Je désirerais que la division bavaroise sût d'une manière positive qu'elle n'a gagné ni la bataille d'Austerlitz, ni celle d'Iéna, qu'un mot de S. M. peut rendre l'armée saxonne tout autant qu'elle.

Il y a encore dans la ville 26,000 hommes, mais dans 48 heures, il n'en restera que le nombre que S. M. a fixé.

Je n'ai pas un adjudant pour m'aider, pas un gendarme pour la police, et dans mon antichambre deux ordonnances bavaroises ivres, et pas un sol, ce qui partout est cependant nécessaire.

Je suis beaucoup plus content des vaincus que des alliés.

J'ai l'honneur, etc.

Dresde, 26 octobre.

M. de Thiard au major général.

Monseigneur,

J'ai pris ce matin possession de l'arsenal sans aucune résistance. J'ai dit que S. M. avait besoin de canons pour armer Wittemberg, que l'éloignement de nos frontières l'engageait à puiser dans l'arsenal, mais qu'un jour l'Électeur serait dédommagé de cette perte par celui de Berlin, comme celui de Munich l'avait été par Vienne. J'ai pensé qu'il n'y avait aucun inconvénient à prendre ce biais, puisqu'il me semblait que l'intention de S. M. était remplie. L'Électeur se tait et l'arsenal est dans nos mains. M. Doguereau s'occupe déjà de l'évacuation. Je lui laisse les soins d'en envoyer l'inventaire à V. A.

Je ne puis que répéter à V. A. ce que je lui ai dit hier. La division bavaroise commet beaucoup de désordres. Il m'est difficile d'y remédier parce que cet esprit est dans la tête, et que lorsqu'il m'arrive des plaintes très-fondées, je ne puis envoyer pour les vérifier, que des Bavarois, qui donnent toujours tort à la bourgeoisie, tandis que j'ai souvent la certitude du contraire. C'est surtout dans les villages environnants que les désordres se multiplient, parce que, étant seulement commandant de la ville, je ne puis y porter remède. M. de Schonfeld conseille les généraux bavarois, et les conseille mal. Je désirerais bien que V. A. voulût me faire savoir si je puis declarer à la division bavaroise que la Saxe doit être considérée par elle comme pays neutre, destiné à devenir sous peu allié et non un pays ennemi. Les généraux voulaient s'emparer de l'arsenal, et si j'étais arrivé douze heures plus tard, la ville était traitée comme le pays qu'ils ont parcouru, où ils ont saisi les caisses publiques.

L'Electeur est beaucoup mieux maintenant : la garnison a été réduite à 2,000 hommes au plus, comme les instructions le portent, et elles sont remplies dans leur entier.

Il y a ici un magasin de sel peu considérable, comme M. Dumolard vient d'arriver pour régir la province en qualité d intendant, je lui laisserai le soin de s'en saisir. Je veille en attendant à ce qu'il n'en soit rien distrait.

J'ai l'honneur, etc.

31 octobre 1806, Dresde.

M. de Thiard à l'Empereur.

Sire,

Les ordres de V. M., en date du 28, m'ont été remis par M. de Ponthon, hier 30, dans l'après-midi. Connaissant ses intentions, je me suis empressé aussitôt de les exécuter, et j'y travaillais, quand, à onze heures du soir (le 30), est arrivé l'ordre de faire partir le 30 *au matin* la division du général de Wrède. Elle n'a pu par conséquent exécuter son mouvement que ce matin 31. Le général Mezzanelli ayant reçu des autorisations directes du Ministre, s'est cru autorisé à me demander des armes, des effets d'habillement, de campement, etc., etc. Une partie de ces objets n'existant pas dans l'arsenal, je n'ai pu les lui fournir; il recevra demain les autres. Il est parti avec ce que j'ai pu lui livrer, un jour de pain (quoiqu'il en ait pour deux jours) et qu'il a vendu presque entièrement dans la ville, 4 chevaux des écuries de l'Electeur; et ses troupes ont pillé, en passant, deux caissons à ses armes. Cela me donne peu d'espoir de revoir les 200 chevaux de réquisition que je lui ai fournis, et j'ignore comment je ferai pour subvenir aux besoins de transport des colonnes qui suivent.

La ville de Dresde est peuplée, avec les faubourgs, d'environ 50 milles âmes, presque tous artisans. Ils ont vu la guerre avec regret, ont prévu les résultats, ont un caractère national qui tire sa source de leur attachement pour l'Electeur, et verraient avec plaisir une alliance avec la France, qu'ils regardent comme le meilleur moyen de relever leurs manufactures. Ils n'accusent de la guerre, ni leur prince, qui est singulièrement aimé, et qui les gouverne avec beaucoup de sagesse, ni même son ministère, mais seulement leur position topographique. C'est vers la fin d'août que M. de Gortz, adjudant du roi de Prusse, est venu dans cette résidence pour engager l'Electeur à mobiliser son armée. Il paraît qu'il s'y est refusé autant que possible, et du moins (ce qui est rare) c'est ce qu'on assure ici: il a en vain réclamé la neutralité, elle lui a été constamment refusée. L'armée saxonne a fait la guerre avec regret et ne demande qu'à joindre ses drapeaux aux aigles victorieuses de V. M. Dans plusieurs conversations que j'ai eues avec l'Electeur, il m'a paru animé du même esprit. L'idée de voir sa résidence occupée par des armées étrangères, l'a d'abord fort affecté, surtout parce qu'il savait que ce n'étaient point des troupes de V. M. qui devaient s'en emparer. Ayant réprimé ce premier mouvement il vient maintenant au-devant de tout ce que nous pouvons désirer. Ses ministres ont reçu des ordres pour livrer l'arsenal dans son entier. Je suis *seul* dans ce moment dans la ville, et je réponds sur *ma tête* qu'il n'en sera rien distrait. J'en suis si convaincu que demain, il partira pour Wittemberg un second convoi de plus de la valeur de 500 voitures, avec une escorte saxonne, puisque le ministre de la guerre me laisse sans une ordonnance, et je réponds, si les Bavarois ne le pillent pas en route, qu'il arrivera en son entier. Les magasins m'ont été également ouverts, et c'est de son cabinet particulier que l'Electeur a tiré les cartes des villes fortes de Prusse, que j'ai cru devoir adresser à V. M.

Le comte de Loss, ministre des affaires étrangères est âgé, et paraît être un de ceux qui ont le plus d'influence. On assure qu'il est tout à fait opposé au système prussien. Les princes Antoine et Maximilien, frères de l'Electeur, paraissent peu à la cour et n'ont aucune influence. En un mot, on regardera ici une alliance avec V. M. comme un bienfait, et je crois qu'on l'observera avec scrupule. L'Electeur s'est même ouvert à moi franchement sur cet article. Il attend M. Durand avec impatience, parce qu'il le croit chargé des instructions de V. M. Il a rompu bien certainement toute relation avec la Prusse, il est catholique, religieux, honnête homme, il tiendra ses engagements.

Le reste de la lettre est pour se disculper de ce qu'il a écrit et relatif à la lettre du major général, puis sa demande de revenir auprès de l'Empereur, ce qui n'est pas accordé.

25 octobre 1806.

Au prince Jérôme.

Monseigneur,

Après avoir logé la division bavaroise à Chemnitz, je suis

venu de ma personne à Dresde, où je suis arrivé hier en même temps que M. de Thiard. Nous avons été de suite chez le ministre de la guerre et ensuite chez l'Electeur pour leur annoncer l'arrivée des troupes bavaroises. S. A. E. m'ayant observé qu'elle avait espéré, d'après la bienveillance de l'Empereur, qu'il ne passerait pas de troupes dans sa résidence, je lui ai fait entendre que la position de Dresde est trop importante, dans les circonstances, pour que Sa Majesté ne s'en assure pas, que les précautions militaires devaient être prises sans compliments, et que, quant à la conduite des troupes, les intentions de l'Empereur et les ordres de V. A. I. sont si précis que les généraux en répondent personnellement.

J'ai eu l'honneur de dîner aujourd'hui avec S. A. E., qui a été plus parlante qu'hier, et m'a répété plusieurs fois qu'elle mettait toute sa confiance dans la magnanimité de l'Empereur.

J'ai été ce soir au-devant des troupes avec M. de Thiard; nous sommes entrés à leur tête dans la ville qu'elles ont traversée dans la meilleure tenue de route et en bon ordre; l'Electeur les a toutes vues passer du balcon de sa résidence et en a été salué.

Je joins ici leur emplacement qui éprouvera quelques changements. Nous pousserons des patrouilles principalement sur la rive droite de l'Elbe.

Le commandant Thiard aura toute la force qu'il jugera nécessaire pour l'exécution des ordres de Sa Majesté, et je ferai fournir une escorte suffisante aux quarante pièces de canon qui seront tirées de l'arsenal de Dresde pour être conduites à Wittemberg; l'embarras sera d'avoir assez de chevaux pour leur transport.

J'avais empêché la prise de possession des caisses publiques avant d'avoir reçu les ordres de V. A. I. Le général Mezzanelli assure qu'il n'a pris cette mesure qu'à Plauen; les mille cinquante écus qui y ont été saisis sont déposés dans la caisse de la division et seront remis à qui de droit, sur les ordres de V. A. I.

J'enverrai un second officier au-devant de la division du général Deroy et un autre au-devant de la division wurtembergeoise; dans l'incertitude de la route que tient celle-ci, cet officier ira à Schleitz et prendra des mesures en passant à Plauen pour savoir si elle vient par la route de Hoff. Aussitôt que je connaîtrai l'itinéraire de ces troupes, je l'expédierai à V. A. I. On croit que la division du général Deroy ne peut être rendue ici avant six jours.

J'ai l'honneur d'être avec le plus profond respect,

Monseigneur,

De Votre Altesse Impériale ,

Le très-humble et très-obéissant serviteur,

T. Hédouville.

A Dresde, le 25 octobre 1806.

P.S. J'attendais un état de situation que je ferai passer à V.A.I. par la première occasion. Le général Mezzanelli m'assure qu'il n'a pas eu un seul déserteur, et la division a à peine quarante malades.

A Peitz, le 2 novembre 1806, à dix heures du soir.

Monseigneur,

M. l'officier d'ordonnance Hertelingen m'a remis ce soir à six heures les ordres de V. A. I. J'ai en conséquence remis de suite au général Mezzanelli l'ordre d'aller avec sa division à *Crossen.*

Elle partira demain d'ici pour aller loger :

le 3 à Guben.

et le 4 à Grossen.

Je viens de faire partir le lieutenant Sartorius qui remettra, sur la route d'ici à Dresde (probablement à Hoyers-Verda), au lieutenant général de Deroy, son nouvel ordre de marche, avec l'itinéraire que je l'invite à tenir.

Alors sa division logerait :

le 5 à Cottbus,

le 6 à Guben,

et le 7 à Crossen.

Le même officier, après avoir remis sa dépêche au général de Deroy, continuera sa route pour Dresde, où il remettra au général baron de Seckendorf son ordre de marche pour se rendre aussi à Crossen. Je l'invite à suivre l'itinéraire suivant :

Il doit arriver le 3 à Dresde, il en partirait le 4 pour aller loger :

le 4 à

le 5 à Hoyers-Verda,

le 6 à Cottbus,

le 7 à Guben,

et le 8 à Crossen.

La cavalerie de ces divisions y restera réunie.

Les mesures les plus actives seront prises pour que le corps d'armée de V. A. I. ait toujours quatre jours de vivres d'avance.

Je ne puis vous exprimer, Monseigneur, avec quelle impatience l'armée qui a l'honneur d'être sous les ordres de V. A. I., sans oublier votre chef d'état-major, attend l'arrivée de son général, qui nous présage que nous rencontrerons enfin l'ennemi.

V. A. I. trouvera sur sa route, pour l'escorter, un piquet de 25 cavaliers : à Friedland,

un de même nombre à Liebrose,

un   *idem*.   à Guben,

et un quatrième à moitié chemin de Guben à Crossen.

Je ne présume pas que V. A. I. prenne sur la rive droite de l'Oder, un chemin qui serait plus court.

J'ai l'honneur d'être avec le plus profond respect,

Monseigneur,

De Votre Altesse Impériale,

Le très-humble et très-obéissant serviteur,

T. Hédouville.

P. S. J'ai l'honneur d'envoyer à V. A. I. la première dépêche qui allait partir quand j'ai reçu ses ordres pour lui faire connaître la bonne volonté du général Mezzanelli.

Le prince Jérôme au général Hédouville.

Monsieur le général, je reçois votre lettre du 19 octobre, j'y ai vu avec peine que M. le général Mezzanelli avait, dans deux circonstances, fait prendre la caisse des petites villes par où il a passé.

Vous voudrez bien lui laisser connaître que je désapprouve formellement de pareils actes. L'intention de S. M. étant d'établir dans chaque ville une administration qui seule peut aviser aux moyens de se procurer des fonds.

Berlin, 21 octobre 1806.

Monsieur le général, M. de Thiard, chef d'escadron, chambellan de S. M. l'Empereur et Roi, se rend à Dresde pour prendre le commandement de la place. M. de Thiard ayant des instructions de l'Empereur pour ce qui concerne, soit la conduite que les troupes doivent tenir, soit pour prendre possession de l'arsenal, vous vous entendrez avec lui, et vous laisserez connaître aux généraux que je mets sur leur responsabilité le

moindre désordre que les troupes bavaroises commettraient.
Vous fournirez au général Songis, sur sa demande, le nombre
d'hommes nécessaire à l'escorte de 40 pièces de canon qui doivent être transportées de Dresde à Wittemberg.

Wittemberg, 23 octobre 1806.

Monsieur le général, je reçois votre lettre du 25, ainsi qu'une
de M. de Thiard, dans laquelle il se plaint que les généraux
bavarois ne veillent pas assez au maintien du bon ordre. Il faut
que M. le commandant de la place de Dresde s'entende avec
vous et que vous agissiez de concert.

Au quartier général Impérial, 27 octobre 1806.

N° 3.

Berlin, 1er novembre 1806.

A S. A. I. le prince Jérôme.

L'Empereur ordonne à S. A. I. le prince Jérôme, commandant le corps auxiliaire des troupes bavaroises et de Wurtemberg de partir demain 2 novembre pour se rendre à Francfort-
sur-l'Oder. S. A. est prévenue que je donne l'ordre à la première division bavaroise de partir de Cottbus pour se rendre à
Crossen ; que je donne également l'ordre à la seconde division
bavaroise de continuer sa route pour se rendre à Crossen ; enfin,
que je donne l'ordre au corps wurtembergeois de continuer
également sa route pour Crossen. où ces corps de Bavière et de
Wurtemberg réunis formeront le corps de troupes auxiliaires à
vos ordres.

L'Empereur ordonne, Monseigneur, que de Francfort vous
vous rendiez à Crossen, de manière à y arriver immédiatement
après que la première division bavaroise y sera entrée. La cava-

leric bavaroise s'y rendra également ; à votre arrivée à Crossen, vous ferez réunir des moyens de subsistance soit en pain ou en pain biscuité, de manière à pouvoir distribuer pour 4 jours de vivres à tout votre corps d'armée, au moment où il recevra l'ordre de se mettre en marche. Quoique le corps des troupes auxiliaires soit directement sous vos ordres, la position dans laquelle il se trouve avec celle du corps du maréchal Davout vous met sous les ordres de ce maréchal.

L'intention de S. M. est que vous vous teniez constamment en communication avec lui, et que si l'ennemi était en présence et menaçait de l'attaquer, vous prissiez ses ordres pour le soutenir de tous vos moyens. Votre Altesse n'en recevra pas moins les ordres directs de l'Empereur par son major général.

Votre cavalerie vous servira pour faire réunir les moyens de subsistance dont vous avez besoin.

Je fais connaître à M. le maréchal Davout les dispositions de l'ordre que S. M. me commande d'expédier à V. A.

Le major général, prince de Neuchâtel,
Maréchal Alex. Berthier.

P. S. V. A. aura soin de faire éclairer par des piquets de cavalerie les routes de Posen et de Breslau.

N° 6.

Berlin, le 3 novembre 1806.

Ordre à Son Altesse Impériale le prince Jérôme.

J'ai l'honneur de prévenir Votre Altesse Impériale que je donne l'ordre au général Montbrun de se rendre près d'Elle pour y être employé ; c'est un excellent officier de cavalerie légère et Elle peut lui confier une des colonnes qui vont investir Glogau ; l'intention de l'Empereur, Prince, est que vous envoyiez par un de vos aides de camp l'ordre à la cavalerie de la seconde division bavaroise et à celle du corps de Wurtemberg de forcer de marche afin de pouvoir vous rejoindre dans la journée du 6 à Crossen. S. M. pense que vous devez en former sans délai trois détachements, dont vous conférerez le commandement savoir : le 1er au général de brigade Lefebvre, le 2e au général de brigade Montbrun, enfin le 3e à un officier général bavarois ; chaque détachement serait d'environ 800 hommes ; vous ferez diriger l'un sur la rive gauche de l'Oder, l'autre sur la rive droite et le troisième sur Posen ; les deux détachements de la rive gauche et de la rive droite se porteront à Glogau pour investir la place et voir si elle est disposée à capituler comme Custrin ; ils enverront des partis jusqu'à Breslau pour tâcher d'intercepter des courriers et des convois qui pourront donner des nouvelles sur la situation des affaires.

Je donne avis au maréchal Davout des dispositions du présent ordre.

Le major général, prince de Neuchâtel,

Maréchal ALEX. BERTHIER.

PIÈCES JUSTIFICATIVES.

DU LIVRE DEUXIÈME.

———

N° 1ᵉʳ.

Le prince Jérôme au général Hédouville.

Monsieur le général, j'ai reçu les deux lettres que vous m'avez écrites de Peitz, par lesquelles vous m'apprenez que vous serez aujourd'hui à Crossen. J'arrive à l'instant à Francfort, et je serai cette nuit ou demain matin de bonne heure à Crossen. Vous m'apprenez aussi que le général Mezzanelli a pris le commandement de toute la cavalerie. Outre que de pareilles dispositions ne peuvent être prises sans que je les aie ordonnées, elles ne peuvent convenir dans ce moment-ci.

Dans la journée de demain, je fais partir pour une expédition particulière les trois régiments de cavalerie de la 2ᵉ division, trois obusiers et trois pièces de canon, sous les ordres du général Lefebvre. Faites toutes les dispositions pour que ce corps de troupes soit prêt à marcher au premier signal.

Agréez, etc.

JÉRÔME NAPOLÉON.

Francfort-sur-l'Oder, ce 4 novembre 1806.

N° 2.

A Crossen, ce 5 novembre 1806.

Instructions pour le général de brigade Lefebvre, commandant un corps de cavalerie légère.

Monsieur le général Lefebvre partira demain de Crossen avec deux régiments de chevau-légers, un régiment de dragons, et une compagnie d'artillerie légère, et s^ portera avec toute la célérité possible sur Glogau, sur la rive gauche de l'Oder ; c'est une place forte, défendue par 3,500 hommes formés presque entièrement de recrues.

Savoir :

Deux bataillons de deux régiments d'infanterie, forts chacun de 900 hommes, ce qui fait	1,800 hom.
Trois compagnies d'invalides faisant ensemble	500
Deux dépôts de deux régiments de dragons évalués ensemble	400
Deux dépôts de deux autres régiments de cavalerie évalués ensemble	600
Une compagnie de canonniers	200
Totalité de la garnison	3,500

dont mille hommes de cavalerie.

Cette garnison est commandée par le général major Marwitz. La terreur est dans toute la Silésie, c'est donc en profitant de ce premier moment de consternation, qu'on peut faire capituler la place.

A votre arrivée devant Glogau, si le général de brigade Montbrun ne paraît pas avec un autre corps de cavalerie sur la rive droite de l'Oder, vous y ferez passer, si cela est possible, un ou deux escadrons, afin de persuader au commandant de la place qu'il est enveloppé : vous lui enverrez un parlementaire deux heures avant la nuit ; il sera porteur de la sommation que vous lui ferez, et dans le cas où le gouverneur ne se rendrait pas, ce qui est possible, vous jetterez dans la place, à l'entrée de la nuit, autant d'obus que possible.

Cela ne vous empêchera pas d'envoyer des détachements de cavalerie sur la route de Breslau, afin de me mettre parfaitement au courant de la situation des ennemis dans la Silésie.

Si Glogau se rendait :

1° Vous feriez sortir de suite les prisonniers et les dirigeriez sur Crossen ; vous y enverriez tout le corps d'officiers six heures d'avance, avec une escorte suffisante.

2° Vous y laisseriez un régiment, en attendant que je puisse y envoyer une garnison, et vous vous porteriez avec les deux autres régiments sur Breslau, et vous feriez observer les routes de Breslau à Graudentz, et à Posen, pour y intercepter les convois de vivres et de munitions, qui se sauvent par ces routes.

J'envoie avec vous un de mes aides de camp, que vous enverrez en parlementaire, et un officier du génie pour me faire un rapport sur la situation de la place, si elle se rend ; et sur les moyens de l'attaquer et les probabilités de la réussite, si elle ne se rendait pas.

Aussitôt que vous apprendrez l'arrivée du général Montbrun, vous aurez soin de vous entendre parfaitement avec lui, vous n'êtes pas sous ses ordres quoiqu'il soit votre ancien ; mais vous devez tout faire pour le soutenir en cas qu'il ait besoin de vous.

Si l'ennemi vous forçait à réunir vos deux colonnes, le général Montbrun, comme le plus ancien, vous donnerait des ordres.

Vous préviendrez le capitaine Hulot, commandant un détachement de chasseurs à cheval, envoyé en reconnaissance sur la route de Breslau, de se rendre à Posen par Lissa.

Le commandant en chef de l'armée des alliés,

JÉRÔME NAPOLÉON.

N 3.

Au quartier général de S. A. I. le prince Jérôme Napoléon, de Crossen, le 9 novembre 1806.

Ordre général.

S. A. I. ordonne que les dix mille écus qui proviennent de la vente des bateaux de sel appartenant au roi de Prusse, et qui ont été saisis sur l'Oder, soient divisés ainsi qu'il suit :

Il sera donné au détachement qui a fait la prise quatre mille livres de France.

Le surplus sera partagé en trois portions. L'une, sera versée dans la caisse militaire de la division du général de Wrède.

La deuxième, dans la caisse militaire de la division du général de Deroy.

Et la troisième, dans la caisse militaire de la division de Wurtemberg.

Ces sommes seront destinées à pourvoir aux dépenses extraordinaires pour le service, et à l'envoi des courriers, et chaque général de division rendra compte à S. A. I. de l'emploi de ces fonds.

Le général Minucci, commandant la division de Wrède, et le commissaire des guerres de cette division sont chargés de faire distribuer ladite somme de 10 mille écus, ainsi qu'il est ordonné ci-dessus.

Le général de division, chef d'état-major.

T. HÉDOUVILLE.

Berlin, le 10 novembre 1806.

A S. A. I. le prince Jérôme.

L'Empereur me charge de faire savoir à V. A. I., qu'il ne fallait pas faire vendre les sels, ce qui détruit le système de gabelle. Il faut tout envoyer à Custrin, et que votre chef d'état-major en prévienne l'intendant général, afin que l'emploi tienne au système général adopté par l'Empereur. S. M. n'approuve point que V. A. I. ait mis des fonds provenant de la vente des sels à la disposition des corps de Bavière et de Wurtemberg. Toutes les sommes perçues, l'argent des caisses, etc., doivent être versés dans la caisse du receveur général des contributions, M. de Labouillerie.

S. M. désignera les fonds qu'elle croira devoir être nécessaires pour les dépenses particulières de V. A. I. ainsi que pour ses généraux.

Le prince de Neuchâtel et de Valangin,

Ministre de la guerre, major général,

Maréchal ALEX. BERTHIER.

Berlin, le 15 novembre 1806.

A S. A. Impériale le prince Jérôme.

Il est ordonné à S. A. I. le prince Jérôme de diriger sur Francfort-sur-l'Oder, tous les bateaux de sel et autres, d'y mettre une garde afin que rien n'y soit dilapidé.

L'intention de l'Empereur que je réitère à Votre Altesse, est que l'on ne doit point vendre de sel, ce qui désorganiserait le système d'administration en général; il ne faut rien vendre; tout appartient à l'armée, c'est-à-dire à l'Empereur qui en ordonne l'emploi. S. M. observe que si les Bavarois croyaient devoir s'emparer pour leur compte de tout ce qu'ils prendront en Silésie, ils auraient plus que l'armée.

L'Empereur a ordonné, mon prince, qu'il soit envoyé de Custrin, sur Glogau, l'artillerie de siége nécessaire pour le siége de cette place, si enfin elle s'obstine à ne point capituler. S. M. désire que vous envoyiez à Custrin un de vos officiers pour hâter l'envoi de l'artillerie de siége et l'arrivée des munitions qui vous seront nécessaires.

Je ne peux pas envoyer à Votre Altesse un demi escadron de gendarmerie comme elle le demande; il ne me reste en tout au quartier général que 16 gendarmes. Votre Altesse peut désigner quelques hommes de cavalerie de son armée pour être attachés à son quartier général.

Je vous prie, mon prince, de donner l'ordre à votre chef d'état-major d'être exact à m'envoyer l'état de situation de votre armée.

Le prince de Neuchâtel,

Major général de l'armée,

Maréchal ALEX. BERTHIER.

N° 4.

Berlin, le 5 novembre 1806, à 7 heures du soir.

A son Altesse Impériale le prince Jérôme Napoléon.

L'Empereur, Monseigneur, ordonne que vous portiez la division wurtembergeoise à Zullichau, elle sera couverte par la reconnaissance de cavalerie que vous avez eu l'ordre d'envoyer à dix lieues sur Posen et qui éclairera à dix lieues en avant.

La division wurtembergeoise se liera par des patrouilles sur sa gauche avec le maréchal Davout qui occupera Meseritz.

Le corps de Wurtembergeois sera donc couvert à droite par les partis que vous avez envoyés sur Glogau par la rive droite, et sur la gauche par le maréchal Davout avec lequel vous vous tiendrez en communication par des patrouilles. Vous donnerez l'ordre au commandant de la division wurtembergeoise de se tenir à Zullichau en position militaire, et baraquant sur deux lignes; les canons seront placés dans une position avantageuse et qui sera reconnue. Vous placerez votre quartier général à Grunberg, vous ferez établir sur l'Oder, où traverse la route de Grunberg à Zullichau, des barques de manière que le passage puisse s'exécuter le plus promptement possible, et que vous puissiez faire passer vos ordres facilement à Zullichau. L'empereur ordonne que votre altesse envoye le général de Deroy pour investir la place de Glogau avec six mille hommes; ce général devra sommer la place et y jeter quelques obus pour l'obliger à se rendre; Glogau pris, vous vous y porterez avec le reste de votre corps d'armée. Votre Altesse prescrira au général

de Deroy de se faire éclairer et d'envoyer des partis de cavalerie
sur Breslau, pour intercepter les courriers, et par là connaître
la situation de cette place.

Si cela était nécessaire, Prince, vous feriez venir de Zullichau de l'infanterie légère pour soutenir les partis de cavalerie
que vous aurez poussés sur la rive droite. Si le général de Deroy
avait besoin d'être soutenu, vous le soutiendriez avec tout votre
corps.

Si la place de Glogau était dans une situation telle que le
commandant persistât à refuser de se rendre et qu'on ne pût
l'avoir sans faire un siége en règle, ce qui ne paraît pas probable, puisqu'on n'a pas eu le temps de l'approvisionner ni de
l'armer ; dans ce cas, dis-je, Monseigneur, l'intention de l'Empereur est que vous jetiez un pont entre Zullichau et Grunberg
pour, aussitôt que vous en recevrez l'ordre, passer l'Oder et
appuyer le maréchal Davout qui va recevoir l'ordre de se
rendre à Posen.

Il est donc nécessaire que les gros bagages, le parc de réserve,
les hommes inutiles, qui suivent toujours les corps, restent tous
à Grunberg jusqu'à ce que l'on sache ce que deviendra Glogau.

L'intention de l'Empereur, Monseigneur, est que le général de
Deroy avec son corps soit, le sept ou le huit au plus tard, devant
Glogau, que les Wurtembergeois soient le sept dans leur position à Zullichau et qu'enfin votre quartier général et le reste
de votre corps soient le six au soir à Grunberg.

Je dois prévenir Votre Altesse que cet ordre est dans la
supposition, comme le pense l'Empereur, que l'ennemi n'a
pas de forces en Silésie ; s'il en était autrement, vous agiriez
suivant les circonstances et vous renforceriez d'autant le corps
du général de Deroy. Les rapports du pays, ceux des prisonniers
et déserteurs que ramassera votre cavalerie, vous feront connaître ce qui se passe.

Je dois dire à Votre Altesse qu'il est bien important que
l'Empereur sache si la place de Breslau est en état de défense,

approvisionnée de munitions et de vivres pour soutenir un long siége.

Le major général,

Maréchal ALEX. BERTHIER.

Au quartier général de S. A. I. le Prince Jérôme Napoléon, à Crossen, le 7 novembre 1806.

N° 5.

Au général de Deroy.

INSTRUCTION.

Monsieur le lieutenant général de Deroy se portera avec l'infanterie de sa division sur Glogau et l'investira en arrivant devant cette place : trois routes y aboutissent par la rive droite de l'Oder, et une par la rive gauche ; une de celles qui y aboutissent par la rive droite, part de Neustadtel, situé sur la rive gauche et traverse l'Oder sur un pont nouvellement réparé. C'est par cette route que monsieur le général de Deroy peut faire passer les troupes qu'il destinera à investir la place sur la rive droite, où il n'y a qu'un grand faubourg ; la ville étant sur la rive gauche ; elle est défendue par 3,500 hommes, savoir :

Deux bataillons de recrues de deux régiments d'infanterie, forts chacun de 900 hommes   1,800 hom.

  Trois compagnies d'invalides, faisant   500

Deux dépôts de deux autres régiments de cavaleries, ensemble   600

  Une compagnie de canonniers   200

Deux dépôts de deux régiments de dragons, évalués ensemble   400

Totalité de la garnison   3,500

dont mille de cavalerie.

Cette garnison est commandée par le général major Marwitz.

Le général de brigade Lefebvre, ayant sous ses ordres trois régiments de cavalerie et une compagnie d'artillerie légère doit se présenter ce soir devant Glogau et tenter de profiter de la terreur qui règne dans la Silésie pour faire rendre cette place à la première sommation. Le général Lefebvre donnera à monsieur le général de Deroy les informations qu'il aura pu se procurer et sera sous ses ordres en attendant que la cavalerie du général de Deroy, un peu reposée, puisse remplacer celle de la division du général Mezzanelli.

Si la tentative du général Lefebvre n'a pas réussi, monsieur le général de Deroy, après avoir envoyé un officier parlementaire pour sommer de nouveau le gouverneur de la place de se rendre, la resserrera autant qu'il lui sera possible et y fera jeter le plus d'obus qu'il pourra, principalement pendant la nuit; la compagnie d'artillerie légère, qui est avec la cavalerie du général Lefebvre, pourra être jointe à cet effet avec l'artillerie de la division du général de Deroy, qui renouvellera la sommation lorsqu'il aura effrayé les habitants par son feu.

Lorsque Glogau sera rendu, monsieur le général de Deroy en fera sortir de suite les prisonniers et les fera diriger sur le quartier général de S. A. I. avec des escortes suffisantes; tout le corps d'officiers précédant de six heures les autres prisonniers.

S. A. I., en donnant ensuite au général de Deroy de nouveaux ordres, fixera la force de la garnison qu'il laissera à Glogau.

Un officier d'ordonnance de l'Empereur du corps du génie, qui dans ce moment est avec le général Lefebvre, fera l'inventaire des arsenaux et approvisionnements de guerre du ressort du génie et de l'artillerie.

Le commissaire des guerres adjoint Eméry, envoyé à cet effet par l'intendant général de l'armée, fera l'inventaire des magasins de vivres et d'habillements.

Monsieur le général de Deroy, en investissant la place, continuera à faire pousser par le général Lefebvre des partis de cavalerie sur la route de Breslau et sur les routes qui conduisent de cette ville à Posen et à Graudentz pour y intercepter les courriers, enlever les convois et se procurer des renseignements certains sur la position des ennemis. Monsieur le général de Deroy rendra journellement compte de ses opérations à Son Altesse Impériale à son quartier général de Grunberg. Le général de Deroy couvrira, par les troupesqu'ilaura sur la rive droite de l'Oder, le flanc droit de la division de Wurtemberg qui occupera militairement *Zullichau*, et entretiendra la correspondance la plus active avec monsieur le général de Seckendorf, commandant de cette division ; cette correspondance se fera par les patrouilles des deux corps qui seront poussées de part et d'autre sur les points convenus entre les deux généraux, points qu'ils changeront continuellement ; les gros bagages, le parc de réserve et les hommes inutiles resteront à Grunberg jusqu'à de nouveaux ordres.

Le général de division, chef de l'état major de S. A. I. le prince Jérôme Napoléon, commandant en chef le corps d'armée des alliés.

HÉDOUVILLE.

Au quartier général de S. A. I. le Prince Jérôme Napoléon, à Crossen le 8 novembre 1806.

Au général de Seckendorf.

INSTRUCTION.

Monsieur le lieutenant général baron de Seckendorf se portera demain 9 sur *Zullichau* avec sa division, il la placera en position militaire, baraquant sur deux lignes, les canons en batterie dans la position la plus avantageuse, et y exercera la plus grande surveillance afin d'éviter toute surprise par l'exactitude du service. La division des troupes de Wurtemberg se liera par ses patrouilles sur sa gauche avec le corps d'armée de monsieur le maréchal Davout, dont une partie occupe Meseritz, et il sera ordonné aux chefs des corps qui tiendront la gauche de la division de Wurtemberg d'établir la correspondance la plus active avec les chefs des corps des troupes qui tiennent la droite du corps d'armée de monsieur le maréchal Davout. Monsieur le général de Seckendorf sera couvert sur sa droite par les troupes de la division bavaroise du général de Deroy qui seront placées vis-à-vis Glogau sur la rive droite de l'Oder. La division de Wurtemberg se liera par ses patrouilles avec celles de la division du général de Deroy.

Les deux généraux conviendront ensemble des points où les patrouilles devront se rencontrer, et changeront souvent ces points.

Monsieur le lieutenant général de Seckendorf poussera des partis de cavalerie sur toutes les routes pratiquées en avant de son front, le plus loin possible, pour y intercepter les courriers, y enlever les convois et procurer des nouvelles certaines de la position des ennemis.

Monsieur le général de Seckendorf rendra compte journellement à S. A. I. de ses opérations et de ce qu'il aura appris d'intéressant à son quartier général de *Grunberg*.

Sa communication entre ce quartier général et Zullichau se fera directement de l'une à l'autre des deux villes, en traversant l'Oder sur des bateaux qui y seront placés à cet effet, ou sur un pont, si l'on peut y en établir un.

Les gros bagages, l'artillerie de réserve et les hommes inutiles s'arrêteront aujourd'hui à Crossen et iront demain à Grunberg à la suite de la division bavaroise du général de Wrède, où ils resteront jusqu'à nouvel ordre.

Le général de division, chef de l'état major de
S. A. I. le Prince Jérôme Napoléon, commandant en chef le corps d'armée des alliés.

HÉDOUVILLE.

Le prince Jérôme au général de Deroy.

Vous donnerez ordre, Monsieur le général, aux commandants des différentes batteries, tant sur la rive droite de l'Oder que de ce côté, de commencer le feu demain à 3 heures 1/2 du matin, et de le bien nourrir jusqu'à 6 heures 1/2, à laquelle heure toutes les batteries devront à la fois cesser le feu.

Vous ferez placer 150 tirailleurs dans les maisons et bois environnant les glacis, avec ordre de faire feu sur les canonniers ennemis, à mesure qu'ils en découvriront. Ces tirailleurs n'auront rien à craindre du feu de nos batteries.

Vous enverrez un détachement d'infanterie à chaque batterie pour la soutenir en cas de besoin. Ces détachements se tiendront, autant que possible, derrière le rideau, à droite ou à gauche des batteries.

Toutes les troupes devront être sous les armes, en état de combattre.

Après que les pièces seront conduites à leurs postes, vous défendrez que ni chevaux, ni caissons ne restent dans les batteries. Les munitions seront placées à l'abri des épaulements; les pièces resteront dans les batteries jusqu'à nouvel ordre. Vous

recommanderez seulement de boucher les ouvertures après que
le feu aura cessé.

Au camp devant Glogau, le 12 novembre 1806.

N° 6.

Au camp devant Glogau, le 14 novembre 1806, à 4 heures
après midi.

Monsieur le Prince de Neuchâtel,

J'ai l'honneur d'annoncer à Votre Altesse que je viens de
recevoir sa lettre du 11, et qu'après avoir canonné vivement la
place comme je le lui avais annoncé dans ma lettre du 12, j'ai
envoyé faire une sommation verbale au gouverneur. Il a répondu qu'il sentait l'impossibilité de se défendre, qu'il allait
assembler un conseil de guerre, et qu'il me soumettrait de suite
les articles de la capitulation.

Hier à 2 heures est arrivé un major, qui m'a remis de sa
part une lettre dont j'ai l'honneur d'adresser copie à V. A., et
qui n'est pas du tout ce que j'attendais. Il paraît, par ce que m'a
dit le major, que le gouverneur est absolument sans pouvoir
dans ce moment. Cela me fait désirer vivement l'arrivée des
mortiers que je ne puis cependant avoir que le 27, d'après la
lettre que je viens de recevoir du général Saint-Laurent.

J'ai beaucoup de peine à établir de l'ordre et de la discipline
dans l'armée bavaroise. Ils trouvent le pillage une chose toute
naturelle, et les officiers inférieurs lorsqu'ils sont détachés, où
lorsqu'ils le peuvent, lèvent des contributions et ne conçoivent
pas qu'on puisse le leur défendre.

Les soldats ennemis disent dans Glogau, que se rendre à des Français ne serait pas un déshonneur, mais à des Bavarois que c'en est un. Les Bavarois le savent et sont enragés contre eux, etc.

Agréez, monsieur le Maréchal, etc.

JÉRÔME NAPOLÉON.

N° 7.

Berlin, le 19 novembre 1806.

A Son Altesse Impériale le prince Jérôme.

J'ai mis sous les yeux de l'Empereur, Monseigneur, votre lettre ; Sa Majesté trouve que les observations que vous a faites le général de Deroy sont très justes ; on ne peut pas prendre une ville d'assaut quand on n'a pas fait la brèche et quand il y a une escarpe et une bonne contrescarpe ; Sa Majesté pense que ceux qui ont pu être de l'avis d'une pareille attaque ont eu très grand tort ; car on y perdrait beaucoup de monde inutilement.

Par mes précédentes dépêches j'ai fait connaître à Votre Altesse Impériale, les dispositions qu'il fallait faire pour tenir la garnison en alerte et sur le qui vive jour et nuit ; après l'avoir ainsi fatiguée pendant plusieurs jours, après avoir préparé un grand nombre d'échelles, de fascines, après avoir mis en batterie vos mortiers et toutes vos bouches à feu, on peut espérer qu'après quelque temps de bombardement, l'ennemi demandera à capituler. Si malgré tout cela il persiste à se défendre, il faut se décider à un siége en règle ; au surplus une suspension d'arme a été signée ; et, si elle est ratifiée par le roi de Prusse, la place de Glogau doit être remise au pouvoir des troupes de l'Empereur; ceci est pour Votre Altesse seule jusqu'à ce que la ratification soit connue, et vous n'en devez pas moins pousser avec tous les moyens de vigueur qui sont à votre disposition la reddition de la place.

L'Empereur approuve au surplus, Monseigneur, toutes les dispositions que vous avez faites, et sur Breslau, et sur Kalisch.

Le major général, Prince de Neuchâtel,

Maréchal Alex. Berthier.

N° 8.

Berlin, le 16 novembre 1806.

A Son Altesse Impériale le prince Jérôme.

L'Empereur me charge de prévenir Votre Altesse, qu'elle doit tenir les troupes de Wurtemberg sur la rive droite de l'Oder, et les troupes bavaroises sur la rive gauche.

Donnez l'ordre aux troupes de Wurtemberg de se porter devant Glogau et de bloquer cette ville sur la rive droite. Envoyez 2,000 hommes d'infanterie wurtembergeoise, toute la cavalerie de cette nation et quatre pièces d'artillerie à Lissa, d'où elle se mettra en correspondance sur-le-champ avec les troupes du maréchal Davout qui sont à Posen; cette cavalerie poussera des partis sur Kalisch, ville très-bien intentionnée pour nous. Il est nécessaire qu'à la tête de ce parti il y ait un officier français. On trouvera à Kalisch de la cavalerie légère du maréchal

Davout; ce parti de cavalerie que vous aurez envoyé à Kalisch, sera assez fort pour que de Kalisch il puisse en envoyer sur Breslau et se rencontrer avec les autres partis de cavalerie, que de Lissa vous aurez également envoyés sur cette ville.

Comme je vous l'ai dit, réunissez sur la rive gauche tous les Bavarois. Il faut que l'Empereur ait Glogau, telle chose qu'il en coûte. Faites dont bloquer strictement cette place.

L'Empereur ordonne que V. A. I. fasse réunir des fascines et des échelles, comme si vous vouliez tenter l'escalade.

Faites attaquer toutes les nuits les ouvrages avancés par de la fusillade afin de tenir la garnison constamment en alerte et sur les remparts. Commandez à cet effet qu'à dix heures du soir, à minuit, à deux heures du matin, à quatre heures et à six heures, des postes tiraillent sur la place. La garnison, se trouvant toujours sur le qui vive, sera bientôt harassée de fatigue et les habitants en alarme.

Faites courir le bruit que vous attendez un corps de 6,000 grenadiers français pour donner l'assaut; faites arriver vos mortiers; mettez-les en batterie.

Il est à présumer que quand l'ennemi aura été tenu trois ou quatre nuits sur le qui vive, qu'il sera instruit que vous avez beaucoup d'échelles et de fascines de faites (mais pour cela il faut travailler réellement à en faire); il est probable, dis-je, que le commandant se décidera à se rendre aussitôt que vous aurez commencé le bombardement.

Envoyez de votre cavalerie sous les ordres d'officiers français, par la rive gauche et la rive droite de l'Oder, pour qu'elle arrive en même temps devant Breslau. Faites avancer de Glogau sur Breslau une des deux divisions bavaroises qui pourra se tenir à Parchwitz, ou à Luben, où de là elle vous facilitera les moyens d'avoir des subsistances et sera à même de soutenir la cavalerie qui sera sur Breslau.

L'Empereur désire que vous fassiez jeter un pont sur l'Oder près Glogau; ce pont aura le double avantage de servir à votre blocus et de vous donner les moyens de vous porter rapidement d'une rive sur l'autre.

Le général bavarois qui commandera la division à Parchwitz, se procurera à sa hauteur sur l'Oder, des moyens de passage dans le cas où cela deviendrait nécessaire.

La ville de Lissa et les autres villes dans cette partie doivent avoir beaucoup de blés. L'Empereur désire donc que vous fassiez réquisition de cent mille rations d'avoine, vingt mille quintaux de blés ou farine, et que vous les fassiez diriger le plus tôt possible sur Posen.

Le major général de l'armée.
Prince de Neuchâtel.

Maréchal ALEX. BERTHIER.

N° 9.

Berlin, le 22 novembre 1806, à une heure après midi.

Ordre à S. A. I. le prince Jérôme.

L'Empereur vous ordonne, mon Prince, de faire partir, le 24 de ce mois, la division bavaroise aux ordres du général de Deroy, de la position qu'elle occupe devant *Glogau* pour se rendre à *Kalisch* où l'intention de S. M. est qu'elle soit arrivée le 27 ou le 28 au plus tard.

Vous ferez partir également le même jour vingt quatre de *Parchwitz* la deuxième division bavaroise dite du général de Wrède pour être également rendue à *Kalisch* le 27 ou le 28 au plus tard. La cavalerie bavaroise suivra le mouvement sur Kalisch.

S. M. ordonne que le blocus de Glogau soit confié au général
wurtembergeois et aux troupes wurtembergeoises à ses ordres ;
si vous jugiez que la cavalerie de Wurtemberg ne soit pas à elle
seule suffisante pour remplir les intentions de l'Empereur qui
sont de la laisser en Silésie sur Breslau aux ordres du général
de brigade Montbrun pour contenir celle qui se trouverait
dans Breslau, vous y ajouteriez un supplément pris dans la
cavalerie bavaroise.

L'intention de S. M. est que Votre Altesse et son état major
se rendent à Kalisch où elle se trouvera avoir environ 14 à
15 mille hommes. Vous aurez soin, Monseigneur, de faire
maintenir une bonne discipline, surtout en Pologne ; vous tiendrez toujours en avant de vous, à une bonne journée, le général Lefebvre sur les routes de Petrikau et de Varsovie. Vous
aurez soin d'informer tous les jours le grand duc de Berg, sous
les ordres duquel vous vous trouverez, de votre mouvement.
Le grand duc est à Posen et va se rendre à Sampolno.

Vous recommanderez, Monseigneur, au général wurtembergeois chargé du blocus de Glogau de me rendre compte
journellement de ce qui se passe.

Le major général, prince de Neuchâtel,

Maréchal ALEX. BERTHIER.

N° 10.

Meseritz, le 27 novembre 1806.

A Son Altesse Impériale le prince Jérôme.

J'ai l'honneur, Monseigneur, de prévenir Votre Altesse

Impériale que je donne l'ordre au général de division Vandamme de se rendre sur-le-champ devant Glogau pour y prendre le commandement du siége. Je lui ordonne de resserrer la place, de lui faire donner toutes les nuits des alertes, de faire préparer des échelles afin de menacer la garnison d'escalade, et enfin de commencer le bombardement qui décidera vraisemblablement le gouverneur à rendre cette place. J'ai recommandé au général Vandamme de rendre compte à Votre Altesse Impériale de tout ce qui se passera.

Le major général, prince de Neuchâtel,

Maréchal ALEX. BERTHIER.

N° 11.

21 novembre 1806.

A Monsieur le lieutenant général de Seckendorf, commandant la division de Wurtemberg.

Monsieur le Général,

S. A. I. vous ordonne de passer ce soir l'Oder, à l'entrée de la nuit, pour aller relever avec votre division celle du lieutenant-général de Deroy, dans toutes ses positions devant la place de Glogau.

Vous ferez placer vos 18 pièces d'artillerie dans celles des batteries faites, que vous jugerez à la distance la plus convenable, relativement au calibre de vos pièces.

Vous proportionnerez le nombre de troupes que vous laisserez sur la rive droite, au nombre de celles que vous placerez sur la rive gauche, relativement à l'étendue de la ligne de circonvallation que vous occuperez sur chaque côté de la rivière.

Monsieur le lieutenant général de Deroy vous transmettra les renseignements relatifs au blocus.

S. A. I. vous prescrit de veiller, et de faire veiller continuellement à ce que les postes entourant la place soient toujours alertes, soit pour inquiéter l'ennemi, soit pour empêcher surtout qu'aucune sortie ne lui réussisse ; cependant S. A. I. vous autorise à l'inquiéter moins souvent par des fusillades ou canonnades, et à n'en commander qu'autant que vous le jugerez convenable pour tenir la garnison en haleine.

En continuant à recevoir les déserteurs, vous prescrirez à tous les postes de faire feu sur les bourgeois qui tenteraient de sortir de la place.

Lorsque les mortiers et obusiers qui viennent de Custrin seront arrivés, vous les ferez mettre en batterie sur les plates-formes déjà faites, et lorsque la nuit vous les ferez agir, vous tiendrez toute votre division sous les armes, et vous enverrez sur les glacis un grand nombre de tirailleurs, avec ordre d'ajuster tous les canonniers qu'ils apercevront par les embrasures des batteries de la place.

Lorsque les bombes et obus auront fait l'effet que l'on doit en attendre, vous ferez sommer le gouverneur de capituler ; s'il y consent, vous ferez la garnison prisonnière de guerre, et vous pourrez renvoyer les officiers chez eux, sur leur parole d'honneur de ne pas servir dans la présente guerre contre la France, ni contre nos alliés.

Vous pouvez permettre à ces officiers d'emporter strictement leurs effets. La garnison prisonnière sera conduite en France.

Vous ferez faire par votre chef d'état-major qui se fera délivrer tous les papiers, plans et cartes du gouvernement, l'inventaire de tout ce qui est relatif au service de l'artillerie et du génie. Il n'en sera rien distrait sans les ordres de S. A. I. Il fera faire aussi un état des chevaux de toute espèce qui se trouvent dans la place, et dont S. A. I. se réserve la distribution.

M. Émery commissaire des guerres, qui est actuellement au village de Hermsdorff, fera l'inventaire de tous les effets d'habillement, d'approvisionnement, de subsistance de toute espèce, et rien ne pourra non plus en être distrait sans les ordres de S. A. I.

Vous ferez sequestrer toutes les caisses publiques qui seront mises à la disposition de M. de Chaillou, intendant de la basse Silésie, ainsi que tous les établissements royaux que vous ferez aussi garder jusqu'à ce qu'il en soit mis en possession.

Vous ferez relever tous les détachements, soit de cavalerie, soit d'infanterie des autres divisions, qui gardent les bateaux pleins et vides, saisis sur l'Oder au-dessus et au-dessous de Glogau, par des gardes suffisantes de votre division.

Vous ferez rassembler ceux qui sont au-dessus, à une lieue à peu près de la ville, et ceux qui sont au-dessous près du pont de bateaux, sur l'Oder.

Tout les bateaux pleins sont à la disposition de M. l'intendant Chaillou, qui a ordre de les faire conduire à Custrin.

Vous conserverez le pont au-dessous de Glogau, sur l'Oder, et à une lieue au-dessus de Glogau, les bacs et bateaux sur lesquels sont les madriers et cordages nécessaires pour construire un ou deux ponts volants en cas de besoin.

Vous rendrez compte journellement à S. A. I. qui marche en Pologne avec le reste de son corps d'armée, de tout ce qu'il y aura de nouveau.

S. A. I. vous recommande de veiller à ce que les troupes observent la plus exacte discipline. Vous vous entendrez avec les capitaines des cercles des environs de Glogau, pour que votre division soit bien approvisionnée de subsistances, d'après les réquisitions de votre commissaire, et vous tiendrez la main sévèrement, à ce que, qui que ce soit ne se permette de faire

aucune réquisition d'argent, ou d'effets d'habillement ; S. A. I.
vous ayant autorisé seul à faire celles que vous croirez utiles
pour les besoins de votre division, en lui en rendant compte
dans les 24 heures. Il ne faut pas en faire de nouvelles dans les
villes de Grunberg, Neusalz et Neustadt, qui ont déjà fait de
grands sacrifices pour les autres divisions.

P. S. Monsieur le lieutenant-colonel d'artillerie de Colonge, de
la division de Wrède, rentre au blocus, chargé de la confection
des munitions d'artillerie venues hier de Custrin, et dirigera
le feu des mortiers et obus, lorsqu'ils seront arrivés. C'est un
excellent officier.

HÉDOUVILLE.

No 12.

Posen, le 29 novembre 1806.

A Son Altesse Impériale le prince Jérôme.

J'ai communiqué à l'Empereur, Monseigneur, votre lettre
du 25, et S. M. approuve les instructions que vous avez données
au général de Seckendorf.

Le major général, prince de Neuchâtel.

Maréchal ALEX. BERTHIER.

Nº 13.

*Capitulation convenue entre M. le général de division Vandam-
me, grand cordon de la Légion d'honneur, commandant les
troupes alliées de S. M. l'Empereur et Roi devant Glogau ;*

*Et S. Exc. M. de Reinhart, lieutenant-général des armées de
S. M. le roi de Prusse, chevalier de l'ordre de l'Aigle Rouge
et du Mérite, vice-gouverneur de la forteresse de Glogau, et
M. de Marvitz, général major commandant la place de Glogau.*

Art. Ier. La place de Glogau sera rendue aux troupes alliées
de S. M. l'Empereur, demain 3 décembre.

II. Tout ce qui appartient à la forteresse, artillerie, munitions
de guerre, armes, plans et magasins de toute espèce, sera fidèlement remis entre les mains des officiers que M. le général
Vandamme désignera pour en prendre possession, et en dresser
procès-verbal.

III. La garnison sera prisonnière de guerre. Elle défilera devant les troupes du siége, drapeaux déployés, mèche allumée,
et mettra bas les armes devant elles.

IV. Les officiers conserveront leurs épées, chevaux et bagages,
et seront libres de se retirer où bon leur semblera, après toutefois avoir signé leur parole d'honneur de ne plus servir jusqu'à la paix ou leur échange contre les troupes de S. M.
l'Empereur ou ses alliés : il leur sera donné des passeports à
cet effet, et même des sauve-gardes s'ils en désirent, et ils seront
traités en tout comme les officiers prussiens faits prisonniers à
Magdebourg.

V. Les bas officiers et soldats mariés auront la permission de
se retirer chez eux avec leur famille.

VI. M. le général Vandamme promet protection, au nom de son souverain, à toute espèce de religion que peuvent professer les habitants de Glogau, sûreté entière pour toutes les personnes et propriétés particulières desdits habitants.

VII. MM. les magistrats et employés civils conserveront provisoirement leur emploi et exerceront les mêmes fonctions. Les lois du pays seront provisoirement conservées. Tous les habitants qui désireront quitter la ville, recevront des passeports.

VIII. Les caisses royales seront remises à l'officier que M. le général Vandamme désignera. Cet officier en donnera une décharge.

MM. les magistrats resteront dépositaires des sommes appartenantes aux particuliers.

IX. Les blessés et malades seront traités avec soin.

X. La porte de Breslaw et celle de la tête du pont de l'Oder seront remises aux assiégeants une heure après la signature de la présente capitulation, et MM. les magistrats de la ville les feront de suite réparer, de manière à ce qu'elles soient entièrement praticables.

Fait à Glogau, le 2 décembre 1806.

> *Signé*, DE REINHART, *lieutenant général de l'armée du roi de Prusse, vice-gouverneur de Glogau, et chevalier de l'ordre de l'Aigle Rouge et du Mérite.*
>
> MARVITZ, *général major, commandant la place de Glogau.*
>
> D. VANDAMME, *général de division, grand cordon de la Légion d'honneur.*

Pour copie conforme.

> *Signé*, D. VANDAMME.

PIÈCES JUSTIFICATIVES

DU LIVRE TROISIÈME.

———

N° 1.

Posen, le 3 décembre 1806, à 11 heures du matin.

Ordre à S. A. I. le prince Jérôme.

L'Empereur ordonne, Prince, que vous partiez le plus tôt possible avec la division bavaroise du général de Wrède, pour vous diriger sur Breslau : je donne le même ordre au général Vandamme qui, comme vous le savez, a fait capituler Glogau et qui va marcher avec les Wurtembergeois sur Breslau. Vous ferez jeter un pont sur l'Oder, pour établir votre communication avec le général Vandamme ; vous prendrez le commandement du siége de la place de Breslau qui ne tardera pas à se rendre ; les mortiers qui ont servi à faire rendre Glogau sont déjà embarqués et dirigés sur Breslau ; ils y arriveront en même temps que vous ; vous les ferez mettre en batterie, et avant de faire tirer, vous aurez soin de tenir la garnison en haleine, en suivant les mêmes dispositions dont je vous ai parlé dans mon instruction, dans le siége de Glogau. Breslau est une immense place ; la garnison n'y est pas du cinquième de ce qu'elle devrait être pour la défense, et en donnant des alertes de nuit, cela fatiguera tellement la garnison qu'elle sera obligée de se rendre. Lorsque tous vos mortiers seront en batterie, vous commencerez à en démasquer deux et à tirer pendant une heure; après cela, vous en démasquerez deux de plus, deux après, deux autres de plus, de manière que votre feu soit toujours progressif; si, avant de démasquer vos derniers, l'ennemi n'a pas demandé à capituler, vous le sommerez de se rendre; vous lui ferez connaître que Magdebourg, Custrin, Stettin, Glogau sont en notre pouvoir, que nous sommes maîtres de Varsovie et qu'il ne lui reste aucun motif raisonnable de faire du mal à une aussi belle ville; mais cependant, Monseigneur, vous n'accorderez aucune autre capitulation que celle d'être prisonniers de guerre, pour être conduits en France, à l'exception des officiers qui pourront retourner chez eux sur parole.

Le général Vandamme laisse 1.000 hommes à Glogau. Je donne l'ordre au général Songis d'envoyer un général pour diriger le siège de Breslau.

Le général Deroy restera avec sa division à Kalisch, et avec la moitié de la cavalerie bavaroise, sans comprendre dans cette moitié le régiment de chevau-légers qui doit faire partie de la brigade du général Wathier. Le général Deroy sera toujours sous les ordres de Votre Altesse; mais, vu l'éloignement, il correspondra directement avec moi, en même temps qu'il correspondra avec Votre Altesse.

M. Deponthon, officier du génie, restera avec vous jusqu'à la reddition de Breslau; M. le colonel Blein part pour commander le génie de ce siége.

Le major général, prince de Neuchâtel.

Maréchal Alex. Berthier.

Posen, le 5 décembre 1806.

A S. A. I. le prince Jérôme.

L'intention de l'Empereur est, Monseigneur, qu'aussitôt que nous serons maîtres de Breslau on en démolisse, sans perdre une heure, les fortifications, excepté cependant la citadelle, si toutefois il y en a une qui puisse être de quelque utilité. — Mais, quant à la ville, comme elle est peuplée de plus de 60 mille habitants, elle exigerait trop de garnison.

Je donne l'ordre au général commandant l'arme du génie d'y faire diriger une compagnie de mineurs et une de sapeurs, pour qu'on puisse procéder à la démolition sans retard, dès que la place sera en notre pouvoir.

Quant à l'artillerie que l'on trouvera à Breslau, l'intention de l'Empereur est que les pièces soient transportées à Varsovie pour l'armement des têtes de pont, qu'une partie soit envoyée à Glogau qui est une place que Sa Majesté veut garder, et enfin qu'une autre partie soit mise dans la citadelle de Breslau, si elle est jugée susceptible d'être conservée. Je préviens le général Songis de ces dispositions, afin qu'il donne ses ordres aux officiers d'artillerie et je le charge d'avoir à Breslau une compagnie d'artillerie pour faire les évacuations et concourir aux démolitions.

Je prie Votre Altesse de veiller à ce que les intentions de Sa Majesté soient à cet égard ponctuellement remplies dès le moment que Breslau sera en votre pouvoir et de me faire instruire, par de fréquents rapports, de l'état des choses.

Le major général, prince de Neuchâtel.

Maréchal ALEX. BERTHIER.

N° 2.

Au quartier général à Kalisch, le 4 décembre 1806.

Monsieur le maréchal prince de Neuchâtel,

J'ai l'honneur d'adresser à Votre Altesse, la copie d'une lettre que je viens de recevoir du général de brigade Fisher.

Elle y verra une nouvelle preuve des désordres que commettent les troupes bavaroises. C'est en vain que, pour ménager le pays en venant à Kalisch, j'avais fait marcher sur ma droite la division du général de Deroy, tandis que je suivais la gauche avec la cavalerie ; toutes mes précautions et les ordres les plus sévères n'ont pas empêché les excès. Je suis affligé des plaintes qui me parviennent tous les jours à ce sujet. Des soldats par troupes de 4 à 5 s'écartent la nuit et vont dans les campagnes, le pistolet à la main, mettre à contribution les malheureux habitants qu'ils maltraitent encore. J'avais ordonné aux officiers de faire des rappels de nuit pour prévenir ces désordres ; mais ils me disent que, malgré cette mesure, ils ne peuvent les arrêter. Il règne à Kalisch plus d'ordre que ma présence maintient. Les autorités civiles ont reçu l'ordre de refuser toute espèce de réquisition qui ne serait pas faite par celui qui seul en a le droit. Par ce moyen, la tranquillité n'est point troublée dans la ville.

M. le lieutenant-colonel Louis de Bouillé ayant exprimé le désir d'être attaché auprès de moi en qualité d'aide de camp, comme je ne le connais que de nom, si Votre Altesse juge qu'il puisse me convenir, je l'accepterai avec plaisir.

Agréez, Monsieur le Maréchal, etc..

JÉRÔME NAPOLÉON.

Au quartier général, à Kalisch, le 4 décembre 1806,
à 8 heures du soir.

Monsieur le maréchal prince de Neuchâtel,

Je reçois les ordres que vous me transmettez de la part de l'Empereur. Demain, à 6 heures du matin, je me mettrai en marche avec la division de Wrède. Le 8, je serai sur la rive droite de l'Oder devant Breslau, avec cette division et la brigade de cavalerie du général Lefebvre.

Toutes les instructions qui m'ont été données, pour le siége de Glogau et qui y ont été suivies, le seront également pour le siége de Breslau. J'espère que Sa Majesté est persuadée, que si j'avais eu des hommes, tels que des Français, à conduire, cette place n'eût point tenu 24 heures.

Je prie Votre Altesse de rappeler souvent au général de Deroy, qu'aucune réquisition ne doit être faite dans la Pologne, car je ne doute pas sans cela, qu'aussitôt mon départ il ne lève des contributions. C'est l'esprit de l'armée bavaroise et surtout des officiers.

Agréez, Monsieur le Maréchal, etc.,

JÉRÔME NAPOLÉON.

N° 3.

Au camp devant Breslau, le 8 décembre 1806, à 8 heures du soir.

Monsieur le maréchal prince de Neuchâtel,

J'ai reçu la lettre que V. A. m'a écrite de Posen en date

du 5, dans laquelle elle me fait connaître les intentions de S. M. sur la place de Breslau.

Je préviens V. A. que je suis arrivé ce matin à 11 heures devant Breslau, sur la rive droite. J'ai de suite donné ordre que l'on occupât le faubourg, ce qui a donné lieu à un léger engagement dans lequel j'ai eu 2 hommes tués et 1 blessé. L'ennemi a eu 6 hommes tués et 10 prisonniers. Il n'y a pas encore de pont pour établir la communication sur les deux rives. Les bateaux ne pourront être ici qu'après-demain. Le général Vandamme a été inquiété sur ses derrières par un assez fort détachement de cavalerie et d'infanterie sorti de Schweidnitz où l'on prétend la garnison forte de 10 mille hommes. Il paraît qu'il n'existe dans Breslau que 4 à 5 mille hommes d'infanterie et 1,000 de cavalerie, parmi lesquels il se trouve beaucoup de Polonais. L'ennemi a mis le feu à deux de ses faubourgs qui brûlent depuis hier. Je l'ai empêché de mettre le feu au grand faubourg qui est sur cette rive, en le faisant occuper, sitôt mon arrivée, et en forçant les habitants à y rester.

Toute la place étant sur la rive gauche, il serait impossible, avec la seule division de Wurtemberg, de la bloquer sur la rive gauche, au lieu qu'il ne faut que garder une tête de pont, pour la bloquer très-strictement de ce côté-ci. Sitôt que je le pourrai, je ferai passer sur l'autre rive, 3,500 hommes d'infanterie. Je laisserai de ce côté le général Lefebvre avec sa brigade, deux bataillons d'infanterie légère, 6 obusiers et 4 pièces de 12. Je serai demain sur la rive gauche; mon quartier général sera établi à une portée et demie du canon de la ville.

Les mortiers ne seront placés et en état de tirer qu'après-demain. Toutes les instructions que S. M. m'a fait donner pour la démolition des fortifications de Breslau seront exactement suivies et mises à exécution, sitôt que la ville se sera rendue.

Hier, peu d'heures avant mon arrivée, un parti de cavalerie a fait prisonnier M. Brue, officier de l'état-major du général Vandamme. qui était expédié vers moi. Un homme qu'il avait d'escorte a été tué, mais M. Bruc a eu le temps de déchirer ses dépêches. Un autre officier de Wurtemberg, expédié aussi vers moi par le général Vandamme, a été fait prisonnier.

J'ai des éloges à donner à la division de Wrède, comman-d'e par le général Minucci, pour la célérité et l'ordre qu'elle a mis dans sa marche. Je me loue également de la brigade du gé-néral Lefebvre.

Agréez, etc.

JÉRÔME NAPOLÉON.

Au quartier général à Lissa, le 10 décembre 1806, huit heures du soir.

Monsieur le maréchal, prince de Neuchâtel,

Ce matin à six heures, toutes les batteries étant prêtes, j'ai fait commencer et continuer le feu, suivant les instructions que V. A. m'avait envoyées. A une heure, j'ai fait sommer le gou-verneur, par mon aide de camp M. Dutour, qui a été porteur de la lettre ci-jointe. Le gouverneur paraît disposé à se défendre. Comme je l'ai déjà annoncé à V. A., il a fait brûler les im-menses faubourgs qui entouraient la ville. Des milliers de fem-mes et d'enfants, chassés de chez eux par l'incendie et les bou-lets, sont venus me demander protection contre la cruauté de la garnison. Dans la journée d'hier, beaucoup ont été tués et blessés.

J'ai eu dans l'attaque de ce matin, huit hommes tués et douze blessés: parmi ces derniers se trouve un officier bava-rois. Je ne puis que faire l'éloge de la division bavaroise, et surtout du régiment de chasseurs à pied de Wurtemberg. Ils sont dans les faubourgs au pied des glacis, à demi-portée de pistolet. Il est impossible à un seul ennemi de se montrer, sans recevoir une grêle de balles.

Depuis ce matin, je suis passé sur la rive gauche. Les bateaux de Glogau n'étant point arrivés, j'ai fait faire un radeau qui a servi à passer une grande partie de mon infanterie et deux escadrons.

J'ai laissé sur la rive droite le général Lefebvre avec sa brigade, et deux bataillons d'infanterie légère. Je ne puis assez faire l'éloge de cet officier général. Dans une nuit, dix pièces ont été mises en batterie à 200 toises de la ville.

Je répéterai ici à V. A. que mes aides de camp sont éreintés parce que j'en ai fort peu, et je lui réitère la demande que je lui ai déjà faite de MM. Lallemand, Bouillé (1) et Girard.

N° 4.

Posen, le 10 décembre 1806.

A. S. A. I. le prince Jérôme.

J'ai l'honneur, mon Prince, de prévenir V. A. I. que je donne l'ordre au général de Deroy de partir de Kalisch le 12 décembre, avec toutes les troupes qui sont sous ses ordres, pour se rendre à Petricau où il restera jusqu'à nouvel ordre. Ces troupes seront remplacées à Kalisch par la division du général Leval du 4e corps d'armée, qui a l'ordre de partir demain

---

(1) A propos de M. de Bouillé, qui un peu plus tard fut attaché à la personne du prince Jérôme, à l'armée duquel il rendit de grands services, le major général répondit le 7 décembre : « L'Empereur, « mon prince, n'approuve pas que vous preniez M. de Bouillé pour « aide de camp. S. M. me charge de vous dire qu'elle trouvera cette « demande convenable, quand M. de Bouillé aura *reçu deux bonnes* « *blessures.* »

matin des cantonnements qu'elle occupe en avant de Posen, pour s'y rendre.

Le prince de Neuchâtel, major général,

Maréchal ALEX. BERTHIER.

N° 5.

Posen, le 11 décembre 1806.

À S. A. I. le prince Jérôme Napoléon.

J'ai l'honneur de prévenir Votre Altesse que je viens de donner l'ordre au général de Deroy qui devait partir demain de Kalisch pour se rendre à Breslau, de changer de direction et de se rendre à Wartemberg, petite ville à 16 lieues de Breslau. Le général de Deroy a l'ordre de vous envoyer un officier, pour recevoir les ordres ultérieurs que V. A. aurait à lui donner.

Si vous n'avez pas besoin de la division du général de Deroy, l'Empereur pense que vous devez la laisser à Wartemberg; mais si le corps ennemi réuni à Schweidnitz est aussi fort qu'on le dit, vous vous feriez rejoindre devant Breslau par le général de Deroy, et si la garnison de Brieg est peu forte, vous pourriez également la faire investir par le général de Deroy.

L'Empereur me charge de vous dire, Monseigneur, qu'il ne faut pas considérer, dans le blocus des places, l'embarras seul du service, mais les moyens de défense; l'ennemi a autant de facilités pour faire des sorties que l'armée agissante en a pour passer les ponts et même beaucoup plus, et quand l'armée agissante aurait ses communications faciles sur les deux ponts, ses communications n'en seraient pas moins éloignées, puisque nécessairement elles doivent être à l'abri du feu de la place :

il faut donc que vos ponts soient bien retranchés, couverts de bons abattis et que vous ordonniez une grande surveillance dans le service : il tarde à S. M. d'apprendre que les corps bavarois qui étaient en arrière vous ont rejoint. S. M. désire que vous ayez des postes de cavalerie qui couvrent Glogau des incursions de la garnison de Schweidnitz ; car il ne faudrait qu'un parti de 3 à 4 mille hommes pour surprendre et s'emparer de Glogau sans qu'on en soit prévenu. Jusqu'à présent la garnison de cette place est très faible et elle n'est pas suffisamment en sûreté, pour qu'il n'y ait un poste de cavalerie placé de manière à pouvoir prévenir le commandant des mouvements de l'ennemi.

Le major général ,

Maréchal ALEX. BERTHIER.

N° 6.

Posen , le 5 décembre 1806.

A S. A. I. le prince Jérôme.

J'ai l'honneur d'envoyer à Votre Altesse Impériale une lettre que je reçois de M. l'intendant général ; je la prie de donner ses ordres pour que de pareilles réquisitions n'aient plus lieu ; on ne doit en frapper que d'après l'ordre de l'Empereur, et elles doivent être versées dans la caisse du receveur général des contributions de la grande armée.

Le major général, prince de Neuchâtel,

Maréchal ALEX. BERTHIER.

Posen, 4 décembre 1806.

A S. A. S. le prince major général.

Monseigneur.

J'ai l'honneur d'informer Votre Altesse Sérénissime que d'après le rapport que vient de faire la chambre des finances de Posen à l'intendant de ce département, les troupes bavaroises et wurtembergeoises ont imposé, le 2 de ce mois, à la ville de Lissa, une contribution de quatre mille écus de Prusse, et qu'à peine cette somme était-elle demandée, que M. le baron de Aügel, commandant un corps de troupes du roi de Wurtemberg, a exigé une nouvelle contribution dont la valeur n'est pas exprimée dans le rapport de la chambre.

Les habitants de Lissa sont dans l'impossibilité de satisfaire aux réquisitions frappées par ces troupes, et la ville se trouve en partie abandonnée par suite de cette demande.

Il est inutile, Monseigneur, que je vous entretienne de l'abus de la réquisition partielle. — Je prie seulement Votre Altesse de prendre à cet égard la mesure qu'elle jugera convenable de donner pour la rentrée de ces sommes dans la caisse du receveur général.

Je renouvelle à Votre Altesse l'hommage de mon respect.

DARU.

Posen, le 9 décembre 1806.

A S. A. I. le prince Jérôme.

Je suis informé, Monseigneur, qu'il y a à Attwad près Glogau un dépôt de 250 chevaux et 150 hommes ou palefreniers bavarois sous-officiers, qui commettent quelques désordres. Je ne vois pas de quelle utilité, ces hommes peuvent être sur ce point, maintenant que nous sommes maîtres de Glogau et que des deux divisions bavaroises, l'une est à Kalisch et l'autre devant Breslau. Je prie donc Votre Altesse de les rappeler; je pense qu'elle en sentira, comme moi, la nécessité.

Le major général, prince de Neuchâtel,

Maréchal Alex. Berthier.

N° 7.

Au camp devant Breslau, le 15 décembre 1806.

Jérôme Napoléon au lieutenant général gouverneur de Breslau.

Monsieur le Gouverneur,

J'envoie M. le général Lefebvre, mon premier aide de camp, pour vous faire une seconde sommation. Je me persuade que vous ne verrez dans cette nouvelle démarche que le désir d'éviter la ruine de cette belle capitale de la Silésie et le malheur de ses habitants. Soyez assuré, Monsieur le Gouverneur, que nos forces sont telles que vous ne devez point espérer faire une longue résistance. Vous avez déjà assez fait pour votre honneur et ce que vous devez à votre souverain. Pourquoi vouloir exposer les habitants aux suites désastreuses d'une vaine défense? Vous pouvez espérer encore aujourd'hui une capitulation honorable; plus tard, je pourrais ne plus être le maître de vous l'accorder.

Agréez, etc.

N° 8.

Rapport à S. A. I. le prince Jérôme (18 *décembre*).

Monseigneur,

Les sapeurs que j'avais laissés hier soir dans les deux parties de la place qui m'ont paru les plus abordables, afin de franchir les deux fossés, ont éprouvé de grandes difficultés, tant à cause du clair de lune que de l'incendie de plusieurs maisons, qui les ont mis à découvert.

Ils ont cependant traversé le premier fossé qu'ils ont estimé à trente-six ou quarante pieds de largeur. Ils ont trouvé une profondeur de onze pieds au milieu, probablement à cause d'une cunette qui y avait été pratiquée; dans le reste, il y a cinq à six pieds d'eau.

Parvenus à la fraise de l'espèce de chemin couvert qui enveloppe toute la place, il n'ont pu arracher une palissade. On leur a crié *Wer da !* et tiré des coups de fusils: ils ont été obligés de revenir.

Il est évident, d'après cet exposé, Monseigneur, que l'on ne peut tenter un coup de main sur Breslau, que par un pont construit sur le premier fossé, et établi sur chevalets, et en s'emparant d'abord des ouvrages que l'ennemi n'occupe pas, où l'on s'établirait au moyen d'une gabionnade, afin de soutenir la retraite si elle devait avoir lieu.

Ce premier pont et cet établissement faits, il s'agit de savoir s'il n'y aurait pas trop de difficultés à construire immédiatement le deuxième pont sous le feu de l'ennemi qui serait prévenu, et si l'on ne pourrait pas suppléer à ce moyen par un débarquement, en rassemblant sur le point de passage indiqué un nombre de grands et petits bateaux suffisant pour transporter deux à trois cents hommes à la fois.

Enfin il sera important de considérer si les troupes sous les ordres de Votre Altesse auront assez de détermination et d'élan pour une telle entreprise.

En attendant votre décision, Monseigneur, je fais préparer tout ce qui sera nécessaire pour le premier établissement.

A Klein-Mochberg, ce 18 décembre.

Le colonel du génie,
BLEIN.

N° 9.

Ordre à S. A. I. le prince Jérôme.

Monseigneur, l'Empereur ordonne que vous laissiez le commandement du siége de Breslau au général Vandamme, et que vous partiez en toute diligence, de votre personne, de manière à être rendu à Varsovie le 21 ou le 22 décembre; vous donnerez ordre au général de Deroy de se rendre avec la division de Wartemberg, où il doit être, sur Lowicz; la brigade de cavalerie attachée à cette division gagnera l'avance si elle peut.

Le major général,
Maréchal ALEX. BERTHIER.

Kutno, ce 17 décembre 1806, à une heure du matin.

N° 10.

Holicheu, le 25 décembre à six heures du matin.

Au général de Pernety.

Il faut, mon cher Général, donner vos ordres et faire tous

vos efforts, pour que demain dans la nuit nous puissions faire un bon feu, en augmentant nos batteries de tous les mortiers, gros obusiers et canons de 12 possibles. Il serait bon de tirer à boulets rouges. Je compte beaucoup sur votre activité habituelle. Dites, je vous prie, à votre infatigable aide de camp de faire la plus grande diligence pour tout ce qui le regarde.

Les nouvelles de Strehlen sont beaucoup meilleures que je vous l'avais dit. Le nombre des prisonniers est de 7 à 800, 6 pièces de canon, c'est-à-dire toute leur artillerie, tous leurs bagages et 300 chevaux. Beaucoup de morts et le reste désuni par deux et par quatre, ayant abandonné leurs armes, et ne pouvant échapper à la poursuite de la cavalerie.

Je vous salue avec une parfaite estime,

Le général de division,

VANDAMME.

J'ai envoyé après M. de Colonge et l'artillerie qu'il conduisait, pour les faire rentrer sur-le-champ.

N° 11.

La ville a capitulé. La garnison défile le 7, prisonnière de guerre. Il n'y aura jusqu'à cette époque aucune communication entre les troupes du siége et de la ville. Les ordres seront sur-le-champ donnés pour que toute hostilité cesse.

Hotichen, le 3 janvier 1806.

Le général de division,

VANDAMME.

Au général Hédouville.

Je reçois votre lettre : les bonnes nouvelles se croisent. Le retour de S. A. me fait un plaisir que je ne puis vous exprimer, et le succès sur les Russes y met le comble.

Tout à vous,

VANDAMME.

N° 12.

Articles de la Capitulation de Breslau, convenus entre M. le général de division Hédouville, sénateur, premier chambellan de S. A. I. le prince Jérôme Napoléon, chef d'état-major des alliés, grand officier de la Légion d'honneur, et décoré du grand cordon de Bade; et M. le général de division Vandamme, grand officier, décoré du grand cordon de la Légion d'honneur; tous deux munis des pleins pouvoirs de S. A. I. le prince Jérôme Napoléon, commandant en chef les troupes alliées de S. M. l'Empereur Napoléon, d'une part;

Et S. Exc. M. le lieutenant général de Thile, gouverneur de Breslau, chef d'un régiment d'infanterie, et chevalier de l'Ordre pour le mérite, et M. le général major Krafft, commandant de Breslau, de l'autre.

Art. 1er. La place de Breslau sera rendue aux troupes françaises et alliées de S. M. l'empereur Napoléon, après-demain 7 du courant.

2. Tout ce qui appartient à la forteresse, artillerie, munitions de guerre, armes, plans et magasins de toute espèce, sera fidèlement remis entre les mains des officiers que S. A. I. le prince Jérôme Napoléon désignera pour venir en prendre possession et en dresser procès-verbal.

3. La garnison sera prisonnière de guerre; elle défilera devant les troupes du siége le 7, à 10 heures du matin, drapeaux

déployés, mèche allumée, et mettra bas les armes devant elles; les bas officiers et soldats conserveront leurs havresacs.

4. Les forestiers et gardes-chasse qui ont été sommés de faire leur service dans la place comme chasseurs, obtiendront la permission de retourner chez eux, à condition qu'ils donneront leur parole de ne plus prendre les armes contre les troupes de S. M. l'Empereur et de ses alliés.

Les surveillants des ouvriers employés aux fortifications resteront provisoirement dans leurs places.

5. Les officiers conserveront leur épée, chevaux et bagages, et seront libres de se retirer où bon leur semblera, après toutefois avoir signé leur parole d'honneur de ne point servir contre les troupes de S. M. l'empereur Napoléon et de ses alliés, jusqu'à la paix ou leur échange ; la même faveur sera accordée aux feldwebels, porte-enseignes et maréchaux des logis de la cavalerie.

Il sera en outre accordé aux officiers un soldat pour chacun d'eux, comme domestique ; et enfin ils seront traités en tout comme les officiers compris dans la capitulation de Magdebourg.

6. Les bas officiers et soldats mariés, ainsi que les invalides, auront la permission de rentrer chez eux avec leur famille, et seront aussi traités d'après l'article 8 de la capitulation de Magdebourg.

7. S A. I. le prince Jérôme Napoléon promet protection, au nom de son souverain, à toute espèce de religion que peuvent professer les habitants, propriétaires et locataires de Breslau, sûreté entière pour leurs personnes et les propriétés particulières des dits habitants.

8. MM. les magistrats et employés civils conserveront provisoirement leurs emplois; et dans le cas où ils donneraient leur démission, ils seraient libres de rester dans la ville, ou de se rendre où bon leur semblera, et dans ce cas il leur sera dé-

livré des passeports pour voyager en sûreté avec leur famille et leurs effets.

9. Les caisses royales seront remises à l'officier militaire ou civil que S. A. I. le prince Jérôme Napoléon désignera; cet officier en donnera décharge.

MM. les magistrats resteront dépositaires des sommes appartenant aux particuliers.

10. Les blessés et malades seront traités avec soin, et les chirurgiens qui en ont été chargés jusqu'à présent, pourront continuer à rester près d'eux.

11. Tous les chapitres ecclésiastiques sans exception, de même que toutes les fondations religieuses et pieuses, de quelque religion qu'elles puissent être, jouiront de leurs priviléges et seront protégés, même munis de sauvegardes s'ils le désirent; les caisses appartenantes aux orphelins ou enfants mineurs, seront également respectées.

Le prince Jérôme Napoléon promet sûreté et protection à l'Université de Breslau, de même qu'à l'Observatoire. Ses instruments, tant mathématiques qu'astronomiques, ainsi que les bibliothèques, seront respectés.

13. L'hôtel de la chambre des finances, comme celui de la régence, seront exempts de logements militaires.

14. Les bâtiments royaux des mines resteront occupés comme ils le sont : les officiers civils de ce département conserveront leurs emplois et resteront dépositaires responsables des deux caisses nommées *bergbau-casse* et *knapschafts-casse*; la première étant formée par les actionnaires des mines pour l'entretien des mineurs, et la seconde fondée par les mineurs eux-mêmes, pour venir au secours de leurs veuves et orphelins.

15. S. A. I. le prince Jérôme Napoléon promet sûreté et protection à la direction générale de tous les bureaux établis pour les billets de crédit, fondés sur les terres des propriétaires

de la Silésie, afin que leurs opérations puissent continuer d'après leurs règlements.

16. M. le gouverneur permettra à deux officiers supérieurs du génie et de l'artillerie, désignés par S. A. I. le prince Jérôme Napoléon, d'entrer en ville le 6 au matin, afin de dresser procès-verbal, conjointement avec les officiers du génie et de l'artillerie de la place, des arsenaux et de tous les objets appartenant à la forteresse.

17. La porte Saint Nicolas et celle de la tête du pont de l'Oder, seront livrées aux troupes alliées de S. M. l'Empereur Napoléon, le 7, à huit heures du matin.

18. La ville ayant beaucoup souffert par le bombardement, S. A. I. le prince Jérôme Napoléon promet de diminuer, autant que possible, sa garnison.

19. Il sera accordé à M. le gouverneur un passeport pour son aide de camp, qui ne sera point regardé comme prisonnier de guerre, pour aller porter la présente capitulation à S. M. le roi de Prusse.

20. Pour tous les articles non prévus, ou qui pourraient avoir une double interprétation, M. le gouverneur peut entièrement se reposer sur la générosité et le caractère de justice bien reconnus de S. A. I. le prince Jérôme Napoléon.

Fait en double, à Breslau, le 5 janvier 1807.

> *Signé*, DE THILE, *lieutenant-général au service de S. M. le roi de Prusse, gouverneur de Breslau et chevalier pour le Mérite.*
>
> *Signé*, KRAFFT, *général major et commandant.*
>
> Et LINDEN, *général major, inspecteur de toutes les forteresses royales en Silésie et chevalier de l'ordre du Mérite.*
>
> *Signé*, D. VANDAMME, *général de division, grand officier décoré du grand cordon de la Légion d'honneur.*
>
> *Signé*, T. HÉROUVILLE, *général de division, sénateur, premier*

*chambellan de S. A. I. le prince Jérôme Napoléon ;
chef d'état major de l'armée des alliés, grand officier de
la Légion d'honneur et décoré du grand cordon de Bade.*

Pour copie conforme,

Le général de division, D. VANDAMME.

N° 13.

Le 26 décembre.

A Monsieur le général Vandamme.

J'ai appris ce matin, par M. Vincent, votre aide de camp, que
vous avez envoyé à Glogau l'armistice que vous avez conclu
avec le gouverneur de Breslau. Le général d'artillerie de Pernety, et le colonel du génie Blein, lorsque le gouverneur aura capitulé, doivent prendre possession, chacun en ce qui le concerne,
de l'armement de la place, de l'arsenal, des plans, cartes et papiers de la place, et inventorier le tout.

J'ai l'honneur de vous prévenir que M. Anglès, auditeur au
Conseil d'État, intendant de la haute Silésie, est ici, avec l'ordre
d'inventorier les caisses publiques et tous les établissements
royaux non militaires, aussitôt que nous serons maîtres de
la place.

Le commissaire des guerres Maupetit, aussi près de Lissa, a
ordre d'inventorier les magasins de vivres, d'effets d'habillement et d'équipement, etc.

L'intention de S. A. I. est qu'ils soient mis en fonctions,
et qu'il leur soit prêté main-forte, aussitôt que nous entrerons
dans la place.

S. A. I. a ordonné expressément qu'il ne soit disposé d'aucun des objets inventoriés, soit par le commandant de l'artille-

rie, soit par celui du génie, soit par l'intendant ou le commissaire des guerres, sans des ordres directs du commandant en chef de l'armée des alliés, ou du prince de Neuchâtel, major général de la grande armée.

S. A. I. m'a ordonné de signer, en son nom, la capitulation de la place de Breslau, lorsque vous l'aurez faite. J'ai l'honneur, etc.

T. HÉDOUVILLE.

N° 14.

Au quartier général de S. A. I. le prince Jérôme Napoléon, à Breslau, le 9 janvier 1807.

Proclamation aux habitants de la ville de Breslau.

Son Altesse Impériale le prince Jérôme Napoléon a ordonné que vous soyez dédommagés du sort de la guerre, qui vous a été si funeste avant la capitulation, par une vigilante protection contre toute espèce d'excès.

M. Anglès, intendant de la haute Silésie, et le commissaire des guerres Maupetit, sont seuls autorisés par l'intendant général de la grande armée à faire les demandes nécessaires, pour pourvoir aux besoins urgents des troupes françaises et alliées. Toute réquisition partielle doit être rejetée, et leurs auteurs seront poursuivis et punis.

S. A. I. compte sur l'exactitude avec laquelle les membres de la chambre, les magistrats et habitants de cette ville, satisferont aux demandes qui leur seront faites par l'intendant et le commissaire des guerres, demandes dont la répartition sera réglée par la chambre des finances.

Tous les habitants sont tenus, sous les peines les plus sévères, de déclarer toutes les propriétés royales, de quelque espèce

qu'elles soient, qui sont dans la ville, et dont ils ont connaissance. Les détenteurs de ces propriétés, qui n'en auraient pas
fait la déclaration, seront punis dans leurs personnes et dans
leurs biens. Ceux au contraire qui les dénonceront en seront
récompensés.

Les plaintes de délits contre l'ordre public et la sûreté des propriétés, seront faites à M. Meyronnet, commandant d'armes de
la place, et sans le moindre retard, afin qu'on puisse y remédier.

Le général de division, chef de l'état major
de l'armée des alliés,

T. Hédouville.

N° 15.

Breslau, 9 janvier 1807.

Ordre du jour.

Son Altesse Impériale témoigne sa satisfaction aux troupes
alliées de la constance et de la bravoure dont elles viennent de
donner des preuves, tant au siége de Breslau que dans l'affaire
de Strehlen, la défaite du prince de Pless et les autres actions
particulières dans lesquelles les cavaleries bavaroise et wurtembergeoise se sont singulièrement distinguées.

S. A. I. n'est pas moins satisfaite des compagnies de canonniers, de sapeurs et de mineurs français qui ont été envoyées à
l'armée des alliés.

S. A. I. fera délivrer sous peu de jours, à Breslau, à chaque
soldat, un habit ou une capotte et une paire de souliers; et à
chaque cavalier, un habit ou un manteau et une paire de
bottes. En conséquence, les généraux commandant chaque division d'infanterie ou brigade de cavalerie, adresseront au chef

de l'état major de l'armée, l'état du nombre d'hommes de leurs troupes qui ont le plus besoin d'habits, et de ceux qui manquent de capotes ; ces deux quantités devant être égales à celle du nombre de leurs troupes.

Lorsque les soldats et cavaliers auront reçu cette gratification, chaque officier recevra cinq aunes de drap pour son habillement.

Le général de division, chef de l'état major
de l'armée des alliés,

T. Hédouville.

PIÈCES JUSTIFICATIVES

DU LIVRE QUATRIÈME.

—

N° 1ᵉʳ.

Varsovie, 5 janvier 1807.

A S. A. I. le prince Jérôme.

Monseigneur,

J'ai l'honneur de prévenir Votre Altesse Impériale que l'Empereur vient d'ordonner que les troupes bavaroises et de Wurtemberg, employées sous vos ordres, formeront le 9ᵉ corps de la grande armée.

J'en préviens les différentes autorités de l'armée; je donne l'ordre aux généraux Songis et Chasseloup d'envoyer à votre quartier général un officier d'artillerie et un officier du génie; et à l'intendant général d'y envoyer un inspecteur et un ordonnateur, afin d'organiser tous les services à l'instar de ceux des autres corps de la grande armée.

Le prince de Neuchâtel, major général

Maréchal A. BERTHIER.

N° 2.

Au Quartier général de S. A. I. le prince Jérôme Napoléon
à Breslau, le 12 janvier 1807.

Ordre du jour.

Son Altesse Impériale informée qu'il existe les plus grands
abus dans les réquisitions de vivres et de fourrages, et dans la
distribution de ces subsistances, rend le commissaire des guerres,
chargé d'y pourvoir, dans chaque division, personnellement
responsable de ces abus. Entre autres, il a été vendu au magasin wurtembergeois de Schmidfeld de l'avoine, du foin et de la
paille, qu'on n'a pas pu enlever lorsque la division de Wurtemberg a marché sur Schweidnitz.

C'est aux seuls commissaires des guerres, chargés de pourvoir à la subsistance des divisions, à frapper les réquisitions
nécessaires pour l'assurer, en poursuivre le recouvrement,
à requérir les mesures pour la sûreté des magasins et
l'économie des distributions, et c'est aussi à eux seuls que
S. A. I. s'en prendra, toutes les fois que ces réquisitions ne
seront pas légales et faites par l'intermédiaire des capitaines
des Cercles.

Ils adresseront, tous les huit jours, au chef d'état major
général, l'état des réquisitions qu'ils auront faites et de ce qui
restera dans leurs magasins, avec un rapport sur leur service.

Le général de division, chef de l'état major
du 9ᵉ corps d'armée,

T. HÉDOUVILLE.

N 3.

A S. A. I. le prince Jérôme, commandant en chef le 9ᵉ corps d'armée.

J'ai l'honneur de vous prévenir, Monseigneur, qu'actuellement que la place de Breslau est rendue, l'intention de l'Empereur est que vous fassiez cerner à la fois *Brieg*, *Kosel* et *Schweidnitz*, de sorte qu'il ne reste plus que Neiss et Glatz. — Indépendamment de l'investissement de ces trois places, l'intention de Sa Majesté est que vous gardiez un corps de réserve d'infanterie, de cavalerie et d'artillerie à Breslau, où Votre Altesse restera de sa personne, en ayant soin cependant de visiter tous les quinze jours les trois blocus.

Sa Majesté désire que vous correspondiez journellement et d'une manière très-active avec Elle; son intention est que Votre Altesse se fasse rendre compte par les agents et administrateurs du pays, afin d'établir une bonne administration de la province et de tirer de la Silésie tout le parti possible, pour fournir aux besoins de l'armée.

Sa Majesté pense que le 9ᵉ corps d'armée employé sous les ordres de Votre Altesse doit être fort actuellement de plus de trente mille hommes, en y comprenant le 5ᵉ bataillon d'infanterie légère et le 14ᵉ régiment d'infanterie bavaroise qui viennent d'arriver à Berlin. Je donne l'ordre au général Clarke de faire filer de suite ces deux corps sur Breslau. La colonne d'environ trois mille hommes de troupes de Wurtemberg, venant de Stuttgard, doit aussi être arrivée dans les premiers jours de janvier à Glogau. Je prie Votre Altesse de faire dresser l'état de toutes les troupes sous ses ordres, et de vouloir bien me l'adresser le plus tôt possible, afin que je puisse le mettre sous les yeux de Sa Majesté.— Je la prie de m'instruire en même temps des différentes dispositions qu'elle aura ordonnées en conséquence de cette lettre.

Je donne des ordres pour que les dépôts de cavalerie bavaroise qui se trouvent sur l'Oder, à Francfort, se rendent à Glogau. — L'intention de Sa Majesté est que les dépôts des corps bavarois et wurtembergeois soient établis également dans cette place. Je prie Votre Altesse de donner à cet égard ses ordres.

J'ai l'honneur d'informer en même temps Votre Altesse que je donne des ordres pour qu'il soit établi un dépôt général de cavalerie à Breslau, sous le commandement du général de division Fauconnet. — Je donne l'ordre au général Bourcier de faire diriger sur cette place, par le plus court chemin, tous les détachements de cavalerie qui arriveront à Postdam. Ils y seront passés en revue par le général Fauconnet, et y recevront ensuite les ordres de l'Empereur pour leur destination ultéieure.

Le major général, prince de Neuchâtel,

Maréchal A. BERTHIER.

N° 4.

Varsovie, 21 janvier 1807

Sire,

J'ai l'honneur de transmettre à Votre Majesté les inventaires des magasins de la place de Breslau. Ils ne présentent pas des résultats aussi satisfaisants qu'on aurait pu s'y attendre. Le gouverneur Thiele et le major d'artillerie Faber, paraissant avoir mis beaucoup de mauvaise foi dans leur reddition. Le gouverneur a retenu longtemps chez lui les officiers envoyés pour en prendre possession, sous le prétexte que leurs personnes n'étaient pas en sûreté, et pendant ce temps on achevait probablement de les piller.

Il y avait déjà trois à quatre jours que les Français étaient entrés dans la place, quand des officiers d'artillerie prussiens venaient encore annoncer qu'à tel endroit il existait des armes ou des poudres, comme s'ils ne l'avaient pas su. Le premier jour l'on s'y rendait et l'on y trouvait fort peu de chose, et dans le plus grand désordre. Il en est de même de l'habillement. Toutes les fois qu'on a demandé des renseignements au major Faber, toujours il a persisté à ne rien savoir.

Une des causes encore qui fait qu'on n'a presque rien trouvé, c'est que l'ennemi a eu trois jours, après la capitulation, pour rendre la ville, et les capitaines de compagnie, ainsi que ceux chargés des subsistances, ont pu distraire en partie ce qu'ils avaient en magasin; mais il est probable que le temps et la crainte feront découvrir encore bien des choses et surtout des armes, dont la petite quantité remise laisse croire qu'il en existe davantage, soit chez les habitants, soit ailleurs; on dit cependant qu'elles ont été évacuées avant le siège sur la ville de Neiss.

Parmi les farines existantes dans la place, il s'en trouve de plusieurs époques assez reculées. Il y en a qui datent de 1793 et de 1794. Les autres sont de 1806. J'ai examiné particulièrement celles des dates les plus anciennes; elles m'ont paru un peu aigres, et cependant non susceptibles d'être rejetées. Mais, pour mieux m'assurer de leur qualité, j'en ai fait faire du pain avec farines blutées et non blutées, et les ai comparées.

Les farines non blutées, c'est-à-dire telles qu'elles se trouvent dans les tonneaux, ont donné un pain mangeable, et ont produit une très légère différence entre elles. Mais les farines blutées à 6 1/2 pour cent ont présenté un pain bon et moins aigre. J'ai ensuite comparé ces épreuves avec du pain de farine de 1806, la différence n'a pas été sensible. Aussi toutes les farines sont admissibles; il suffit d'apporter quelques soins dans leur manutention, d'éviter, par exemple, d'y mettre trop d'eau et de mieux faire cuire.

On trouve dans un des magasins environ quatre-vingt à cent sacs de seigle, qui a cent soixante ans. Lorsque le grand Frédéric vint à Breslau, ce grain avait un siècle ; il ordonna d'en continuer les soins, et fit même une petite fondation pour qu'on entretînt ce seigle, qui est encore très-sain, et pour qu'on pût savoir jusqu'où on parviendrait à le conserver.

La ville de Breslau est grande et populeuse : l'on compte jusqu'à 60,000 âmes, sans les faubourgs qui étaient considérables.

Il serait difficile dans le moment de juger l'esprit public, le peuple est encore trop étourdi du bombardement qu'il vient d'essuyer. Cependant il est bien aise de la démolition des fortifications. Ceux qui se mêlent de politique et qui tiennent à l'ancien gouvernement craignent de passer sous une autre domination et surtout sous celle autrichienne. Au résumé, la masse est paisible comme partout en Allemagne, reprend ses occupations, et ne paraît pas s'inquiéter de l'avenir.

Il n'y a point de manufactures dans cette place. Le principal commerce qui s'y fait sont les draps et les toiles que l'on tire de Silésie et même de Berlin. Les habitants ne sont donc, en quelque sorte, que des expéditionnaires.

Il y a une fonderie qui n'a qu'un seul fourneau, mais qui peut contenir cinquante milliers de matières.

On remplace dans ce moment les munitions tirées de Glogau, l'on en construit pour les siéges; l'on désarme les remparts et l'on remet l'ordre dans les magasins.

Le prince de Pless est toujours en campagne ; l'on cerne Schweidnitz et l'on a marché sur Kosel, le 18 janvier.

Le commissaire Maupetit et le peu d'employés qu'il a près de lui, mettent la plus grande activité dans l'expédition des farines sur Varsovie.

Deux cent soixante-cinq voitures contenant trois mille quatre cent deux quintaux de farines, sont parties le 16 janvier pour Petrikau, et de là pour Varsovie. Le 17 il en est parti deux mille neuf cent treize quintaux sur deux cent vingt-sept voitures ; et le 19, cent vingt-deux portant mille cinq cent soixante-neuf quintaux, ce qui fait un total de six cent quatorze voitures et sept mille huit cent quatre-vingt-quatre quintaux.

Leur arrivée dépendra de l'activité qu'auront mise les autorités à fournir les voitures.

J'ai vu les conseillers du cercle de Petrikau, je les ai prévenus du passage considérable de farine qui devait avoir lieu, et leur ai fait sentir combien il était important d'apporter dans leur transport toute la rigueur et la célérité possibles. Ces messieurs ont bien promis qu'ils feraient tout ce qui était en leur pouvoir. Je crains qu'ils ne puissent beaucoup, fournissant à Kalisch et à Blovie.

S'il était possible de disposer d'une partie des chevaux de l'armée pour les placer en relai depuis Varsovie jusqu'à Petrikau, ils en seraient mieux, et les subsistances plus promptement assurées.

Bien des ressources de la Silésie sont déjà épuisées. Il y a eu beaucoup de gaspillage et de consommation superflue dans les denrées, ce désordre vient de ce que chaque espèce de troupes étant administrée particulièrement, prenait à sa guise et sans égard pour les règlements. Aussi une petite armée de vingt à vingt-cinq mille hommes a consommé pour ainsi dire comme une de quarante.

Maintenant que l'administration est une, que S. A. le prince

Jérôme a défendu toute espèce de réquisition, l'on doit croire à un meilleur ordre de choses.

J'ai l'honneur, etc.

CASTILLE.

N° 5.

Quartier général, à Breslau, le 12 janvier 1807.

Monsieur le maréchal prince de Neuchâtel,

Je reçois la lettre que V. A. m'écrit en date du 7 de ce mois. par laquelle elle me prévient que Sa Majesté veut que je cerne à la fois Kosel, Brieg et Schweidnitz. J'observerai cependant que Kosel est très éloigné et exposerait le corps qui le cernerait à être attaqué par le prince de Pless, qui est à Neiss. Je préférerais donc, si Sa Majesté n'y trouve pas d'inconvénient. attaquer Neiss plutôt que Kosel. Il est aisé de voir que cela centraliserait entièrement mes opérations. J'attendrai de nouveaux ordres à cet égard. D'ailleurs, il me serait impossible, avec les 19,000 hommes d'infanterie dont mon corps d'armée est seulement fort, de le faire, en gardant un corps d'infanterie, de cavalerie et d'artillerie à Breslau.

J'attends l'arrivée des troupes bavaroises qui sont à Berlin. des troupes wurtembergeoises qui sont à Glogau, pour former un corps de quatre à cinq mille hommes d'infanterie et d'un ou deux régiments de cavalerie que je mettrai sous les ordres du général Lefebvre, qui sera destiné à cerner Neiss ou Kosel, selon que Sa Majesté le trouvera à propos.

Quant aux intentions de Sa Majesté. que Votre Altesse me

transmet, qui sont de visiter tous les quinze jours les places bloquées, il m'eût fallu un ordre contraire, pour m'empêcher de le faire exactement.

Agréez, etc.

JÉRÔME NAPOLÉON.

N° 6.

Articles de la capitulation de Brieg, convenus entre M. le lieutenant général de Deroy, au service de S. M. le roi de Bavière, commandant la première division bavaroise du 9ᵉ corps de la Grande Armée, grand cordon de l'ordre militaire bavarois de Maximilien-Joseph, et grand cordon de la Légion d'Honneur, et M. le général de brigade Lefebvre-Desnouëttes, commandant une brigade de cavalerie bavaroise, premier écuyer de S. A. I. le prince Jérôme Napoléon, commandeur de la Légion d'Honneur et grand cordon de l'ordre de la Fidélité, tous deux munis de pleins pouvoirs de S. A. I. le prince Jérôme Napoléon, commandant en chef le 9ᵉ corps de la Grande Armée de S. M. l'empereur Napoléon, d'une part ;

Et M. le général major de Cornerut, commandant la place de Brieg, et M. de Bourdet, major ingénieur et vice commandant, de l'autre.

Art. Iᵉʳ. La place de Brieg sera rendue aux troupes alliées de S. M. l'empereur Napoléon, demain 17 du courant.

II. Tout ce qui appartient à la forteresse, artillerie, munitions de guerre, armes, plans et magasins de toute espèce, sera fidèlement remis entre les mains de l'officier que S. A. I. le prince Jérôme Napoléon désignera pour venir en prendre possession et en dresser procès-verbal.

III. La garnison sera prisonnière de guerre ; elle défilera devant les troupes bavaroises du siége, le 17, à une heure après-midi, drapeaux déployés, mèche allumée, et mettra bas les armes devant elles. Les bas officiers et soldats conserveront leurs havresacs.

IV. Les forestiers et gardes-chasse qui ont été sommés de faire le service dans la place comme chasseurs, obtiendront la permission de retourner chez eux, à condition qu'ils donneront leur parole de ne plus prendre les armes contre les troupes de S. M. l'Empereur et ses alliés.

Les surveillants des ouvriers employés aux fortifications resteront provisoirement dans leurs places.

V. Les officiers conserveront leurs épées, chevaux et bagages, et seront libres de se retirer où bon leur semblera, après toutefois avoir signé leur parole d'honneur de ne point ser ir contre les troupes de S. M. l'empereur Napoléon ou de ses alliés, jusqu'à la paix ou leur échange. La même faveur sera accordée aux feldwebels et porte-enseignes, aux maréchaux des logis de cavalerie.

Il sera en outre accordé aux officiers un soldat pour chacun d'eux, comme domestique ; et enfin ils seront en tout traités comme les officiers compris dans la capitulation de Magdebourg.

VI. Les bas officiers et soldats mariés, ainsi que les invalides, auront la permission de rentrer chez eux avec leur famille, et seront aussi traités d'après l'article VIII de la capitulation de Magdebourg.

VII. S. A. I. le prince Jérôme Napoléon promet protection, au nom de son souverain, à toute espèce de religion que peuvent professer les habitants de Brieg ; sûreté entière pour les personnes et les propriétés particulières.

VIII. MM. les officiers de la régence de la haute Silésie, les magistrats, les officiers du bailliage et des domaines royaux et employés civils, conserveront provisoirement les mêmes fonctions ; et dans le cas où ils donneraient leur démission, ils seront libres de rester dans la ville, ou de se rendre où bon leur semblera ; et dans ce dernier cas, il leur sera délivré des passeports pour pouvoir voyager en sûreté avec leur famille et leurs effets.

IX. Les caisses royales seront remises à l'officier militaire ou civil que S. A. I. le prince Jérôme Napoléon désignera ; cet officier en donnera une décharge.

MM. les magistrats resteront dépositaires des sommes appartenant aux particuliers.

X. Les blessés et malades seront traités avec soin, et les chirurgiens qui en ont eu soin jusqu'à présent, pourront rester près d'eux.

XI. Les fondations religieuses et pieuses, de quelque religion qu'elles puissent être, jouiront de leurs priviléges et seront protégées. Les caisses contenant des sommes appartenant aux orphelins ou enfants mineurs. seront également respectées.

XII. S. A. I. le prince Jérôme Napoléon promet protection au lycée de Brieg.

XIII. M. le commandant permettra aux deux officiers supérieurs du génie et de l'artillerie, désignés par S. A. I. le prince Jérôme Napoléon, d'entrer en ville le 16 au soir, pour dresser procès-verbal. conjointement avec les officiers du génie et de l'artillerie de le place, des arsenaux et de tous les objets apparnut à la forteresse.

XIV. La porte de Breslau et celle de Neiss seront livrées aux troupes bavaroises le 16, à 4 heures après midi.

XV. La ville ayant beaucoup souffert l'année dernière d'un incendie, et tout récemment d'un bombardement, S. A. I. le prince Jérôme Napoléon est prié de diminuer, autant que possible, le nombre de la garnison.

XVI. Il sera accordé à M. le commandant, s'il le désire, un

passeport pour un officier du grade de lieutenant, qui ne sera pas regardé comme prisonnier de guerre, pour aller porter la présente capitulation à S. M. le roi de Prusse.

XVII. Pour tous les articles non prévus, ou qui pourraient avoir une double interprétation, M. le commandant peut entièrement se reposer sur la générosité et le caractère de justice bien connus de S. A. I. le prince Jérôme Napoléon.

Fait en double, à Brieg, le 11 janvier 1807.

Le général major commandant la place de Brieg.

Signé, V. CORNERUT.

Le major ingénieur et vice commandant de la place.

Signé, DE BOURDET.

Le lieutenant général au service de S. M. le roi de Bavière, commandant la Ire division bavaroise du 9e corps de la Grande Armée, grand cordon de l'ordre militaire bavarois de Maximilien-Joseph, et grand cordon de la Légion d'Honnur.

Signé, DE DEROY.

Le général de brigade commandant une brigade de cavalerie bavaroise, premier écuyer de S. A. I. le prince Jérôme Napoléon, commandant de la Légion d'Honneur, grand cordon de l'ordre de la Fidélité.

Signé, LEFEBVRE DESNOUETTES.

N° 7.

Au quartier général, à Breslau, le 16 janvier 1807.

Monsieur le prince d'Anhalt-Pless,

La remise de la forteresse de Brieg était la condition de l'armistice que Votre Altesse m'avait demandé, et que nous étions prêts à conclure; cette place est dans ce moment en mon pouvoir. Le gouverneur, après une attaque très vive, a capitulé aujourd'hui à midi. Votre Altesse sentira que les circonstances présentes demandent un nouvel arrangement. Cependant je verrai toujours avec plaisir que Votre Altesse veuille bien se rendre après demain à Baumgarten, et il ne dépendra que d'Elle que nous conclusions le même armistice en stipulant pour une autre place forte.

Agréez, etc.

JÉRÔME NAPOLÉON.

N° 8.

Au quartier général de S. A. I. le prince Jérôme Napoléon,
à Breslau, le 8 janvier 1807.

Instructions pour monsieur le général de division Vandamme.

Son Altesse Impériale le prince Jérôme Napoléon, commandant en chef l'armée des alliés, ordonne à monsieur le général de division Vandamme de se rendre de suite, avec la division de Wurtemberg et la brigade de cavalerie du général Montbrun, sous la forteresse de Schweidnitz et de l'investir.

La mauvaise saison pouvant contrarier les opérations d'un siége en règle, et réduire momentanément les opérations de la division de Wurtemberg à un blocus, M. le général Vandamme reconnaîtra la manière la plus avantageuse d'établir ce blocus, en cantonnant les troupes dans les villages voisins, ou en les barraquant dans les meilleures positions.

Il soumettra à S. A. I. les moyens qui lui paraîtront les plus propres à bien établir ce blocus.

Lorsque la place sera investie, le général Vandamme fera au gouverneur une sommation de la rendre, tentative que la terreur de nos armes pourrait seule faire réussir.

M. le général Vandamme se fera continuellement éclairer par des patrouilles et des partis de cavalerie, il en cantonnera un détachement à Strehlen, et correspondra, par ce détachement, avec le lieutenant général de Deroy, qui investit Brieg.

Il rendra compte, journellement, à S. A. I., de ce qu'il y aura de nouveau, et si l'ennemi fait quelque mouvement entre Schweidnitz et Brieg, indépendamment du compte qu'il en rendra à S. A. I., il en informera le lieutenant général de Deroy.

Le commissaire des guerres de la division wurtembergeoise, fera toutes les réquisitions de vivres et fourrages, nécessaires pour la subsistance de cette division, en observant d'en tirer autant qu'il le pourra, des cercles qui sont entre Schweidnitz, Glatz et Neiss.

Il ne pourra pas étendre ses réquisitions du côté de Jawer et de Gnichwitz, au delà de ces deux endroits. Le commissaire des guerres sera personnellement responsable de tous abus dans ces réquisitions.

Le général de division, chef d'état major
général de l'armée des alliés,

T. HÉDOUVILLE.

N° 9.

Glatz, 20 janvier 1807.

Traduction de la proclamation du prince de Pless.

S. E. le ministre de guerre, d'État et de cabinet, le comte de Hoym, chevalier des ordres de l'Aigle noire et rouge, m'ayant fait connaître officiellement le 17 de ce mois, que S. M. notre très gracieux Seigneur et Roi a daigné, d'après sa demande, le décharger de toutes les affaires d'État; je suis obligé d'annoncer publiquement cette résolution, en ajoutant que je me suis chargé, jusqu'à ce que S. M. en ait autrement disposé, de prononcer sur toutes les affaires qui sont dans les attributions du ministre dirigeant de la Silésie, ainsi qu'il aurait pu le faire lui-même, et c'est à quoi tous les employés, vassaux et sujets du roi en Silésie et dans le comté de Glatz auront à se conformer.

Les chambres de guerre et des domaines de Breslau et Glogau, se trouvant dans la puissance de l'ennemi, j'ai formé, pour la partie de la Silésie conquise dans les arrondissements de ces deux chambres, et qui n'est pas encore conquise par l'ennemi, une chambre particulière qui résidera toujours à mon quartier général, et qui remplira toutes les fonctions des chambres de guerre et des domaines pour la Silésie et le comté de Glatz; en ordonnant de prêter obéissance à cette chambre, je m'en réfère à ma proclamation du 6 janvier, d'après laquelle la chambre de Breslau doit d'autant plus être regardée comme suspendue, qu'elle a osé adresser des réquisitions, même dans des cercles qui sont encore entièrement en mon pouvoir.

Les employés de l'accise, des mines, des fonderies, des postes

et du timbre demanderont et suivront, jusqu'à nouvel ordre, les nstructions de la chambre que je viens de créer.

Donné à mon quartier général de Glatz, le 20 janvier 1807.

Signé, FERDINAND, *prince régnant d'Anhalt-Pless, gouverneur général de la Silésie et du comté de Glatz, général major de cavalerie, colonel d'un régiment de hussards, chevalier de l'Aigle et de l'ordre de Mérite.*

Pour traduction littérale,

L'administrateur général des finances en Silésie,

LESPERUT.

N° 10.

Ce 1ᵉʳ février 1807.

A monsieur le général de Pernety.

Monsieur le général,

S. A. I me charge de vous mander qu'elle vous confie momentanément le commandement de la brigade du général Lefebvre, qui a été amenée aujourd'hui à Strehlen, elle est composée de deux régiments de cavalerie, du 6ᵉ régiment de ligne, de deux bataillons d'infanterie légère, et elle a six pièces d'artillerie légère.

S. A. I. jugeant qu'il est du bien du service, dans un moment où les ennemis peuvent tenter de secourir une des deux places que nous assiégeons, de ne confier cette brigade qu'à un officier général honoré de toute sa confiance, a pensé que, quoique ce commandement soit étranger aux fonctions que vous remplissez avec tant de distinction, elle pouvait vous en charger pendant l'indisposition du général Lefebvre, qui sera en état de rejoindre la brigade dans quelques jours. Cette courte absence ne vous empêchera pas plus de continuer à diriger toute l'artillerie du 9ᵉ corps d'armée, que si vous aviez été directement sous Kosel ou Schweidnitz, et S. A. I. sera alors sûre que cette brigade ne pourrait être mieux dirigée.

Cette brigade forme un corps d'observation dont le but est de surveiller les mouvements que l'ennemi pourrait tenter pour secourir une des deux places assiégées; le général Lefebvre, en recevant l'ordre d'occuper Strehlen, a été prévenu de communiquer par ses avant-postes, avec ceux de la division du général Vandamme, placés à Reichenbach, et soit que vous marchiez, sur cette ville ou sur Franchstein, il importe que vous continuiez à vous lier avec les troupes légères.

Si l'ennemi se portait en force sur Schweidnitz, alors le général Vandamme est autorisé à donner l'ordre au commandant de la brigade du général Lefebvre, de concerter ses mouvements avec lui, afin de couper la retraite par les mouvements les plus rapides à l'ennemi, s'il était assez hardi pour tenter de secourir cette place, mais l'intention de S. A. I. est que votre brigade conserve son ensemble, et que chacun des corps qui la composent n'agisse que d'après vos ordres directs, et dans tous les cas vous rendrez journellement compte à S. A. I. de tous vos mouvements, qui ne peuvent vous être prescrits que par ces circonstances; il est donc de toute nécessité que vous ne négligiez rien pour être informé des forces ennemies et de leur direction. C'est surtout avec de bons espions que vous obtiendrez ces renseignements. Vous les ferez passer au général Vandamme, qui vous informera aussi de ceux qu'il se procurera.

Vous devez avoir près de la brigade un commissaire de la chambre, chargé de lui faire fournir les subsistances par les capitaines des différents cercles que vous parcourrez ou qui vous avoisinent.

Agréez,

T. Hédouville.

N° 11.

A monsieur le général de division de Pernety.

Monsieur le général.

Le général Vandamme vient de mander à S. A. I. que le gros corps d'armée du prince de Pless pourrait être porté sur Kosel et qu'il pense en ce cas qu'il n'a pas besoin du secours de votre brigade. Je ne tenais pas hier le même langage, ajoute-t-il, parce que les commandants de mes reconnaissances ont été des plus maladroits.

D'après cela S. A. I. me charge de vous mander de vous porter avec votre brigade, non à Reichenbach, mais dans une position à peu près intermédiaire, entre Schweidnitz et Kosel, d'où les renseignements que vous vous procurerez détermineront vos mouvements, qui devront toujours tendre à couper les colonnes ennemies sur leurs derrières, quelles que soient leurs tentatives.

Vous avez une excellente brigade accoutumée à se distinguer et qui vous secondera bien en saisissant toutes les occasions de donner sur l'ennemi.

Cette lettre vous trouvera peut-être déjà à Nimptsch, mais dans ce cas vous changerez vos dispositions.

Agréez..., T. HÉDOUVILLE.

N° 12.

Capitulation de Schweidnitz signée le 7 février 1807.

Capitulation de la forteresse de Schweidnitz convenue entre monsieur le général de division Vandamme, grand officier décoré du grand cordon de la Légion d'honneur, muni de pleins pouvoirs de S. A. I. le prince Jérôme Napoléon, commandant en chef les troupes alliées de S. M. l'empereur Napoléon le Grand, d'une part, et monsieur le lieutenant colonel de Hake commandant de la place de Schweidnitz, de l'autre.

Art. 1.

La place de Schweidnitz sera rendue aux troupes alliées de S. M. l'empereur Napoléon le Grand, le 16 février 1807, si elle n'est pas secourue d'ici à ce temps.

Art. 2.

Tout ce qui appartient à la forteresse, artillerie, munitions de guerre, armes, plans et magasins de toute espèce, sera fidèlement remis entre les mains des officiers que S. A. I. le prince Jérôme Napoléon désignera pour en venir prendre possession, et en dresser procès-verbal.

Art. 3.

La garnison sera prisonnière de guerre, elle défilera devant les troupes du siége, le 16 février à 10 heures du matin, drapeaux déployés, mèche allumée, et mettra bas les armes devant elles; les bas officiers et soldats conserveront leurs havre-sacs.

<h2 style="text-align:center">Art. 4.</h2>

Les forestiers, les gardes-chasse qui ont été sommés de faire le service de la place comme chasseurs, obtiendront la permission de retourner chez eux, à condition qu'ils donneront leur parole de ne plus prendre les armes contre les troupes de S. M. l'Empereur et ses alliés, les surveillants des ouvriers employés aux fortifications resteront provisoirement dans leurs places.

<h2 style="text-align:center">Art. 5.</h2>

Les officiers conserveront leur épée, chevaux et bagages, et seront libres de se retirer où bon leur semblera, après toutefois avoir signé leur parole d'honneur de ne point servir contre les troupes de S. M. l'empereur Napoléon ou ses alliés, jusqu'à la paix, ou leur échange; la même faveur sera accordée aux feld-webels, porte-enseignes, et maréchaux des logis de cavalerie; il sera en outre accordé aux officiers un soldat pour chacun d'eux comme domestique, et enfin ils seront traités, en tout, comme les officiers compris dans la capitulation de Magde-bourg.

<h2 style="text-align:center">Art. 6.</h2>

Les bas officiers et soldats mariés, ainsi que les invalides, auront la permission de rentrer chez eux avec leur famille, et seront aussi traités d'après l'article 8 de la capitulation de Mag-debourg.

<h2 style="text-align:center">Art. 7.</h2>

S. A. I. le prince Jérôme Napoléon, promet protection, au nom de son souverain, à toute espèce de religion que peuvent professer les habitants, propriétaires ou locataires de Schweid-nitz, et sûreté entière pour les personnes et propriétés des ha-bitants.

Art. 8.

Messieurs les magistrats, et employés civils, conserveront provisoirement les mêmes fonctions, et dans le cas où ils donneraient leur démission, ils seront libres de rester en ville, ou de se retirer où bon leur semblera, et dans ce dernier cas, il leur serait délivré des passeports pour pouvoir voyager en sûreté avec leur famille et leurs effets.

Art. 9.

Les caisses royales seront remises à l'officier militaire ou civil, que S. A. I. le prince Jérôme Napoléon désignera ; cet officier en donnera décharge ; MM. les magistrats resteront dépositaires des sommes appartenant aux particuliers.

Art. 10.

Les blessés et malades seront traités avec soin, et les chirurgiens qui les ont soignés jusqu'à présent, pourront rester près d'eux.

Art. 11.

Tous les chapitres ecclésiastiques, sans exception, de même que toutes les fondations religieuses et pieuses, de quelque religion qu'elles puissent être, jouiront de leurs priviléges, et seront protégés, même munis de sauvegardes s'ils en désirent.

Les caisses contenant des sommes appartenant aux orphelins ou enfants mineurs, seront également respectées.

Art. 12.

Les écoles publiques et la bibliothèque seront aussi respectées.

Art. 13.

M. le commandant permettra à deux officiers supérieurs du génie et de l'artillerie, désignés par S. A. I. le prince Jérôme Napoléon, d'entrer en ville le 15 février au matin, afin de dresser procès-verbal, conjointement avec les officiers du génie et de l'artillerie de la place, des arsenaux et de tous les objets appartenant à la forteresse.

Art. 14.

La porte dite barrière Koeppen sera livrée aux troupes alliées de S. M. l'empereur Napoléon le Grand, le 16 février à huit heures du matin.

Art. 15.

La ville ayant beaucoup souffert par le bombardement, S. A. I. le prince Jérôme Napoléon promet de diminuer autant que possible sa garnison.

Art. 16.

Il sera accordé à monsieur le commandant, un passeport pour un officier, qui ne sera point regardé comme prisonnier de guerre, pour aller porter la présente capitulation à S. M. le roi de Prusse.

Art. 17.

Pour tous les articles non prévus, ou qui pourraient avoir une double interprétation, monsieur le commandant peut entièrement s'en rapporter à la générosité et au caractère de justice bien connus de S. A. I. le prince Jérôme Napoléon.

Fait double, au quartier général de Zülpendorf, le 7 février 1807.

Signé, HAKE,

Lieutenant colonel de Sa Majesté le roi de Prusse et commandant de la place de Schweidnitz.

D. VANDAMME général de division.

S. A. I. le prince Jérôme Napoléon, commandant en chef

le neuvième corps de la grande armée, approuve la présente capitulation.

Par ordre de Son Altesse Impériale,

Le général de division chef de l'état major du 9me corps de
la grande armée,

T. HÉDOUVILLE.

Pour copie conforme,

T. HÉDOUVILLE.

Au quartier général de S. A. I, à Breslau le 8 février 1807.

PIÈCES JUSTIFICATIVES

DU LIVRE CINQUIÈME.

——

N° 1.

Breslau, le 22 janvier 1807.

Sire,

Je suis arrivé cette nuit à Breslau, la gelée a rendu les chemins meilleurs; on fait aisément un mille à l'heure.

J'ai remis la lettre de V. M. à S. A. le prince Jérôme, et lui
ai dit que V. M. était fort étonnée qu'il eût conclu ou proposé
un armistice sans son consentement. Mais le prince n'a conclu
aucun armistice, il attendait même les ordres de V. M. pour
l'entrevue qui lui avait été demandée, et qui n'a point eu lieu
d'après votre lettre.

Je suis reparti pour Brieg dans la nuit. J'ai l'honneur d'a-
dresser un rapport sur cette place à V. M., je n'y joins pas de
plan, le capitaine Castille vous en ayant porté un.

Le général de Deroy est arrivé devant Kosel avec l'artillerie
de sa division et 4 obusiers prussiens pris ici.

V. M. verra, par le plan ci-joint de Kosel, que cette place est
un carré long de peu de capacité, auquel les inondations des
ouvrages détachés ajoutent de la valeur. Le commandant est,
dit-on, un brave homme.

J'ai fait partir de Brieg pour Kosel mon aide de camp, le capitaine Paporet, pour reconnaître la place, les inondations, et faire faire des fascines et gabions. Je suis revenu ici pour demander au prince l'artillerie nécessaire à assiéger, car sans canons point de siége : quelques jours de plus de blocus ne sont rien, ils ne consomment ni munitions, ni hommes et ne les fatiguent pas.

Je ne pense pas qu'une aussi petite place que Kosel, attaquée vivement, puisse résister longtemps. Cependant ce siége occupe 7 mille hommes, il me paraît important de le terminer, pour s'assurer la conquête et les revenus de la haute Silésie, et pouvoir réunir toutes ses forces sur Neiss et Schweidnitz qui probablement exigeront de grands moyens d'attaque et tiendront plus longtemps. J'ai joint ici des plans qui, quoique peu soignés, en donneront une idée à V. M.

Je me suis assuré à Brieg des moyens de transport; les approvisionnements nécessaires au siége de Kosel s'y trouvent, ainsi que 4 mortiers. Il faudra tirer d'ici 10 pièces de 12, et peut-être quelques pièces de 24; le prince a donné des ordres pour cela et fait protéger les convois par la brigade de cavalerie du général Lefebvre et du général de Deroy.

Demain 24, je parcourrai la place, puis je partirai pour Schweidnitz. Je serai ici le 27, d'où j'aurai l'honneur d'adresser un rapport à V. M. sur Schweidnitz. Je trouverai à mon retour la reconnaissance de Kosel, où je me rendrai aussitôt.

L'artillerie est bien pourvue en matériel, c'est l'important, mais elle est faible en personnel. Les canonniers ont été fatigués par le siége de Breslau, dans une saison aussi rigoureuse et pendant aussi longtemps; les mêmes hommes ne peuvent constamment servir jour et nuit, que V. M. me permette d'insister sur ce point.

Il faudrait aussi quelques ingénieurs, une vingtaine ne serait pas de trop. V. M. sait que les siéges sont la fête des ingénieurs, c'est leur école d'instruction ; ils seraient plus utiles ici que dans les cantonnements.

Le prince n'a que 22,000 hommes, et d'après les ordres de V. M., garde ici 6 à 7 mille hommes. Peut-être pourrait-on diminuer cette garnison, si S. A. avait une partie du corps Oudinot, elle pourrait bloquer Neiss et occuper Franckenstein, qui me paraît le nœud du triangle des trois places et la clef de leurs communications. Glatz aurait alors peu d'influence sur la Silésie, et pourrait même être bloqué en même temps ou du moins après la prise de Kosel, si V. M. le croyait utile.

Je suis, etc.

BERTRAND.

N° 2.

A Breslau, le 24 janvier 1807.

Au général de Pernety.

Monsieur le général,

Le prince Jérôme Napoléon me charge de répondre à la lettre que vous m'avez écrite hier. Son intention est que les deux siéges de Schweidnitz et de Kosel se fassent en même temps, cependant S. A. I. voudrait que celui de Kosel fût poussé avec une telle vigueur, que cette forteresse fût dans la nécessité de se rendre avant Schweidnitz, parce qu'alors nos troupes seraient plus rassemblées en attaquant aussitôt Neiss, et nos transports de batteries et de munitions plus faciles.

S. A. I. me charge de vous mander de faire tenir prêtes à partir pour Kosel, deux ou quatre pièces de 24, dont les approvisionnements pourraient être pris à Brieg, mais de ne les faire partir que sur un nouvel ordre.

Il est important que vous puissiez faire partir successivement pour Schweidnitz les pièces de siége demandées par le général Vandamme.

S. A. I. sent combien il est difficile d'alimenter ces deux siéges en même temps de munitions et d'artifices, surtout vu l'éloignement de Kosel; mais S. A. I. me charge de vous dire qu'elle compte sur votre activité, et qu'elle est bien persuadée que personne n'est plus accoutumé que vous à faire l'impossible.

T. Hédouville.

N° 3.

13 février 1807.

Ordre général de M. le général de Pernety, commandant l'artillerie des siéges.

Chaque batterie aura deux officiers d'artillerie qui alterneront entre eux, pour le service de leur batterie. Leur service sera de 24 heures, il commencera à 4 heures du soir; de sorte que le second officier relèvera le premier à 4 heures du soir, soit que la batterie ait tiré ou non.

Chaque commandant de batterie enverra tous les jours à 8 heures du matin, un canonnier au rapport, et à 3 heures de l'après-midi, deux canonniers qui seront destinés à conduire les munitions en batterie, et à reconduire les voitures vides au parc.

MM. les commandants des batteries ne choisiront pour ce service que des canonniers qui connaissent parfaitement le chemin de leur batterie au parc, le nombre et le calibre des pièces de leur batterie, et par conséquent l'espèce des munitions qu'ils doivent y transporter.

Les rapports du matin doivent être faits par écrit, et contenir : 1° l'état des munitions existantes la veille en magasin ; 2° la quantité de munitions consommées pendant la nuit ou le jour ; 3° l'effet qu'aura produit le feu de sa batterie sur les ouvrages de l'ennemi, ou sur la place ; 4° les noms des canonniers tués ou blessés ; 5° la note des avaries arrivées aux pièces et aux affûts, et de l'espèce de réparation que ces avaries exigent ; 6° l'état des dégradations qu'auront souffertes les épaulements, embrasures, plates-formes, etc., avec la note des matériaux et outils nécessaires pour les réparer.

Quand même les batteries ne feraient pas feu, l'officier de jour à la batterie n'en sera pas moins tenu de se rendre à 7 heures du matin et à 2 heures de l'après-midi à sa batterie, et d'envoyer son rapport aux heures déjà indiquées au commandant de l'artillerie.

Lorsque les batteries feront feu il s'y trouvera toujours 1 officier et 2 sous-officiers par batterie, ainsi que 4 canonniers par pièce, lesquels seront au besoin renforcés par des hommes de la ligne.

Lorsqu'il ne sera pas fait feu des batteries, il n'en restera pas moins 1 sous-officier par batterie, et 2 canonniers par pièce en batterie.

En général il ne devra pas être tiré plus de 8 coups par pièce par heure, 6 par obusier et 4 par mortier. Lorsqu'il n'y aura rien de prescrit sur la manière de faire feu, on ne tirera que moitié de ces nombres. Le jour, on tirera particulièrement sur les ouvrages de la forteresse : de nuit, le feu des mortiers et obusiers sera dirigé sur les bâtiments de la place. Lorsque le feu se manifestera en quelque endroit de la ville, les batteries auront soin de diriger leurs feux sur le point où l'incendie se sera manifesté avec le canon ou l'obusier tirant 5 coups par heure ; à moins d'ordre précis du général commandant le siége, le feu des batteries ne devra jamais durer au delà de six heures.

Les commandants des batteries auront soin de se pourvoir au

parc d'une quantité suffisante de fascines ou gabions, pour boucher leurs embrasures quand il ne sera pas fait feu : ils auront également soin de profiter des intervalles où il ne sera pas fait feu pour réparer leurs embrasures, épaulements et plates-formes, et demanderont à l'avance au parc les matériaux et outils à pionniers nécessaires aux réparations : ils donneront au directeur du parc un reçu des outils qui leur auront été délivrés.

Lorsqu'il y aura une batterie à construire, les officiers destinés au service de cette batterie en dirigeront aussi la construction, et ne quitteront la place que lorsque la batterie sera entièrement construite.

N° 4.

A S. A. S. le prince de Neuchâtel, ministre de la guerre.

Reinsdorff devant Kosel, 3 mars 1807.

Monseigneur.

Après des travaux assez longs et pénibles, nous sommes parvenus, malgré le dégel et l'inondation, à reconstruire et armer les batteries dont la plupart étaient dans l'eau. Le 24 janvier nous avons recommencé le feu, mais un feu extrêmement modeste en comparaison de la place qui déploie contre nos attaques, bien plus que le double de notre artillerie, et qui la sert avec une extrême vivacité.

Les rapports des déserteurs se sont accordés à dire que nous avions tué ou blessé 27 personnes, presque tous canonniers, et que le gouverneur de Kosel avait été atteint d'une attaque d'apoplexie, par l'effet d'une bombe qui avait éclaté dans sa casemate ; quelques-uns disaient qu'il en avait été blessé dangereusement.

Ces circonstances parurent favorables pour faire une sommation, et le général de Deroy l'envoya le 1er mars par le général Raglowich, accompagné par le capitaine de Ponthon. Ils ne purent obtenir de voir le gouverneur, et laissèrent la sommation qui fut suivie le lendemain d'une réponse négative et ampoulée.

Persuadé que nous n'avions fait que ce qui est nécessaire pour déterminer le gouverneur de Kosel à rendre la place dans le cas où il ne serait pas convaincu de la résistance qu'il pouvait y faire, et voyant l'impossibilié d'en faire le siége avec vigueur, avec si peu de troupes et d'artillerie, j'ai demandé au prince Jérôme de doubler nos moyens en artillerie et en munitions, et porter à 10 ou 12 mille hommes les troupes du siége.

Les eaux rendent cette place extrêmement forte ; des ouvrages avancés qui gênent nos approches sur le corps de place doivent être emportés avec vigueur. L'ennemi peut ensuite nous attendre aux passages des deux fossés remplis d'eau à une hauteur qu'on dit de 11 pieds. Dix officiers du génie de plus me semblent nécessaires pour suffire aux différents travaux et aux attaques qu'il faudrait diriger sur plusieurs points. Je pense enfin, Monseigneur, que ce siége mérite l'attention du commandant en chef du génie à l'armée.

Le dégel nous a fait perdre tous nos avantages, nous n'avons presque plus de déserteurs, lorsqu'ils arrivaient par centaine. Si le gouverneur avait une meilleure garnison, nous aurions perdu sans doute toute notre artillerie qu'il a fallu abandonner pendant l'inondation.

J'ai l'honneur de soumettre à Votre Altesse la situation dans laquelle nous nous trouvons, dans l'espérance qu'elle y prendra un intérêt efficace. Les opérations commencées devant Neiss, et dont on peut espérer la réussite, ne permettront pas en ce moment au prince Jérôme de faire ce que j'ai proposé à S. A. I., la 1re division bavaroise s'étant éloignée de Breslau.

J'ai l'honneur, etc.

BLEIN.

N° 5.

Département de Glogau.

Police de l'intendant.

Le 11, le bruit courait à Leuthen qu'il s'avancerait dans le pays une armée de 18,000 Prussiens, que l'officier Schill la commandait, et qu'elle approchait de Grunberg. On a vérifié la fausseté de ce fait.

Le 12, une querelle commencée dans un bal entre les Bavarois et les Prussiens a pensé avoir des résultats funestes à Neustatd; cela a été apaisé.

Des avis certains apprennent que la majeure partie des partisans se compose de prisonniers échappés, que la misère a réunis, et qui n'ont d'autre but que de joindre le corps du prince de Pless. Ils sont convaincus qu'ils ne peuvent point se maintenir dans le bas pays; mais ils prétendent pouvoir agir avec succès contre Breslau.

Ils sont passés à Grunberg au nombre d'environ 700, deux lieutenants les conduisaient; un de ces lieutenants s'appelle Hirschfeld. Il y avait dans le nombre deux cents cavaliers de Blücher.

Hirschfeld donne dix écus d'engagement, et paie une solde de 5 gros à chaque soldat. Il a recruté 70 hommes à Grunberg, presque tous déserteurs prussiens. On croit qu'il s'y est procuré de la poudre, mais il n'y a pas de certitude de ce fait. On sait avec plus de certitude qu'il en a emmené 3 chariots chargés de fusils.

Les chevaux qui montent la cavalerie des partisans ont été pris aux habitants de Crossen, Grunberg, et ils laissent échapper leurs prisonniers faute d'un lieu sûr pour les retenir. Deux officiers seulement sont retenus par eux.

La route de Francfort à Crossen paraît bataillée. Ils se retirent sur Zullichau, et se dirigent vers Naumburg, près la Bober. On sait qu'ils ont été battus par les Français.

On sait qu'ils ont jeté des canons à l'eau près de Labors.

C'est à tort qu'on a accusé les bourgeois de Crossen d'avoir aidé la tentative des partisans. L'homme qui a crié vive la Prusse, est un commis des guerres que les Français ont puni. Le nombre des partisans entré dans Crossen n'est que de 22, mais ils y ont trouvé des prisonniers prussiens, qui se sont joints à eux.

N° 6.

Intendance de Glogau.

Rapport.

Le dimanche 15, un détachement de cavalerie française, composé de 50 hommes et commandé par le capitaine Zandt, est entré à 11 heures du matin à Sagan, et s'est de suite dispersé dans la ville sans prendre aucune mesure de sûreté. A une heure 18 partisans sont arrivés, quelques prisonniers prussiens se sont joints à eux, on est tombé sur les cavaliers du détachement du capitaine Zandt. Cet officier a été fait prisonnier; quelques-uns des siens blessés et les autres obligés de jurer qu'ils ne serviraient plus contre les Prussiens. Ce petit succès relève le crédit du partisan.

Des troupes alliées qui sont passées le 18 par Sagan, ont voulu venger la défaite du capitaine Zandt par le pillage de la ville. On évalue le dommage qui a été fait à trente mille écus. De pareilles mesures nuisent à la levée des contributions et exaspèrent les habitants. S'il y a quelques coupables dans Sagan, ce sont des prisonniers prussiens qui n'ont rien et sur qui le pillage n'a pas tombé.

M. de Knobelsdorf, conseiller du cercle de Sprotau, a été enlevé de chez lui par les partisans qui l'accusent d'avoir favorisé les Français. On ignore ce qu'il est devenu, sa famille conserve des espérances parce que généralement les partisans tuent peu de monde.

CHAILLOU.

N° 7.

A. S. A. I. le prince Jérôme Napoléon.

Monseigneur,

J'ai l'honneur de soumettre à V. A. I. les propres phrases d'une lettre que je reçois de S. M.; elle est datée de Preussisch-Eylau, le 9 février.

« Si les événements qui viennent de se passer ne portent pas
« le général Essen à s'éloigner, il est convenable que vous écri-
« viez au prince Jérôme de mettre en marche une division
« bavaroise de huit à dix mille hommes sur Varsovie. Il recevra
« avant leur arrivée de nouveaux ordres. »

Mais voici les nouvelles que je reçois sur le général Essen : Le général Savary était parti le 8 d'Ostrolenka, appuyé du général Oudinot pour aller l'attaquer. Le général Savary a marché et ne l'a pas trouvé. Il paraissait que le général Essen s'était retiré vers la grande armée russe. Je vais me mettre en quête pour en avoir des nouvelles, et je m'empresserai d'en instruire V. A. I., elle pensera peut-être que quoiqu'il devienne inutile de faire marcher la division pour le moment, il serait prudent de la tenir prête à marcher.

La bataille du 8 a été très-sanglante. L'armée ennemie était nombreuse et l'Empereur n'avait qu'une partie de la sienne. L'ennemi s'est retiré dans la nuit; nous avons 16 drapeaux,

40 canons, et 12,000 prisonniers. Dans sa retraite sur Kœnigsberg, l'ennemi a abandonné ses blessés et ses bagages. Nos avant-postes étaient près de Kœnigsberg.

Le maréchal Augereau a été blessé; les généraux Corbineau, Desjardins, Lochet et trois autres ont été tués; les généraux d'Hautpoul, Friant, Leval, Saint-Sulpice et d'autres ont été blessés; nous avons perdu plusieurs colonels. La garde à cheval s'est couverte de gloire, elle a traversé plusieurs fois les lignes ennemies. Le général Dalhmann a été blessé à mort.

L'Empereur se porte bien, mais il s'est beaucoup exposé.

Les corps du prince de Ponte-Corvo, du maréchal Ney, les divisions Nansouty et Espagne étaient en arrière et ont dû rejoindre l'armée.

Je suis avec respect,

Monseigneur,

de V. A. I.

Le très-humble et très-obéissant serviteur,

DUROC.

Varsovie, le 12 février 1807.

A. S. A. I. le prince Jérôme Napoléon.

Monseigneur,

J'ai eu l'honneur d'écrire il y a deux jours à V. A. I., pour l'informer que S. M. désirait que vous fassiez partir pour Varsovie une division bavaroise de huit à dix mille hommes, si les événements qui viennent de se passer ne portaient pas le général russe Essen à se retirer.

Les premiers rapports que nous avons reçus de ce corps nous

faisaient croire qu'il se retirait ou qu'il se retirerait ; mais je reçois à présent les avis suivants. Le fort détachement que le général Essen avait fait sur la grande armée, rétrograde pour revenir près de lui. Une partie du corps du général russe s'est porté sur *Mysziniec* et sur l'*Omulew*, et a forcé la brigade du général Grandeau, que l'Empereur y avait laissée pour y prendre poste et couvrir les communications de l'armée avec Varsovie et le corps du général Savary. Ce détachement a poussé ensuite une pointe jusqu'à Villenberg, et a délivré deux mille prisonniers russes après avoir massacré leur escorte et des blessés.

Je pense donc que le moment est arrivé de faire mettre en marche la division bavaroise, et je rends compte à S. M. que je préviens V. A. I. de tous ces mouvements, en la priant de mettre en marche la division bavaroise.

Je reçois aussi l'avis que 15,000 Cosaques du Don sont arrivés à Dubno, près d'Ostrog en Volhinie ; ils sont encore éloignés.

L'occupation de Villenberg par l'ennemi coupe nos communications avec la grande armée et nous prive des nouvelles et des courriers de l'armée. Nous n'en avons pas reçu depuis que j'ai eu l'honneur d'écrire à V. A. I. Ainsi, si nous avons quelques détails sur ce qui s'est passé, ils nous sont venus par des lettres particulières ou des blessés.

Le général Bennigsen savait qu'il avait affaire à peu de monde lorsqu'il a attaqué ; il a voulu envelopper l'armée française, mais on lui a opposé manœuvre à manœuvre. Si les ennemis se sont bien battus et ont été acharnés, nos troupes ont fait davantage. Le maréchal Augereau, qui était au centre, a reçu l'ordre de S. M. de percer le centre de l'ennemi ; il le fit avec succès, mais faute de troupes, peu soutenu à sa droite et à sa gauche, il a été obligé de rétrograder. Le maréchal Ney est arrivé le soir sur le flanc droit de l'ennemi et en arrière, la nuit est arrivée et le feu a cessé à 7 heures 1/2.

L'ennemi s'est retiré pendant la nuit non pas sur Kœnigsberg, mais sur Gumbinen, on l'a suivi le lendemain. On a trouvé des bagages et des blessés abandonnés, nous ne savons pas si l'on s'est battu depuis.

De part et d'autre la perte a été considérable, chez nous, outre le maréchal Augereau blessé légèrement, le maréchal Davout l'a été aussi, mais d'une contusion. On ne connaît pas encore tous les généraux et colonels blessés ou tués, mais le nombre en est fort grand.

Ce qui fait frémir, c'est que l'Empereur s'est exposé comme un soldat, beaucoup de personnes ont été tuées ou blessées à ses côtés, il était souvent sous les coups des batteries ennemies qui étaient placées assez près pour le reconnaître.

Je suis avec respect,

Monseigneur,

de V. A. I.

Le très-humble et très-obéissant serviteur.

DUROC.

Varsovie, le 15 février 1807.

A. S. A. I. le prince Jérôme Napoléon.

Monseigneur,

J'ai eu l'honneur d'expédier hier une estafette à V. A. I., pour la prier de faire mettre en marche sur Varsovie la division bavaroise.

Je reçois aujourd'hui une lettre du général Savary, qui m'annonce bien que l'ennemi est toujours en présence, mais qu'il ne s'attend pas à être attaqué, et l'officier porteur de la lettre (datée d'hier à 6 heures du matin) dit qu'arrivé à deux lieues d'Ostrolenka, il a entendu un grand bruit d'artillerie.

Je reçois aussi aujourd'hui différentes lettres de S. M., de son quartier impérial de Preussisch-Eylau, elles sont datées du 12 ; nous avons aussi des nouvelles du 13.

Suivant une lettre, l'ennemi s'était retiré derrière la Pregel, le dégel commençait à être considérable et les routes mauvaises. L'intention de S. M. était de cantonner son armée derrière la Passarge, afin de protéger les siéges de Colberg et de Dantzig, que S. M. voulait prendre avant toute autre opération. Les troupes légères de l'armée étaient près de Kœnigsberg, mais Dantzig est un point trop important pour qu'on le laisse derrière.

S. M. désire, Monseigneur, que vous donniez des ordres pour que les convois, soit de vivres, soit de munitions de guerre, soit d'argent, qui doivent partir de la Silésie pour Varsovie, soient à l'avenir dirigés sur Thorn qui devient le point central de l'armée, et où il est probable que le quartier général s'établira. S. M. a donné des ordres pour qu'à l'avenir les voitures venant de la Silésie ne passent pas la Vistule.

Nos communications avec Berlin sont rétablies par Posen.

J'ai fait faire une copie des bulletins qui viennent d'arriver, V. A. I. verra tous les détails sur ce qui s'est passé.

Je suis avec respect,

Monseigneur,

de V. A. I.

Le très-humble et très-obéissant serviteur

DUROC.

Varsovie, le 16 février 1807.

A. S. A. I. le prince Jérôme Napoléon.

Monseigneur,

Je reçois dans ce moment une lettre du 13, de S. M., de son quartier général de Preussisch-Eylau. V. A. I. a dû en recevoir aussi, pour envoyer à Varsovie une division bavaroise, qui sera sous les ordres du prince Royal. S. M. craignant que ses lettres n'aient été interceptées, me charge de réitérer cette demande à V. A. I.; cela confirme d'autant plus ce que j'ai eu déjà l'honneur de lui écrire.

Le 13, les avant-postes de l'armée étaient près de Kœnigsberg, où l'armée ennemie paraît être réunie et se retrancher. Tous nos blessés étaient évacués, et notre perte était reconnue beaucoup moindre qu'elle n'avait été jugée d'abord, parce que beaucoup d'égarés sont rentrés.

L'ennemi a publié une relation de la bataille du 8, dans laquelle il s'attribue la victoire, bien entendu ; mais il avance beaucoup de faits faux, comme d'avoir enlevé le village et d'en avoir chassé les Français; ce qu'il y a de précieux dans cette relation qui a été interceptée, c'est qu'il avoue sa perte de 20,000 hommes tués ou blessés, dont 10 généraux et 400 officiers.

Le 16, le général Savary et le général Oudinot ont été attaqués à Ostrolenka par le général Essen, ayant 30,000 Russes. Le général Savary n'avait pas tout son monde, parce qu'il avait fait un détachement considérable ; cependant les Russes ont été repoussés et bien battus, on leur a pris deux drapeaux et six pièces de canon, on leur a tué 1,500 hommes, parmi lesquels plusieurs officiers supérieurs et le général Suwaroff, fils de l'ancien maréchal. Notre perte n'a pas été considérable. Le général Campana a été tué.

Le général Oudinot a reçu l'ordre de se réunir à la grande armée, et le général Savary de s'y appuyer, cela rend la présence de la division bavaroise plus nécessaire ici.

Je suis avec respect,

Monseigneur,

de V. A. I.,

Le très-humble et très-obéissant serviteur,

Duroc.

Varsovie, le 19 février 1807.

A. S. A. I. le prince Jérôme Napoléon.

Monseigneur,

J'ai reçu ce matin la lettre que V. A. I. m'a fait l'honneur de m'écrire le 16 février, et j'ai fait parvenir à S. M. les dépêches qui l'accompagnaient.

Je reçois dans ce moment celle du 18, que me remet monsieur votre aide de camp ; je vais annoncer à S. M. la marche de la division bavaroise.

J'ai eu l'honneur de transmettre à V. A. I. ce que S. M. m'a fait l'honneur de m'écrire le 9 février ; en conséquence d'une nouvelle lettre de S. M. en date du 13, j'ai eu l'honneur d'écrire de nouveau à V. A. I. en date d'hier, cette lettre renferme cette phrase :

« J'ai envoyé l'ordre au prince Jérôme d'envoyer une divi-
« sion bavaroise à Varsovie, elle sera sous les ordres du Prince
« Royal ; comme les ordres sont souvent interceptés, écrivez-le-
« lui par duplicata. »

D'après cela, il paraît que S. M. a entendu que V. A. I. détacherait la division de son corps d'armée, sans la suivre.

Je n'ai reçu aucun autre ordre pour la division saxonne, sinon de presser son arrivée à Posen pour le 24, ainsi qu'elle a été annoncée.

Nous regretterions tous que ces dispositions pussent arrêter les succès de V. A. I. en Silésie. Le prince de Hohenzollern a éprouvé quelques retards dans sa marche, mais il doit être arrivé près de S. M.

Depuis que j'ai eu l'honneur d'écrire à V. A. I., je n'ai reçu aucune nouvelle de l'armée.

Je suis avec respect,

Monseigneur,

de V. A. I.,

Le très-humble et très-obéissant serviteur,

Duroc.

Varsovie, le 20 février 1807, 8 heures du soir.

22 février 1807.

Monseigneur,

Je reçois une nouvelle lettre de S. M. en date du 17, et toujours de son quartier général de Preussich-Eylau, S. M. me charge d'écrire à V. A. I. de faire partir la division bavaroise, et de la composer de la moitié des troupes de cette nation qui sont en Silésie, tant en infanterie qu'en cavalerie et en artillerie. Cette division qui doit être sous les ordres du Prince Royal, est destinée à prendre poste à Pultusk. Quoiqu'elle puisse déjà être en marche, je m'empresse d'avoir l'honneur de prévenir V. A. I. de cette nouvelle disposition, d'après laquelle la division peut devenir moins nombreuse, surtout en infanterie, et par conséquent moins vous dégarnir.

L'Empereur venait d'apprendre la prise de Schweidnitz par V. A. I., et venait de la faire connaître à Paris.

L'armée entre dans ses cantonnements derrière la Passarge, pour couvrir le siége de Dantzig. Le 17, le quartier général devait aller à Landsberg ; je ne sais pas encore où il se fixera définitivement, mais il paraît probable qu'il restera du côté d'Osterode et que l'Empereur ne reviendra pas à Varsovie. Osterode également éloigné de Pultusk et de l'embouchure de la Vistule sera le point central de l'armée et de la ligne qu'elle occupe. On avait répandu ici le bruit que le général Essen devait réitérer son attaque sur Ostrolenka ; mais le général Savary l'a évacué depuis plusieurs jours, à cause des communications et des ponts que le dégel a rompus. Le général Savary borde l'Omulew et s'appuie par sa gauche à l'armée.

Le prince Paul Sapieha arrive à l'instant, et me remet la lettre que Votre Altesse Impériale m'a fait l'honneur de m'écrire le 19. Depuis elle aura reçu des lettres de l'Empereur ou de moi, qui auront décidé le départ de la division.

Le prince Joseph Poniatowski est chargé par l'Empereur de
former de la cavalerie polonaise, qui peut être très utile, surtout
contre les Cosaques. Il manque de sabres, de pistolets et de gibernes. Je lui ai promis d'intercéder auprès de V. A. I. pour
qu'elle ait la bonté d'en envoyer quelque peu des arsenaux de
Breslau, si cela est possible.

La lettre que V. A. I. m'a envoyée était en effet adressée au
prince Eugène. je la remercie infiniment.

Je suis avec respect.

Monseigneur,

de V. A. I.

Le très humble et très obéissant serviteur.

DUROC.

Varsovie, le 22 février 1807, au matin.

26 février 1807.

Monseigneur,

Depuis le combat d'Ostrolenka. il ne s'en est plus donné aucun. L'armée est entrée ou entre paisiblement dans ses cantonnements. l'ennemi a trop souffert pour pouvoir la suivre. Le 23.
le quartier impérial était à Osterode. l'Empereur devait aller à
Thorn et il est possible qu'il vienne pour un moment à Varsovie.

Nous y attendons un ambassadeur persan et un turc.

Dans une des dernières lettres que S. M. m'a fait l'honneur
de m'écrire. elle me marque qu'elle pense que la division bavaroise est prête d'arriver ou au moins en marche. V. A. I. a bien
voulu me mander qu'elle était partie le 22 de Breslau.

Le corps du maréchal Augereau a été dissous et réparti dans
les autres corps de l'armée; le maréchal qui est malade retourne

en France. Tous les jours on s'aperçoit que notre perte est au-dessous de ce que l'on avait présumé ; dans un de ses rapports l'ennemi avoue un général tué, 20 blessés, 742 officiers tués et blessés, 20.000 hommes tués et blessés.

Je suis avec un profond respect.

Monseigneur,

de V. A. I.

Le très humble et très obéissant serviteur,

DUROC.

N° 8.

A Monsieur le général Vandamme.

Monsieur le général,

S. A. I. me charge de vous mander de faire rentrer toute l'artillerie de siège dans Schweidnitz, et de n'en pas faire sortir une seule pièce jusqu'à nouvel ordre.

Aussitôt le présent ordre reçu, vous enverrez à Breslau 2.400 hommes d'infanterie, commandés par un des généraux majors, à votre choix. L'intention de Son Altesse Impériale est que ces 2,400 hommes soient composés du bataillon léger de Hugel, de l'autre bataillon léger, dont le chef est à Stuttgard, et des meilleurs régiments, ils resteront en garnison à Breslau jusqu'à nouvel ordre, et seront prêts à marcher à la suite d'une division bavaroise de 10 mille hommes que S. A. I. dirige sur Varsovie. S. A. I. vous ordonne de faire la marche qu'elle vous a tracée avec les trois mille six cents hommes d'infanterie et les deux régiments de cavalerie qui vous resteront, de ne vous arrêter devant Glatz et Silberberg que pour en sommer les gouverneurs, et d'aller ensuite prendre position à Franckenstein où vous recevrez de nouveaux ordres.

Ces dispositions que les circonstances exigent doivent être faites aussi exactement que promptement, et tous les mouvements doivent s'exécuter autant que possible avec secret.

Vous vous tiendrez prêt à marcher vers Breslau d'un moment à l'autre, avec tout ce qui vous reste de la division wurtembergeoise.

Agréez,

HÉDOUVILLE.

Monseigneur,

J'ai reçu les ordres de Votre Altesse Impériale, et je m'y conformerai très exactement sans perdre un instant.

Le général Lilienberg part cette nuit avec 4 bataillons forts de 2,500 hommes, l'élite de la division de Wurtemberg, il passe par Reichenbach, Nimptsch, Jordansmühl, et sera très promptement à Breslau, où j'espère qu'il arrivera avec sa troupe en bon ordre et prêt à tout événement.

Le général Hédouville me recommande le secret des ordres de Votre Altesse, et l'officier qui les apporte dit en pleine table que les Russes marchent contre la Silésie.

Les routes sont affreuses dans ces montagnes, j'ai laissé tous nos équipages à Schweidnitz, et je viens d'y renvoyer mon artillerie après.

Je ferai, mon prince, avec le peu de troupes qui me reste, tout ce que l'on peut exiger d'un géréral dévoué à son souverain et à Votre Altesse, mais je ne puis beaucoup promettre avec cette espèce de gens, l'élite étant partie.

Les tranchées sont comblées à Schweidnitz, et le bois des ascines et gabions brûlé. L'artillerie de siége est dans l'enceinte de la forteresse, et l'on travaille à force à la réparer afin qu'elle io t en bon état à tout événement.

J'ai donné des ordres (au commandant seul) avant mon départ, pour que tous les Prussiens prisonniers en partissent au plus tôt, et que l'on se tînt toujours prêt à se défendre au besoin.

Je pense, mon prince, que tout ira bien de nos côtés, à moins de grands événements.

L'on m'assure ici que le prince de Pless est à Prague, où il a été par ordre de son roi pour une mission secrète; il paraît aussi qu'il y a beaucoup de troupes autrichiennes sur la frontière de la Bohême, surtout depuis l'événement du 14 vers Braunau.

La prise de Schweidnitz donnera un peu à penser à la cour de Vienne, elle devient dans cette circonstance encore plus importante. Puisse le général de Deroy, par un noble effort, se rendre bientôt maître de *Kosel*, cela améliorerait bien notre position.

Dans tous les cas, Monseigneur, telle chose qui arrive, comptez sur mon entier dévouement et mon attachement inviolable à tout ce qui tient à la famille et à la gloire du grand Napoléon.

J'ai l'honneur d'être,

Monseigneur,

de Votre Altesse Impériale,

Le très obéissant serviteur,

D. VANDAMME,

Général de division.

Au quartier général à Waldenbourg, le 18 février 1807, à 11 heures du soir.

PIÈCES JUSTIFICATIVES

DU LIVRE SIXIÈME.

———

N° 1.

Monseigneur,

Ce matin, à 7 heures, j'ai quitté les positions de Munsterberg et d'Otmachau qu'occupaient mes troupes pour m'approcher du fort Prussien, et investir le camp retranché de Friédérich-stadt, rive gauche de la Neiss ; ce qui s'est effectué avec suc-cès. Vers les 11 heures, l'ennemi, repoussé de toutes parts, a été forcé de rentrer dans sa fortification après avoir montré envi-ron 400 hommes de cavalerie et 1,000 hommes d'infanterie assez exercée : nous lui avons fait quelques prisonniers et il nous est arrivé quelques déserteurs.

Après avoir pris position et porté toute la troupe à portée de canon de place, reconnu les forts et le camp retranché, je me suis retiré en partie sur Otmachau, occupant Stephansdorf, Rieglitz et Glumpenau ; maître du pont que j'ai fait rétablir, j'ai porté un régiment de cavalerie à Grunau, un régiment d'infanterie à Blumenthal. Le reste garde le pont sur les deux rives prêt à se porter partout. J'ai reconnu l'impossibilité de faire passer de la grosse artillerie sur la rive droite, tout le pays étant inondé natu-rellement dans cette saison. Il serait extrêmement difficile, pour ne pas dire impossible, d'ouvrir une tranchée et d'établir des batteries sur cette rive, ce qui me force à proposer à Votre Altesse Impériale de la prier de me permettre d'ouvrir une tranchée contre le camp retranché à gauche du fort Prussien, afin de me rendre maître et de pouvoir attaquer par ce moyen tous les autres ouvrages et la ville même, quoique séparée par la rivière. Par suite, je prierai Votre Altesse de me permettre d'établir un pont sur la Neiss au bas de la ville pour pouvoir y passer et y établir quelques batteries contre la fortification de la ville au besoin.

Voilà en ce moment, je crois, le seul parti à prendre, car il dégèle fortement et tout est eau et boues. Les chemins de Schweidnitz à Frankenstein et par Munsterberg sur Neiss sont praticables, quoique difficiles; je ferai dans tous les cas tout mon possible pour tirer parti de mes positions telles qu'elles soient. Je supplie cependant Votre Altesse Impériale de me donner ses derniers ordres.

J'ai l'honneur d'être de Votre Altesse Impériale,

Monseigneur,

Le très obéissant et très dévoué serviteur,

Le Général de division,

D. VANDAMME.

Au quartier général, à Otmachau, le 23 février 1807.

N° 2.

Monseigneur,

Les ordres de Votre Altesse Impériale sont exécutés, le parc, qui était en partie à Franckenstein et Reichenbach, a été renvoyé à Schweidnitz pour être dirigé sur Glogau.

Les 4 bataillons ont été envoyés à Glogau, et le général de Pernety a pu disposer de ces troupes pour l'escorte de ses convois.

Un régiment de cavalerie est constamment en partie vers Silberberg et Glatz pour couvrir les routes de Franckenstein et Schweidnitz, et observer les deux garnisons ; tous les jours les patrouilles ennemies sont rencontrées, chargées et repoussées jusque sous le canon des forteresses.

Le 5, la garnison de Fréidérichstadt et du fort Prussien, à Neiss, avait fait une sortie contre les troupes du général Schrœder qui sont à Glumpenau et Stephansdorf, 300 hommes de cavalerie *ivres*, appuyés par 500 hommes d'infanterie, ont été repoussés par les chasseurs à cheval et le régiment d'infanterie du duc Guillaume. L'ennemi a eu quelques blessés et tués; nous avons eu un homme blessé de 14 coups de sabre, et il n'en mourra pas, un autre a été pris par la sortie.

Depuis ce moment tout est tranquille, et nos mesures sont prises pour bien les battre s'ils sortent sur l'une ou l'autre rive.

J'ai l'honneur d'être, de Votre Altesse Impériale,

Monseigneur,

Le très obéissant et très dévoué serviteur,

Le Général de division,

D. VANDAMME.

Au quartier général, à Biélau, le 7 mars 1807.

N° 3.

Monseigneur,

J'ai l'honneur de rendre compte à Votre Altesse Impériale, qu'un détachement de 200 hommes de cavalerie et 3 pièces de canon de la garnison de Glatz se sont portés le 11 de ce mois sur Franckenstein où ils ont enlevé 150 chevaux destinés à la remonte de notre cavalerie, ce n'est qu'aujourd'hui que j'en suis informé; cependant j'ai fait partir d'ici le 9, 100 hommes de cavalerie pour se rendre à Schweidnitz, reconnaissant Wartha et passant par Franckenstein; je ne puis comprendre comment ce détachement n'a pas rencontré l'ennemi; mais ce qui me fait entrevoir cette possibilité, c'est qu'à Franckenstein il réside plusieurs officiers prussiens prisonniers de guerre et qui font le métier d'espion. J'ai des plaintes graves à porter contre un certain major de Kleist, du régiment de Sanitz, qui s'est permis, malgré les sages observations que plusieurs honnêtes gens lui ont faites, d'indiquer où était logé, et faire prendre, un soldat en sauve-garde qu'on a amené: Je prie instamment Votre Altesse Impériale de vouloir bien ordonner que ce Monsieur soit transporté en France, pour servir d'exemple aux autres, et leur ôter l'envie de nous nuire en abusant de la bonté qu'on a de les laisser chez eux. Je pense aussi qu'il est nécessaire de faire payer à la ville de Franckenstein le montant de ces chevaux; j'attendrai les ordres de Votre Altesse Impériale à ce sujet.

Le détachement de cavalerie que j'ai envoyé sur Schweidnitz a dû y laisser 50 hommes à la disposition du général de Pernety, et le reste doit être demain de retour à Camentz; j'envoie à sa rencontre 80 chevaux.

Il m'est impossible, mon Prince, de faire davantage avec le

peu de troupes que j'ai sous mes ordres pour couvrir cette communication.

Hier mes postes ont arrêté un espion, envoyé par le commandant de Neiss; il était porteur d'une lettre dans un pain,
et devait se présenter au maître de poste *d'Oppeln* en lui offrant
un mouchoir rouge, c'était le signal de reconnaissance. L'espion est en jugement, son affaire sera bientôt faite; l'interro-
gatoire est la seule cause qui arrête. J'aurai l'honneur d'envoyer
à Votre Altesse Impériale les pièces concernant cette procé-
dure, lorsqu'elle sera terminée.

Je crois qu'il serait bien de faire arrêter le maître de poste
d'Oppeln, qui était chargé de donner des nouvelles de notre
position en Silésie, de celle de la grande armée au Roi de
Prusse; l'espion avait déjà reçu un frédérick, et on lui en avait
promis trois lorsqu'il rapporterait la réponse du maître de poste ;
rien autre de nouveau ici.

J'ai l'honneur d'être de Votre Altesse Impériale,

Monseigneur,

Le très obéissant et très dévoué serviteur,

Le Général de division,

D. VANDAMME.

Au quartier général, à Biélau, le 13 mars 1807.

N° 4.

Vandamme au général Hédouville.

Mon cher général,

Je ne pense pas que je puisse rien faire auprès du gouverneur de Neiss en faveur de l'échange des trois officiers, puis à Sagan, d'abord parceque ces officiers n'ont pas été pris par sa troupe et que ceux qu'on lui offre en échange ne sont pas de la garnison; il ne voudra rien entendre à cet arrangement, d'autant plus qu'il a déjà refusé d'accueillir toute espèce de propositions faites par ce jeune Polonais que j'avais fait accompagner par mon premier aide de camp; ce gouverneur fait un peu le sévère, et à moins que je n'aie une bonne tranchée ouverte et des belles batteries garnies, je ne voudrais rien avoir à faire avec lui : Voilà ma manière de voir au sujet de cet échange et de ce gouverneur.

Si, plus tard, j'y vois jour, je saisirai la première occasion pour lui faire cette proposition, n'ayant rien tant à cœur que de vous obliger ou d'être utile au général Minucci.

Le temps est mauvais et ne me donne pas encore la certitude de pouvoir ouvrir la tranchée de trois jours au moins, tant le terrain est mauvais et la rivière débordée sur cette rive; aussi s'il gèle un peu ou si les eaux s'écoulent et que le vent sèche le terrain, nous ferons de grands efforts pour être à même de pousser vigoureusement ce siége, afin de pouvoir offrir encore une capitulation en hommage à Son Altesse Impériale à qui je vous prie de faire agréer mes très humbles respects.

J'ai l'honneur de vous saluer,

Le Général de division,

D. Vandamme.

Bielau, 28 février 1807.

Monsieur le général,

J'ai l'honneur de vous adresser M. le major de Kleist, du régiment de Zanitz, habitant Franckenstein, accusé d'être en relation avec le commandant de Glatz, il prétend n'avoir rien à se reprocher et se dit innocent ; comme ce n'est que sur des suppositions et des on dit que j'ai pu le savoir, je ne puis rien prouver ; mais il sera toujours très bien, pour l'exemple, que cet officier soit envoyé en France, M. le capitaine Lagrange, que je charge de vous conduire ce major, aura aussi l'honneur de vous remettre le mouchoir de soie rouge, le petit billet et la lettre dont un espion sortant de la ville était chargé, cela est tout à la charge du maître de poste d'Oppeln.

J'ai fait adresser les 4 drapeaux de la garnison de Schweidnitz à Son Altesse Impériale. S. M. l'Empereur avait accordé les drapeaux de Glogau au Roi de Wurtemberg ; mais il n'y en avait pas. Le Prince a bien voulu me promettre de solliciter de son auguste frère la permission d'envoyer ces drapeaux à la Cour de Stuttgard, ce qui la flatterait infiniment ; je prierai en ce cas Son Altesse Impériale de me permettre d'y envoyer un de mes aides de camp. Ces messieurs se croient entièrement oubliés de tout le monde, n'ayant rien obtenu de personne malgré les services signalés qu'ils n'ont cessé de rendre depuis le commencement de cet campagne je vous prie de les recommander tous trois aux bontés et à la justice du Prince.

Je viens d'entrer en pourparler avec M. le commandant de la forteresse de Glatz, et je pense que je pourrai effectuer l'échange des trois officiers en question ; gardez ceux que vous offrez en échange qui ont été pris par le général Lefebvre.

Rien de nouveau ici ; j'ai presque toujours de forts détachements de cavalerie à Wartha, Franckenstein ou Reichenbach ; il est cependant bon que le général Lefebvre paraisse quelques jours avec les troupes qu'il commande, cela ne peut que produire un excellent effet.

J'ai l'honneur de vous saluer avec la plus parfaite considération,

Le Général de division,

D. VANDAMME.

Biélau, 16 mars 1807.

Monsieur le général,

L'échange des prisonniers de Glatz a parfaitement réussi, il n'y manque que l'approbation de S. A. I. que je solliciterai aussitôt le retour de mon premier aide de camp.

Le général Lefebvre arrivé ici hier au soir à 11 heures, a été avec moi durant le petit événement que j'ai l'honneur d'annoncer au Prince; il vient de partir pour Munsterberg pour rejoindre sa troupe. Le général Lefébvre m'a dit que S. A. I. pensait m'envoyer un des bataillons qui sont à Glogau; dans ce cas, je prierai Son Altesse de me donner de préférence celui que commande le major Bruxelle, parce qu'il est de brigade avec celui de M. Hugel qui est ici et qui n'a que trois compagnies. Je ne désire ce renfort que parce que cela reposerait un peu ma troupe qui a un service très pénible, car la garnison ne m'inquiète pas, quoiqu'elle soit le double plus forte que les troupes du blocus.

Le capitaine Bruxelle est mort à Neiss, il y a quatre jours. Le général prussien a lui-même assisté à son enterrement avec les officiers de sa garnison; il traite avec égard l'autre officier et les soldats de cette compagnie.

J'ai l'honneur de vous saluer,

Le Général de division,

D. VANDAMME.

Biélau, 17 mars 1807.

Monsieur le général,

Ci-joint une lettre pour le Prince, par laquelle je prie S. A. I. d'approuver les échanges que j'ai l'honneur de lui soumettre; ils sont tous en notre faveur; je connais tous les sujets, et je puis en répondre.

Demain, au jour, le régiment de chasseurs à cheval, comme étant le plus faible, partira pour Breslau, le capitaine Brockfeld qui le commande est un brave officier à qui vous pouvez confier une expédition difficile, il a dans son régiment 4 à 5 officiers distingués : MM. *Hoyer, Reinard, Schutz, Molck,* etc. ; j'ai l'honneur de vous les recommander.

Le gouverneur de Neiss m'a rendu la compagnie de Bruxelle, que je vais faire réarmer le mieux que je pourrai. Je lui ai rendu entre autres pour cette compagnie 47 blessés, dont la plupart estropiés ne pourront plus servir ; ceux bien portants ne voulaient pas rentrer en ville et ont bien promis aux bas officiers que j'avais chargés de leur garde, qu'ils déserteraient tous.

Je vous prie, mon cher général, de presser, autant qu'il pourra dépendre de vous, la ratification de S. A. I., car ces commandants sont si vétilleux et si inquiets du moindre retard dans ces sortes d'affaires que je désire les voir promptement finir.

Ayez aussi la complaisance, aussitôt que S. A. I. aura approuvé le cartel d'échange des officiers prisonniers à Glatz, de donner un passeport au major prussien Dekytsky, pour qu'il puisse se rendre dans cette forteresse; il est actuellement à Breslau. La liberté de ces officiers tient à l'exécution de cet article du cartel, et ces pauvres diables sont si mal à Glatz, et si nécessaires à leur régiment, que je crois très humain et très avantageux de ne mettre aucun retard dans ce qui peut les y rappeler.

J'ai l'honneur de vous saluer avec la plus parfaite considération,

Le Général de division,

D. VANDAMME.

Biélau, le 18 mars 1807.

N 5.

Osterode, le 9 mars 1807.

A S. A. le Prince Jérôme Napoléon,

Je ne puis, mon Prince, m'occuper de l'échange des prisonniers, attendu qu'il n'existe point encore de cartel ; j'ai écrit à ce sujet à M. le général Bennigsen qui ne m'a point répondu. Aussitôt que ce cartel sera convenu, on pourra s'occuper alors d'échange.

Le major général prince de Neuchâtel,

Maréchal Alex. Berthier.

N° 6.

Breslau, le 9 avril 1807.

Monseigneur,

Les 2, 3, et 4 de ce mois, un détachement de Polonais, sous les ordres du prince de Sulkowski et du major Larisch, a parcouru le cercle de Beuthen pour s'y livrer à des réquisitions et à des ravages de toutes espèces. Dans la ville de Beuthen, ce détachement a pris 40 chevaux après avoir exercé d'horribles violences contre le Bourguemestre et a enlevé en outre les meilleurs chevaux de la plupart des seigneurs de la ville. La même troupe a été chercher à sa terre, le commissaire de marche pour l'enlever : mais il avait disparu. Tous les membres d comité de ce Cercle, chargés de faire exécuter les réquisitions pour la grande armée, effrayés de tant d'excès, ont pris la fuite et ont déclaré qu'ils ne retourneraient à leurs postes qu'après avoir obtenu une sauvegarde des autorités françaises.

Un autre détachement de Polonais a également parcouru le Cercle de Beuthen en commettant les mêmes désordres, il était commandé par un nommé Trepka qui, pour grossir sa troupe, s'était fait accompagner d'un grand nombre de paysans des villages de Raczsonka et de Rudipeker.

Le 3 du mois un détachement polonais, commandé par 2 officiers nommés Drewitz et Bretrobroski, est venu à Gleiwitz et a sommé les autorités de lui livrer tout l'argent de la contribution extraordinaire destiné pour les caisses françaises. Quand on leur eut déclaré qu'il ne s'en trouvait pas, ils ont pris 441 paires de souliers qu'on devait nous envoyer incessamment, et ont forcé les négociants de leur délivrer tout le drap qu'ils avaient dans leurs magasins. Toutes les représentations ont été inutiles; l'assurance même que les souliers étaient destinés pour l'armée française n'a pas eu plus de succès. On leur a demandé une quittance de ces souliers; ils l'ont refusée, mais ils ont consenti à donner quittance des draps qu'ils ont enlevés.

Le 4, un autre détachement polonais est venu à Tarnowitz, où il a demandé qu'on lui livrât sur-le-champ tous les draps, tous les chevaux et tous les souliers, bottes et cuirs qui se trouvaient dans la ville. La municipalité leur a vainement opposé les ordres de V. A. I., qui défendaient d'obéir à d'autre réquisitions qu'à celles qui étaient faites par les autorités françaises. Tous ses membres, effrayés des mauvais traitements qu'on venait de faire à l'huissier et à un de leurs collègues, ainsi qu'à son fils blessé dangereusement à coups de bâton et de plat d'épée, voyant d'ailleurs tous les soldats polonais échauffés par le vin et l'eau-de-vie qu'ils s'étaient fait fournir dans la ville, se sont vus contraints d'obéir, et ont livré des chevaux, des souliers, des cuirs, des bottes, des brides, des selles, des draps, ainsi que tout le plomb qui se trouvait aux accises; ce détachement a donné cinq quittances, signées Biatobneski et Porowznick.

Les membres du comité du Cercle de Beuthen m'informent que le nommé Trepka, commandant l'un de ces détachements, a été jusqu'à leur ordonner de ne rien fournir, ni en contributions ni en objets de réquisition, à moins qu'ils n'y fussent contraints par une exécution polonaise ou bavaroise : ce sont ses propres expressions.

La chambre, en transmettant ces détails, me mande que les réquisitions demandées par l'administration française pour la grande armée ne pourront être fournies aux époques désignées, et insiste pour que les objets enlevés par les troupes polonaises, soient considérés comme fournis et imputés sur la contribution de guerre.

J'ai cru, Monseigneur, devoir adresser à V. A. I. les détails de ces nouveaux excès.

Je vous prie, d'agréer etc.,

S. Lesperut.

Pour copie conforme,

Le secrétaire des commandements,

Le Camus.

Nº 7.

Monseigneur,

J'ai l'honneur de rendre compte à V. A. I. que le bataillon d'infanterie légère que M. le major Bruxelle commande est arrivé ici hier.

Le temps se mettant au beau, s'il plaît à Votre Altesse, nous pourrons bientôt commencer le siége.

Il nous arrive tous les jours quelques déserteurs. Les troupes du blocus font l'exercice à feu, lorsque le temps le permet, et en vue de la place, ce qui produit un très bon effet et accoutume les recrues arrivées dernièrement au maniement des armes. Rien autre de nouveau.

J'ai l'honneur d'être, de Votre Altesse Impériale,

Monseigneur,

Le très obéissant et très dévoué serviteur,

Le Général de division,

D. VANDAMME.

Au quartier général, à Bielau, le 7 avril 1807.

N° 8.

Capitulation de la forteresse de Neiss et forts dépendants.

Après la conférence du 29, et l'armistice qui a eu lieu du 28 au 30 mai, il a été convenu entre S. Ex. M. le général de division Vandamme, grand officier de la Légion d'honneur, décoré du grand-cordon, chevalier grand-croix de l'ordre royal de Hollande, et grand-croix de l'Ordre du Mérite militaire de Wurtemberg, commandant les troupes du siége, muni de pleins pouvoirs de S. A. I. le prince Jérôme-Napoléon, commandant en chef en Silésie les troupes françaises et alliées de S. M. l'Empereur Napoléon, d'une part,

Et S. Ex. M. le baron de Stensen, lieutenant-général aux armées de S. M. le roi de Prusse, gouverneur de la forteresse de Neiss;

Et M. de Weger, général major aux armées de S. M. le roi de Prusse, chevalier de l'Ordre pour le mérite, commandant la forteresse de Neiss.

Art. Iᵉʳ. La forteresse de Neiss et forts dépendants seront remis aux troupes alliées de S. M. l'Empereur Napoléon le 16 juin 1807, s'ils ne sont pas secourus d'ici à ce temps.

II. L'armistice du 28 au 30 mai sera prolongé jusqu'au 15 juin inclusivement. Pendant cet armistice, les assiégeants ne pourront augmenter le nombre de leurs troupes, ni l'artillerie de siége, et resteront dans leur position actuelle, sans pouvoir envoyer des détachements, ni changer leurs postes.

III. Ne pouvant accéder à la demande qui a été faite de laisser, après la reddition de la place, les fortifications de la place et dépendances dans l'état où elles seront trouvées, elles restent à la disposition et aux volontés de S. M. l'Empereur des Français et Roi d'Italie.

IV. La garnison sera prisonnière de guerre ; elle défilera devant les troupes du siége le 16 juin, à dix heures du matin, drapeaux déployés, mèches allumées, et mettra bas les armes devant elles. Les bas officiers et soldats conserveront leur havresac.

V. Tout ce qui appartient à la forteresse et ses dépendances, artillerie, munitions de guerre, armes, plans et magasins de toute espèce, sera fidèlement remis entre les mains des officiers que S. A. I. le prince Jérôme-Napoléon désignera pour aller en prendre possession et en dresser procès-verbal.

VI. Les forestiers et gardes chasse qui ont été sommés de faire le service dans la place comme chasseurs, mettront bas les armes, et obtiendront la permission de retourner chez eux, à condition qu'ils prêteront serment de ne plus porter les armes contre S. M. l'Empereur Napoléon ou ses alliés.

Les surveillants des ouvriers et autres employés aux fortifications, resteront dans leurs places, et jouiront des mêmes avantages qu'auparavant.

VII. Les officiers conserveront leur épée, chevaux et bagages, seront libres de se retirer où bon leur semblera, après toutefois avoir signé leur parole d'honneur de ne point servir contre les troupes de S. M. l'Empereur Napoléon ou de ses alliés jusqu'à la paix ou leur échange.

La même faveur sera accordée aux feldwebels, porte-enseignes et maréchaux-des-logis de cavalerie. Il sera en outre accordé à chaque officier un soldat pour domestique.

VIII. Les bas officiers et soldats mariés, ainsi que les invalides, auront la permission d'entrer chez eux avec leur famille.

IX. S. A. I. le prince Jérome Napoléon promet protection, au nom de son souverain, à toutes les religions que peuvent professer les habitants, propriétaires ou locataires de Neiss et Frédérickstadt, sûreté entière pour les personnes et propriétés desdits habitants.

X. MM. les magistrats, employés civils, et fonctionnaires quelconques, conserveront provisoirement les mêmes fonctions. Dans le cas où ils donneraient leur démission, ils seraient libres de rester en ville, ou de se retirer où bon leur semblera; et, dans ce dernier cas, il leur serait délivré des passeports pour pouvoir voyager en sûreté avec leur famille et leurs effets.

XI. Les caisses royales seront remises à l'officier militaire ou civil que S. A. I. le prince Jérome Napoléon désignera; cet officier en donnera décharge.

MM. les magistrats resteront dépositaires des sommes appartenant aux particuliers.

XII. Tous les chapitres ecclésiastiques, sans exception, de même que toutes les fondations religieuses et pieuses, de quelque religion qu'elles puissent être, jouiront de leurs priviléges, et seront protégés.

XIII. Les blessés et malades seront traités avec soin ; et les chirurgiens qui les ont soignés jusqu'à présent, pourront rester près d'eux.

XIV. La ville de Neiss ayant extrêmement souffert par le bombardement, la troupe logera dans les bâtiments royaux ; les officiers seuls pourront loger chez les particuliers.

XV. Les bâtiments de Landschafft, des accises et de la douane, seront exempts de loger les militaires.

XVI. La garnison de Neiss ayant été obligée d'emprunter 40,000 écus sur la caisse des orphelins, cette somme ne peut être remboursée à cette administration que par le trésor de S. M. le roi de Prusse, ou par les revenus des accises de la Haute Silésie (sur quoi cette somme a été hypothéquée), lorsque Sa Majesté reprendra le gouvernement de cette province.

XVII. Les officiers de la garnison, ainsi que les sous-officiers et soldats des compagnies de vétérans, recevront dans leurs foyers la solde accordée en temps de paix.

XVIII. La garnison ne pourra rompre l'armistice que dans le cas où les boulets de l'armée de secours se croiseraient avec ceux de la place.

XIX. S. Ex. M. le Gouverneur permettra à deux officiers supérieurs du génie de l'artillerie désignée par S. A. I. le prince Jérôme Napoléon, d'entrer en ville le 15 juin, à six heures du matin, afin de dresser procès-verbal, conjointement avec les officiers du génie de l'artillerie de la place, des arsenaux et de tous les objets appartenant à la forteresse.

XX. La porte dite de Neustadt sera livrée aux troupes alliées de S. M. l'Empereur Napoléon le 15, au moment où les officiers du génie et de l'artillerie entreront dans la place pour dresser procès-verbal des arsenaux, etc.

XXI. Il sera accordé à S. Ex. M. le Gouverneur un passeport pour un officier, qui ne sera point regardé comme pri-

sonnier de guerre, pour aller porter la présente capitulation à
S. M. le roi de Prusse.

XXII. Pour tous les articles non prévus, et qui pourraient
avoir une double interprétation, S. Ex. M. le Gouverneur peut
entièrement s'en rapporter à la générosité et au caractère de
justice bien connu de S. A. I. le prince Jérôme Napoléon.

Fait double, le 1er juin 1807.

Signé, Vandamme,

Stensen, *gouverneur de la ville et forteresse de
Neiss.*

Weger, *commandant de la forteresse.*

S. A. I. le prince Jérôme Napoléon, commandant en chef
le 9e corps de la Grande Armée, approuve la présente capitulation.

Par ordre de Son Altesse Impériale,

*Le général de division chef de l'état-major
du 9e corps de la Grande Armée.*

Signé, T. Hédouville.

PIÈCES JUSTIFICATIVES

LIVRE SEPTIÈME.

———

N° 1.

15 avril 1807.

A Monsieur le général de Pernety.

S. A. I. me charge de vous prévenir qu'elle va faire partir d'ici 400 soldats français armés, sortant des hôpitaux, et en état de faire le service pour Schweidnitz, où ils resteront en garnison.

S. A. I. ordonne qu'au moment de leur arrivée, vous fassiez partir de Schweidnitz pour Franckenstein, tout ce qui y reste du 2ᵉ bataillon du 10ᵉ régiment, et S. A. I. s'en réfère à la lettre qu'elle vous a écrite hier, pour que l'exécution de ses ordres ne souffre aucune espèce de contradiction.

Vous pourrez profiter du départ de ce bataillon pour envoyer sous Neiss le complément des munitions du parc de siége, à 50 coups par pièce, si déjà le convoi n'en était pas parti. Je viens de transmettre directement au colonel de Camas, l'ordre d'envoyer à Varsovie 6.000 coups de canon de douze, 2,000 de vingt-quatre, 3,000 de six et des obus. Cet ordre émane de l'Empereur.

S. A. I. désire que vous voyiez établir le service de la place

après le départ du bataillon du 10°, et lorsque vous serez
assuré qu'il le fera aussi bien que possible, S. A. I. ordonne
que vous vous rendiez à Munsterberg, où elle vous verra avec
plaisir.

HÉDOUVILLE.

N° 2.

Breslau, le 9 mai 1807.

Extrait d'une lettre de Glatz du 30 avril.

Tous les jours on organise ici de nouvelles troupes; nous
ne manquons pas d'hommes pour cela; car il en arrive à
chaque instant en grande quantité; il en est arrivé ici, il y a
quelques jours, une centaine à la fois, ayant de la musique, et
très récemment nous en avons reçu encore un plus grand
nombre, tous armés et en partie montés, amenant des
fusils.

Nos braves chasseurs du pays, les deux compagnies de
tirailleurs, les chasseurs, les grenadiers et le corps considérable et national des chasseurs à pied, ainsi que les nouveaux
houlans prussiens et les grenadiers à cheval, tout cela est de
nouvelle formation et ne ressemble que très peu à nos an-
ciens soldats prussiens.

Nous avons ici une manufacture d'armes qui emploie 60 ouvriers; nous ne manquons pas d'argent, et comme Neiss
peut tenir et tiendra certainement encore longtemps, nous ne
désespérons pas encore de notre salut. Ce qui nous manque le
plus, ce sont des chevaux, il en arrive cependant de temps à
autre, et nous en attendons encore davantage.

Pour traduction et copie conforme,

BARNER.

N° 3.

Munsterberg, le 21 avril 1807.

A S. A. S. le Prince de Neufchâtel, major général.

Monseigneur,

Les opérations du siége de Neiss ayant été reprises le 8 de ce mois, et l'ennemi en ayant été informé, on sut que le comte de Gœrtzen, aide de camp du roi de Prusse, nouveau commandant des troupes mobiles du comté de Glatz, assemblait un corps assez considérable dans ce pays, pour intercepter les convois d'artillerie et de munitions qui se rendraient de Schweidnitz sur Neiss.

L'artillerie et le premier convoi de munitions passèrent d'abord sans être inquiétés. Le général Lefebvre avait pris position à Franckenstein avec trois bataillons d'infanterie et deux régiments de cavalerie, son avant-garde à Wartha et devant Silberberg.

L'ennemi, s'étant porté en force sur Wartha le 12, se rendit maître de ce principal débouché, mais il ne le garda pas longtemps ; le général Lefebvre s'y reporta le 13, et s'avança avec son petit corps d'armée, jusqu'au débouché du défilé, devant Glatz.

Là, après un combat assez vif, il prit position et commença à se retrancher sur les hauteurs qui dominent, à environ mille toises de distance, les ouvrages avancés de cette place sur le Schaferberg et la citadelle.

Les deux ouvrages situés sur deux plateaux qui commandent beaucoup la ville, sont séparés par la Neiss, qui coule dans un ravin fort encaissé à cet endroit.

Le prince Jérôme voulait assurer la marche du deuxième convoi dans les places, par des dragons à pied, des soldats du train et des troupes d'infanterie de divers corps, sortant des hôpitaux.

S. A. I. se porta elle-même avec tout son état-major, le 16 à Munsterberg, et le 17 à Kloster-Camentz. Ce jour-là le général Lefebvre fut attaqué vivement de front et sur sa gauche, par 5 bataillons et beaucoup de cavalerie. Le point de Wartha fut aussi attaqué en même temps par un corps de 8 à 900 hommes venant de Silberberg, 300 hommes d'infanterie bavaroise qui étaient à Wartha, attaquèrent l'ennemi au moment où il se présentait sur les hauteurs, et le dispersèrent après lui avoir pris ou tué environ 300 hommes.

Le général Lefebvre avait gardé sa gauche avec sa cavalerie. Il soutint avec fermeté le choc de l'ennemi, qui cherchait à déborder son flanc droit. Un escadron de chasseurs wurtembergeois exécuta à propos une charge sur l'infanterie ennemie, marchait en colonne par bataillons, et avait obligé l'infanterie légère à se retirer du bois qui appuyait sa droite ; toute cette infanterie fut dispersée en un instant. On parvint cependant à faire 3 ou 400 prisonniers, en la poursuivant jusque sous la mitraille de la place.

Le deuxième convoi était parti de Schweidnitz le 15, il arriva le 17 à Ottmachau, et le 18 devant Neiss.

Le prince voulut faire lui-même la reconnaissance de la position du général Lefebvre, et s'y porta le 18. L'ennemi consterné de l'échec qu'il avait éprouvé devant des forces très-inférieures, et sachant aussi sans doute que S. A. I. avait amené des renforts assez considérables, ne fit aucun mouvement. Cependant S. A. ayant reconnu l'impossibilité de former l'investissement de Glatz, où tous les rapports annonçaient qu'il y avait 12.000 hommes, et ayant d'ailleurs rempli le but qu'elle se proposait, d'assurer la marche de ses convois d'artillerie, se détermina à retourner à Breslau, où sa présence était nécessaire, après avoir envoyé une sommation au gouverneur de Neiss.

S. A. se reporta en conséquence le 19 à Kloster-Camentz, et le 20 à Ottmachau. Là, le général Vandamme l'informa du dommage que notre artillerie avait fait éprouver à l'ennemi : deux magasins à poudre, un magasin de comestibles et un de fourrage avaient été incendiés, la ville à moitié détruite. Une quantité considérable de neige tombée les 19 et 20, rendait la tranchée presque impraticable.

Le gouverneur de Neiss refusa de recevoir le chef d'escadron Reveste, premier aide de camp du général Vandamme : alors les batteries furent, malgré la contrariété du temps, rétablies pendant la nuit, et recommencèrent le feu le matin du 21. à 3 heures.

Le prince a autorisé le général Vandamme à se présenter lui-même, de la part de S. A., au gouverneur de Neiss, et est venu attendre le résultat de cette dernière démarche à Munsterberg. On ne compte pas immédiatement sur son succès, et tout est disposé pour retourner demain à Breslau, où déjà on avait répandu le bruit que le prince avait été pris et le général Lefebvre blessé à mort.

Je prie, etc.

BLEIN.

N° 4.

Au quartier général de S. A. I. le prince Jérôme Napoléon,
à Franckenstein, le 12 mai 1807.

Ordre du jour.

Les généraux de brigade de Pernety et Lefebvre seront alternativement de jour pour le commandement des troupes qui occupent la position de Franckenstein et celles qui en dépendent.

Le général major Siebein commande les troupes qui sont à Wartha et à Frankemberg.

Le major de Rechberg fera les fonctions de major de brigade. Le général de brigade de jour et le général major Siebein rendront directement compte de tout ce qu'il y aura de nouveau à S. A. I. et au chef d'état-major du 9ᵉ corps.

Le général Siebein enverra en même temps ses rapports au major de Rechberg faisant les fonctions de major de brigade. Le major de Rechberg fera un tableau de tous les officiers supérieurs des corps de troupes qui occupent la position de Franckenstein ou qui en dépendent; ce tableau formé, il sera commandé tous les jours, par rang d'ancienneté, un colonel et un lieutenant-colonel ou major, qui seront chargés particulièrement de la surveillance du service des gardes du camp et de tous les postes extérieurs: ces deux officiers supérieurs de service verront partir du camp tous les détachements qui seront commandés pour les différents services ou pour les expéditions particulières; ils s'assureront du nombre d'hommes qui composent ces détachements, de l'état de leurs armes, de la quantité de cartouches qu'ils emportent et de leur bonne tenue.

Le général de brigade sera barraqué au camp; les deux officiers supérieurs de jour auront une barraque uniquement destinée pour eux, à portée de celle du général de brigade.

Le major de Rechberg, faisant les fonctions de major de brigade, aura sa baraque au centre du camp, en avant de celle du général de brigade de jour.

Les baraques du général de brigade de jour et du major de brigade seront éclairées, pendant toute la durée des nuits, chacune par un falot apparent.

Tous les ordres de S. A. I. concernant le service ordinaire seront transmis par son chef d'état major au général de brigade de jour, au major Siebein et au major de brigade, qui les transmettra de suite au général de brigade de jour, et ensuite aux officiers supérieurs de service et aux commandants des corps.

Le major de brigade, indépendamment des rondes et patrouilles qui seront commandées dans chaque corps, en fera commander d'extraordinaires, et toujours à différentes heures; il rendra compte au général de brigade de jour, et fera prévenir les officiers supérieurs de service, de l'espèce de rondes ou patrouilles qui auront été commandées, afin qu'ils pui sent surveiller par eux-mêmes, par des officiers d'état major et par leurs aides de camp, ces rondes et patrouilles, pour s'assurer qu'elles sont faites aux heures indiquées et régulièrement.

Toutes les troupes à pied et à cheval continueront à se mettre sous les armes tous les matins à trois heures, jusqu'à la rentrée des patrouilles.

A l'approche de chaque ronde, patrouile ou détachement, les védettes et sentinelles bavaroises et saxonnes crieront, *Qui vive!* auquel cri les rondes, patrouilles ou détachements, répondront *France!*

Ensuite les reconnaissances auront lieu, et les mots d'ordre se donneront suivant les règlements.

Les rapports de la situation de chaque corps continueront à être adressés par les commandants au major de brigade, qui en remettra l'état général au chef de l'état-major du 9e corps et au général de brigade de jour.

Il est expressément recommandé à tous les colonels et aux commandants de troupes, de ne porter sur leurs états de situation que les hommes présents sous les armes.

On ne doit comprendre dans les présents sous les armes que ceux qui sont aux corps ou détachés momentanément dans les postes dépendant du camp, ou envoyés en détachement pour le service du camp.

Dans les états de cinq jours, on doit ajouter les hommes détachés aux dépôts ou aux hôpitaux, ou restés en arrière pour quelque cause que ce soit, ainsi que ceux envoyés pour escorter des transports sur d'autres corps d'armée, et on indiquera où ces absents sont détachés.

Le général de division, chef de l'état-major du 9e corps.

T. HÉDOUVILLE.

N° 5.

Freyburg, 13 mai 1807.

Monseigneur.

Hier au soir à 10 heures, l'ennemi, fort de plus de 2,000 hommes, 4 pièces de canon et 600 hommes de cavalerie, est parti d'ici pour se rendre à Stanowitz, point situé entre Strigau et Schweidnitz ; ce mouvement semble indiquer l'intention de marcher sur Breslau. Tout ce que j'ai l'honneur de mander à V. A. me parait affirmé d'une manière convaincante : trois autres mille hommes doivent se joindre à ce corps et tenter les plus grands coups. L'on ignore s'ils prendront la route de autres ou s'ils attaqueront Kloster-Camentz. 14,000 hommes armés étaient dans Glatz ; 6,000 resteront pour garder la forteresse, le reste entre en campagne. Nos troupes sont harassées, je vais les faire reposer ici trois heures. Je rassemble toutes les voitures du pays et je marche en poste à l'ennemi : je l'attaquerai le plus promptement possible, malgré la disproportion de forces. Je désirerais bien que V. A. pût envoyer un escadron et deux pièces de six sur la route de Breslau, car je ne doute pas que c'est là le point d'attaque de l'ennemi. Je préviens à Schweidnitz et à Breslau, à Brieg même ; jamais en Silésie nous n'avons été près d'une affaire aussi décisive. J'écris au général Dumuy, adjudant commandant de la place et au général Fauconnet. Les Saxons m'arrêtent à chaque pas, ils marchent très-mal ; je les sème à chaque pas.

J'ai l'honneur, etc.

LEFEBVRE.

16 mai 1807.

S. A. I. le prince Jérôme ayant quitté Breslau pour venir prendre position à Franckenstein, fut informé, le 14, que l'ennemi était sorti de Glatz avec 2 ou 3,000 hommes et 600 chevaux, et que son intention était de se jeter sur Breslau. Le prince Jérôme envoya aussitôt pour reconnaître leur marche, et ayant su positivement qu'ils se dirigeaient par Canth (petite ville à six lieues de Breslau, entre la route de Glogau et celle de Schweidnitz), il fit partir, à grande marche, le général Lefebvre, avec 1200 hommes et 100 chevau-légers. En même temps, le prince donna l'ordre au général Dumuy de faire rétrograder les détachements de cavalerie remontés, qui se rendaient à l'armée, et de marcher avec cette cavalerie et les dragons, chasseurs et hussards à pied qui se trouvaient à Breslau, sur Canth.

Le général Lefebvre ne tarda pas à découvrir l'ennemi ; mais son intention était de se cacher en le suivant, de manière à ce qu'il pût être attaqué en même temps, et par lui, et par le général Dumuy.

L'ennemi, ayant découvert trop tôt les troupes du général Lefebvre, les attaqua ; le général Lefebvre le repoussa, s'empara de Canth à la baïonnette, lui prit ses deux canons et 150 tirailleurs qui étaient dans la ville.

Il remit cette prise entre les mains des Bavarois, et marcha avec les Saxons, qui mirent bas les armes devant l'ennemi, sans vouloir tirer un coup de fusil, malgré les instances de l'adjudant-commandant Reubell, qui était à leur tête, et qui fit de son mieux pour les mener au combat.

L'ennemi, profitant de cette circonstance, marcha en avant, attaqua les Bavarois, en nombre bien inférieur, les tourna, mais ne put les entamer complétement : ils se défendirent avec la plus grande intrépidité, et se retirèrent avec le général Lefebvre sur Schweidnitz, ayant été obligés de noyer leurs canons ; l'ennemi ignore où ils ont été.

Pendant que l'infanterie se battait ainsi, les 100 chevau-légers bavarois ont culbuté les 600 cavaliers prussiens, et leur ont tué 150 hommes et chevaux. De leur côté, ils n'ont perdu que 5 hommes.

Le général Dumuy, qui avait été obligé d'attendre le retour de la cavalerie française, qui rétrogradait de dix lieues sur Breslau, s'est mis de suite en marche. A son arrivée, il s'est porté rapidement sur Canth, où il a encore trouvé l'arrière-garde ennemie, et environ 150 Bavarois prisonniers ou blessés. Avec 150 chevaux ou hussards à pied, il a fait enlever la ville à la baïonnette et a repris nos blessés ou prisonniers, ainsi que 30 Prussiens.

De son côté, le général Lefebvre s'est remis en marche pour couper l'ennemi dans sa retraite sur Glatz ; j'ignore ce qu'il aura fait.

GIRARD.
Aide de camp de S. A. I.

N° 6.

Au quartier général, à Breslau, le 15 mai 1807.

Le général de division, gouverneur général de la Silésie, à S. A. S. le prince de Neuchâtel, ministre de la guerre.

Avant hier, 13, le général Lefebvre m'écrivit de Freyburg, que l'ennemi, sorti de Silberberg avec environ 2,500 hommes d'infanterie, 4 pièces de canon et 600 chevaux, se dirigeait sur Breslau ; que n'étant pas, à beaucoup près, aussi fort, il allait le poursuivre ; que j'eusse à réunir toutes les forces dont je pourrais disposer pour agir en mesure avec lui.

S. A. I. m'écrivit le même jour, et me prévint également du mouvement de l'ennemi.

Je chargeai le commandant de la place de faire mettre sous les armes toutes les troupes de la garnison. Au premier bruit de la générale, elles se rassemblèrent sur la place, les malades même sortirent des hôpitaux, et demandèrent des armes. Il était parti le matin environ 600 hommes de cavalerie pour Thorn. Je les fis rappeler. Je disposai ce que j'avais de forces en deux colonnes, que je fis avancer hors de la place, sur deux routes par où l'ennemi pouvait déboucher. Je leur fis prendre de bonnes positions, et je restai toute la nuit sur pied, visitant tous les postes, et communiquant de l'une à l'autre colonne. Au point du jour, j'entendis une canonnade. Je jugeai que le général Lefebvre avait atteint l'ennemi, et qu'il était aux prises. Je ne balançai point à me porter en avant, avec environ 200 hussards à pied et quelques hommes de cavalerie qui formaient la colonne placée sur la route de Schweidnitz. En même temps j'envoyai l'ordre au commandant de la place de m'envoyer toutes les forces qui étaient à sa disposition, et surtout la cavalerie dès qu'elle serait arrivée.

Je me dirigeai vers le point d'où partait le bruit du canon. J'arrivai vers les 11 heures aux portes d'un petit bourg à six lieues de Breslau, et les trouvant fermées, je jugeai que l'ennemi occupait cette position. La canonnade avait cessé depuis longtemps. Je ne doutai point que le général Lefebvre n'eût cessé l'engagement qu'il avait eu avec l'ennemi. Voyant les hussards à pied disposés à tout entreprendre, je crus devoir profiter de leur audace. Au premier ordre que je donnai d'attaquer, les portes furent enfoncées, et l'ennemi vivement assailli : en un moment il fut chassé de la place et poursuivi, dans le plus grand désordre, à plus d'une lieue. Je ne puis trop me louer de la conduite de ces Français, qui, au nombre de 150, sont parvenus à débusquer un ennemi bien supérieur en forces, et qui avait deux escadrons de cavalerie. On lui a tué beaucoup de monde et fait un grand nombre de prisonniers; nous n'avons eu que 2 blessés. J'ai cru prudent d'attendre les forces qui devaient me joindre avant de m'engager plus loin à la poursuite de l'ennemi. Je fus rejoint dans l'après midi par 600 dragons et à peu près 400 hommes de cavalerie. Je marchai toute la nuit sur la route qu'avaient prise les Prussiens. J'arrivai au jour tombant à Gross-Petrowitz. Je reconnus que l'ennemi s'était retiré dans les montagnes. Il avait mis entre lui et moi des marais, une rivière et des forêts. J'aurais compromis ma cavalerie en allant plus loin. Je revins sur mes pas et fis reposer ma troupe à Canth, où les hommes et les chevaux trouvèrent d'abondantes provisions. Le projet de l'ennemi avait été de surprendre Breslau, qu'il croyait dégarni de troupes depuis le départ de S. A. I. Son plan ayant complétement échoué, il ne me restait plus qu'à rentrer dans la place. Je ne puis pas douter que l'ennemi n'y ait beaucoup d'intelligences. Je ferai surveiller les gens qui le servent. Je désire que le petit succès que j'ai obtenu soit agréable à Sa Majesté, et lui prouve combien il me reste d'ardeur pour mon métier.

Agréez, etc.

DUMEY.

Parmi les prisonniers se trouvent un major de cavalerie et cinq officiers.

Dès l'instant que cette affaire a été finie, les Prussiens, qui étaient sortis pour s'emparer de Breslau, ont retraité en toute diligence sur Silberberg et Glatz, où ils se sont à présent renfermés. Il n'a pas été possible de les poursuivre, n'ayant point de cavalerie.

Dumuy.

Au quartier général, à Breslau, le 20 mai 1807.

Monsieur le Maréchal Prince de Neuchâtel,

J'ai l'honneur d'adresser à Votre Altesse le rapport des deux affaires qui ont eu lieu le 14 et le 15.

Je joins ici une lettre du général Dumùy sur la prétendue affaire qu'il a eue avec l'ennemi, et dont je me suis empressé de faire le rapport à S. M., ne pouvant m'imaginer qu'un officier général pût m'en imposer à ce point ; mais tous les détails qui me sont parvenus à ce sujet, et le propre aveu de ce général me prouvent qu'il n'est arrivé à Canth qu'après la retraite de l'ennemi, qui y avait laissé une vingtaine d'hommes pour garder des blessés. Il n'y a pas eu 10 coups de fusil de tirés, et tout cet étalage se réduit à rien autre chose qu'à la prise des blessés. Des deux blessés mentionnés dans la lettre, un s'est cassé la jambe en dansant. Je suis très fâché que le général Dumuy m'ait mis dans le cas de faire un faux rapport à Sa Majesté Je désirerais qu'elle fût détrompée.

J'ai envoyé le colonel Morio à Dresde pour presser le départ des 2,400 hommes du contingent de la Saxe; mais M. Bourgoin m'écrit que le Ministre n'a encore aucune instruction à cet égard. Cependant, j'ai le plus grand besoin de troupes.

Agréez, Monsieur le Maréchal, etc.

Jérôme Napoléon.

P. S. Sur onze officiers saxons, dix ont été faits prisonniers à l'affaire de Canth. Ils demandent à retourner chez eux, ayant été renvoyés sur parole. Quatre officiers bavarois sont prisonniers, je vais les échanger. Quant aux Saxons, j'attendrai à connaître les ordres de S. M. Ils paraissent ne pas désirer d'être échangés, et assurément ils ne le méritent pas.

J. N.

Canth, le 16 mai 1807, à 5 heures du soir.

Le gouverneur général de la Silésie à S. A. I. le prince Jérôme Napoléon, commandant le 9e corps.

A peine avais-je eu l'honneur d'écrire ma dernière lettre à V. A., que je suis monté à cheval pour me porter sur la route de Schweidnitz. Je me suis mis à la tête de quelques cavaliers, et me suis avancé pour reconnaître si l'ennemi s'approchait. Vers les cinq heures le bruit d'une canonnade m'a fait juger que le général Lefebvre était aux prises avec lui. Je n'ai pas hésité à marcher de ce côté-là. J'étais suivi par environ 150 hussards à pied et quelques dragons. J'avais envoyé l'ordre au commandant de la place de faire mettre en mouvement toutes les forces dont il pourrait disposer. Je suis arrivé vers les 11 heures à l'entrée de Canth, petite bourgade à 6 lieues de Breslau. Les hussards ont enfoncé les portes et se sont jetés de vive force dans la place, où l'ennemi était établi au nombre de 1,800 hommes d'infanterie et 2 escadrons de cavalerie. 150 Français ont eu l'honneur de le chasser, de lui faire 200 prisonniers et de lui tuer beaucoup de monde. Je n'ai eu que 2 hommes blessés dans cette attaque. Nous avons poursuivi l'ennemi jusqu'au bord d'une petite rivière; je suis venu faire reposer ma troupe à Canth, où j'ai été joint par le général Fauconnet, qui m'amenait près de six cents dragons à pied, deux pièces de canon, 2 obusiers et environ 200 cuirassiers. Cette troupe, qui était en marche pour Thorn, et qui a été rappelée, est très fatiguée. Je me mettrais à la poursuite de l'ennemi, si je connaissais la position du général Lefebvre, et si je pouvais espérer qu'il mît ses dispositions militaires en mesure avec les miennes. Je compte garder cette position jusqu'à demain, et pousser des découvertes du côté de Schweidnitz; après quoi je rentrerai dans Breslau. Le projet de l'ennemi était de surprendre cette place, qu'il croyait livrée à la défense d'une faible garnison depuis le départ de V. A. Il a complétement échoué dans son projet, et je ne crois pas qu'il se hasarde à renouveler une pareille tentative. Je ne nomme point les officiers qui m'ont secondé. Tous ont eu la même part au succès de cette journée.

Agréez, etc.

Desmy.

N° 7.

Franckenstein, le 10 juin 1807.

Monseigneur,

J'ai écrit à monsieur le comte de Goertzen la lettre dont je joins ici la copie. J'attends sa réponse. Il ne m'a pas semblé pouvoir dire moins que cela, à moins de ne rien dire du tout. Je me conformerai en tout aux instructions que V. A. I. m'a données, dans la conférence proposée, et je me hâterai de lui faire part de tout ce qui en arrivera.

L'escadron de chevau-légers, garde de V. A. I., est à Stoltz; mais je garde le bataillon du 1ᵉʳ régiment jusqu'à votre arrivée. Les 200 hommes du 10ᵉ seront placés au camp de Franckenstein, ainsi que les deux pièces de canon; il y a 1,400 hommes à Camentz, et à l'arrivée du général Vandamme nous prendrons les mesures qu'il trouvera bonnes. Comme nous avons moins de troupes que l'ennemi, nous ne pouvons pas avoir trop d'artillerie. J'ai tout lieu de croire que nous ne serons pas attaqués avant le 12, époque à laquelle V. A. I. me prévient qu'elle sera parfaitement en mesure. Le comte de Gœrtzen ne nous a pas encore renvoyé nos prisonniers ; j'en parlerai aujourd'hui.

> J'ai l'honneur d'être, avec le plus profond respect,
> Monseigneur,
>> De Votre Altesse Impériale,
>>> Le très humble et très dévoué serviteur,
>>>> LEFEBVRE DESNOETTES.

Franckenstein, le 10 juin 1807, à 5 heures du matin.

Copie de la lettre écrite par M. le général Lefebvre à monsieur le comte de Gœrtzen.

Monsieur le Comte,

Je m'empresse de vous prévenir que je reçois à la minute l'autorisation de connaître les propositions que vous avez le désir de faire à S. A. I. M. le comte Donha m'a fait entendre dernièrement à Wartha que vous demanderiez à vous aboucher avec moi, si la question qui nous occupe venait à être agitée. Je vous propose donc aujourd'hui, au lieu et à l'heure que vous indiquerez, une rencontre où je me trouverai exactement. J'ai pensé, Monsieur le comte, que le temps pouvait être une chose précieuse pour vous, et ma proposition doit vous prouver combien franchement j'ai à cœur de faire promptement ce qui peut entrer le plus dans vos vues, en évitant les lenteurs d'une correspondance.

Je me félicite, etc.

> *Signé*, Le Général LEFEBVRE.

Franckenstein, le 10 juin 1807.

Monseigneur,

Le comte de Gœrtzen m'a donné rendez-vous à 5 heures au camp du Prince. Nous y avons eu une très longue conversation. Voici les propositions qu'il m'a faites : il ne fera aucune démarche pour empêcher l'exécution de la capitulation de Neiss. Il demande un armistice pour trois semaines ou un mois. Kosel se rendra alors : les troupes de Glatz et de Silberberg ne pourront pas être augmentées : nous pourrons presque passer la revue de celles qui s'y trouvent actuellement, afin d'en constater le nombre. La démarcation de neutralité prussienne serait Konigswalde, Neurode, Silberberg, Wartha et Reichenstein. Demain il m'enverra ses propositions par écrit, et je les soumettrai à V. A. I. J'ai l'honneur de vous prévenir aussi que toutes ces propositions m'ont été faites sans presque aucune discussion de ma part.

Demain j'espère que nous recevrons nos prisonniers : je les enverrai alors de suite à Breslau.

Les 200 hommes du 10ᵉ sont arrivés : ils sont au camp. Demain à 4 heures du matin, je ferai partir pour Stoltz le régiment des gardes avec 2 pièces de canon.

Mes patrouilles me rendent compte qu'on a vu des hussards prussiens du côté de Munsterberg, Niembsch et Reichenbach.

J'ai ordonné aux lanciers qui sont à Niembsch de faire des patrouilles. Toutes les troupes sont vigilantes et dans de bonnes dispositions.

Ce n'est pas Wartha même que le comte de Gœrtzen voudrait occuper ; mais seulement les positions où se trouvent en ce moment ses avant-postes de ce côté-là. Je n'ai rien promis : j'ai seulement écouté les propositions, et j'ai dit que je les rendrais à V. A. I.

Je vous envoie, Monseigneur, un aide de camp du général Michelin pour porter cette lettre : tous les officiers qui sont près de moi ont beaucoup couru aujourd'hui.

Silberberg a tiré aujourd'hui trois coups de canon ; je n'en ai pu savoir la raison, ni le comte de Goertz non plus.

J'ai l'honneur d'être, avec le plus profond respect,

Monseigneur,

De Votre Altesse Impériale,

Le très humble et très dévoué serviteur,

Lefebvre Desnouettes.

N° 8.

7 juin.

A Monsieur le général Vandamme.

Monsieur le Général,

S. A. I. me charge de vous mander que S. M. l'Empereur a appris avec une grande satisfaction la capitulation de Neiss, et lui demande l'état des officiers qui se sont le plus distingués pendant le siège de cette place. S. M. ajoute qu'elle les récompensera, et qu'elle accordera en même temps à vos deux aides de camp les demandes que vous avez faites pour eux.

En conséquence, S. A. I. vous demande un état des officiers qui se sont le plus distingués au siège de Neiss, et vous mettrez vos deux aides de camp en tête de cet état.

S. A. I. vous recommande de ne pas trop étendre cet état, et de ne faire que des demandes qui soient toutes dans le cas d'être accordées.

Je vous prie, Monsieur le Général, d'agréer l'assurance de ma parfaite considération.

T. Hédouville.

No 9.

Capitulation de la forteresse de Glatz et forts dépendants.

D'après l'armistice convenu le 24 du présent mois, entre S. A. I. le prince Jérôme Napoléon, général en chef du 9e corps de la grande armée de S. M. l'Empereur des Français, roi d'Italie, d'une part;

Et M. le comte de Goertzen lieutenant colonel, aide de camp et plénipotentiaire de S. M. le roi de Prusse en Silésie et dans le comté de Glatz, de l'autre;

M. Meyronnet, capitaine de frégate, lieutenant colonel, membre de la Légion d'honneur, chevalier de l'ordre militaire de Wurtemberg, aide de camp de S. A. I. le prince Jérôme Napoléon, est chargé de ses pleins pouvoirs;

M. de Gloissenberg, colonel et commandant de la forteresse, et chevalier de l'Ordre pour le Mérite;

Et M. de Braun, lieutenant colonel d'infanterie et commandant de Schæferberg, ont arrêté la capitulation suivante, sous la ratification de S. A. I. le prince Jérôme Napoléon, d'une part; et de M. le comte de Goertzen, de l'autre.

Art. 1er. La forteresse de Glatz, avec tous les ouvrages et forts détachés, sera remise, le 26 juillet, aux troupes alliées de S. M. l'Empereur des Français et roi d'Italie, si d'ici à ce temps elle n'est secourue.

II. L'armistice qui a été conclu le 24 juin 1807, sera prolongé de la manière désignée jusqu'au 25 juillet inclusivement. Cependant la forteresse de Glatz sera bloquée par 8,000 hommes.

III. La garnison pourra aussi rompre l'armistice dans le cas où les boulets de l'armée de secours pourraient se croiser avec ceux de la forteresse.

IV. Tout ce qui appartient à la forteresse, artillerie, munitions de guerre, armes, plans et magasins de toute espèce, sera fidèlement remis aux officiers que S. A. I. le prince Jérôme Napoléon désignera pour prendre possession et en dresser procès-verbal.

V. La garnison sera prisonnière de guerre et défilera, le 26 juillet, à dix heures du matin, avec deux pièces de 6, drapeaux déployés, mèche allumée, tambour battant, et mettra bas les armes.

VI. Pour honorer les commandants, et avec eux la garnison, les dits canons mentionnés dans l'article précédent, avec attelages et munitions, leur seront accordés, et remis à leur disposition.

VII. Les sous-officiers et soldats garderont leur havresac et porte-manteau.

VIII. Les soldats forestiers, chasseurs et gardes chasse, mariés ou natifs du pays, obtiendront la permission de se rendre chez eux.

IX. Les officiers qui étaient déjà hors de service, et qui, d'après la provocation de S. M. le roi de Prusse, sont rentrés au service pendant cette guerre, s'engagent à ne plus servir dans la guerre présente contre les troupes de S. M. l'Empereur Napoléon et celles de ses alliés ; mais ils retourneront dans la situation où ils étaient auparavant, et recevront la pension dont ils jouissaient avant la guerre.

Les officiers qui ne touchaient point de pension et qui sont rentrés au service, seront regardés comme les autres officiers de l'armée.

X. Tous les officiers gardent leur épée et leurs équipages, et il leur sera permis de se rendre où bon leur semblera ; ils pourront même rester à Glatz, après avoir donné leur parole d'honneur de ne point servir jusqu'à leur échange contre les troupes de Sa Majesté Impériale et Royale ou contre ses alliés.

Chaque individu qui porte la dragonne (porte-épée) d'officier prussien, sera regardé comme tel, et traité de même.

XI. Les compagnies d'invalides toucheront leurs paiements à compter du 15 juillet, lesquels leur seront comptés à la fin de chaque mois.

Dans le nombre des invalides seront comptés tous les individus qui occupent les places affectées aux invalides; par exemple, le Schlussel, major; le Walplaker, concierge, etc.

XII. Les auditeurs, aumôniers et chirurgiens ne seront pas regardés comme prisonniers de guerre, et obtiendront la permission et des passeports pour se rendre où bon leur semblera.

XIII. Les blessés et malades resteront à Glatz jusqu'à leur rétablissement, et seront nourris aux frais du pays.

Les chirurgiens nécessaires resteront dans la place pour les soigner.

XIV. En cas que, dans la suite, il manquât quelques espèces de médecines et autres objets nécessaires aux malades, l'officier commandant du blocus s'engage à faire parvenir ces choses à la garnison.

XV. Il sera permis à deux officiers désignés par Son Altesse Impériale de se rendre, le 25 juillet, à six heures du matin, dans la ville, pour dresser, de concert avec les officiers désignés de la garnison, le procès-verbal de l'arsenal et de toutes les choses appartenant à la forteresse, desquelles on donnera quittance.

XVI. Les caisses royales seront remises à l'officier militaire ou civil qui sera désigné pour cela, et cet officier en donnera quittance.

XVII. Tous les habitants de la ville, propriétaires ou locataires de toutes les religions, auront sûreté pour leur personne et leurs biens, conformément aux usages jusqu'à présent suivis.

XVIII. On protégera particulièrement dans leurs possessions ceux à qui on a donné du fer et du plomb ou à qui on a vendu de telles choses d'après des contrats fixés.

XIX. Les magistrats et employés civils conserveront le-rs fonctio..; et, s'ils donnaient leur démission, ils pourraient rester dans la ville ou se retirer où bon leur semblera; et, dans ce dernier cas, il leur sera donné des passeports pour pouvoir voyager, avec leur famille et leurs effets, en toute sûreté.

XX. Toutes les caisses qui n'appartiennent pas immédiatement à S. M. le roi de Prusse, comme l'argent déposé à la caisse de la ville, resteront sous l'administration du magistrat : celle de Landschoft surtout sera respectée, de même que le bien des propriétaires majeurs et mineurs sera conservé en entier aux intéressés.

XXI. Toutes les fondations religieuses ou pieuses d'une religion quelconque, jouiront de leurs priviléges, et seront protégées, particulièrement le bien de l'église évangélique de la garnison : les appointements du ministre et du sacristain seront assignés provisoirement sur les caisses du pays.

XXII. Tous ceux qui ont eu des pensions des caisses instituées sur l'entretien des veuves ou des caisses du pays, les toucheront aussi à l'avenir.

XXIII. La ville de Glatz, ayant beaucoup souffert par le bombardement, et étant d'ailleurs pauvre, aura aussi peu de troupes à loger que possible, et sera soulagée en d'autres impôts.

XXIV. La barrière et la porte de Thérèse seront occupées le 25 juillet, à trois heures après midi, par les troupes du

9e corps de la grande armée; mais la barrière et le tambour du pont de l'écluse resteront occupés par les troupes de la forteresse jusqu'au 26 juillet.

XXV. Immédiatement après la ratification. il sera permis à un officier de la garnison de se rendre auprès de S. M. le roi de Prusse pour lui porter la capitulation. et en faire le rapport : à l'époque de la reddition de la place. un officier partira pour l'annoncer à S. M. le roi de Prusse. Ces deux officiers seront munis des passeports nécessaires pour se rendre sans obstacle à leur destination. et ils ne seront aucunement regardés comme prisonniers de guerre. Ils prendront leur route par l'Autriche.

XXVI. Pour tous les articles ci-dessus qui seraient susceptibles d'une double interprétation. les commandants peuvent entièrement s'en rapporter à la générosité et au caractère de justice bien connu de S. A. I. le prince Jérôme Napoléon.

Fait double à Lasswitz près Glatz. le 18 juin 1807.

Ont signé, Messieurs

Meyronnet, capitaine de frégate. aide de camp de S. A. I. le prince Jérôme Napoléon ;

De Gleissenberg, commandant la forteresse, et chevalier de l'Ordre du Mérite ;

De Braunn, colonel d'infanterie. et commandant de *Scharferberg ;*

Le comte De Goerzen. lieutenant-colonel, aide de camp et plénipotentiaire de S. M. le roi de Prusse en Silésie. et gouverneur du comté de Glatz.

S. A. I. le prince Jérôme Napoléon. commandant en chef

le 9ᵉ corps de la grande armée, approuve la présente capitulation.

Par ordre de Son Altesse Impériale,

Le général de division chef de l'état-major du 9ᵉ corps de la grande armée,

Signé, T. HÉDOUVILLE.

Pour copie conforme.

Le général de division, chef de l'état-major du 9ᵉ corps,

Signé, T. HÉDOUVILLE.

CORRESPONDANCE

DE

S. M. L'EMPEREUR NAPOLÉON

AVEC

S. A. I. LE PRINCE JÉROME.

LETTRES

DE

S. M. L'EMPEREUR NAPOLÉON

AVEC

S. A. I. LE PRINCE JEROME,

Pendant la campagne de Silésie de novembre 1806
à novembre 1807.

Berlin, 3 novembre 1806.

Mon frère, je vous envoie un de mes officiers d'ordonnance, officier du génie. Vous l'enverrez sur la rive droite de l'Oder reconnaître Glogau. L'état-major doit donner des ordres pour faire accélérer la marche de la colonne wurtembergeoise et la seconde division bavaroise, pour qu'elles soient réunies le 6 à Crossen. Je vous envoie le général de brigade Montbrun, excellent officier de cavalerie légère, que j'ai fait venir de Naples. J'ai prescrit la formation de trois forts détachements de votre cavalerie; vous donnerez le commandement de l'un au général Lefebvre, et le commandement du second au général Montbrun. Ces deux détachements sont destinés à se porter sur les deux rives de l'Oder. Le troisième, qui se portera sur Posen, pour se lier avec les partis du maréchal Davout, sera commandé par un Bavarois. Vous garderez près de vous le reste de votre cavalerie, et vous l'enverrez à l'appui de celle de ces trois reconnaissances qui en aurait besoin.

Votre affectionné frère,

NAPOLÉON.

Berlin, le 5 novembre 1806.

Mon frère, je reçois votre lettre du 4 novembre à Crossen. Le maréchal Davout m'ayant fait connaître qu'il croyait qu'il y avait 800 hommes de cavalerie à Gross-Glogau, je ne suis pas fâché que vous ayez envoyé trois régiments avec le général Lefebvre. Je vous ai envoyé un général de brigade; donnez-lui le commandement de la gauche.

Envoyez-moi votre état de situation régiment par régiment, ainsi que la situation de vos subsistances. Maintenez une sévère discipline. La deuxième division de Bavarois que commande le général de Deroy s'est bien comportée, mais j'ai reçu beaucoup de plaintes de la première que commande le général Mezzanelli.

Berlin, 10 novembre 1806.

Mon frère, je reçois votre lettre. Le général Lefebvre aurait dû vous envoyer plus de renseignements sur ce qui s'est passé dans le pays. Je désire fort être maître de Glogau. J'ai donné ordre au général d'artillerie à Custrin de faire embarquer six mortiers et quatre obusiers de siége, et de vous les envoyer, afin de bombarder la ville. Si Glogau se rend, envoyez un officier en prévenir à Custrin, afin que l'on ne fasse pas ce mouvement. Du moment que Glogau sera investie par le général de Deroy, envoyez des partis de cavalerie sur Breslau; et comme il est possible que l'ennemi ait là du monde, envoyez des forces considérables sur l'une et l'autre rive. Vous pouvez continuer de charger de cette mission vos deux généraux de brigade français, avec leur corps. Faites ramasser tous les bateaux que vous rencontrerez sur l'Oder, afin de pouvoir jeter un pont dans une nuit à l'endroit où vous voudrez. Il ne faut point vendre les bâtiments que vous prenez; nous ne sommes point ici à la mer. Il faut leur faire remonter l'Oder jusqu'à Custrin et les mettre entre les mains de l'administration.

Berlin, le 16 novembre 1806.

Mon frère, le 2ᵉ de ligne bavarois est bien faible, ainsi que le 1ᵉʳ et le 3ᵉ de ligne. Voyez les généraux bavarois pour qu'ils fassent venir des recrues pour les compléter. Il doit y avoir dans la Silésie beaucoup de moyens d'habillement, et des manufactures où vous devez trouver des draps, des tanneries. Tout ce que vous pouvez réunir, il faut le diriger sur Custrin.

Posen, 3 décembr 1806.

Mon frère, Glogau s'est rendue. Il résulte de lettres

interceptées que Breslau n'a que le cinquième de la garnison nécessaire à la défense de la place , que le général
qui y commande déclare qu'il sera obligé de se rendre
s'il est bloqué plusieurs jours de suite par de l'infanterie.
Une centaine de bombes jetées dans cette grande et belle
ville la forceront à se rendre. Je désire que vous ayez
l'honneur de la prendre en personne. Vous recevrez par
l'état-major l'ordre de vous y rendre avec la division de
Wrède ; le général Vandamme, avec les Wurtembergeois
s'y rendra de son côté. Les mortiers suivront. Le major
général vous envoie des instructions sur la conduite du
siége. Je ne doute pas qu'en quatre jours elle ne tombe
entre vos mains. La division de Deroy reste où elle est avec
la moitié de la cavalerie. Par ce moyen, si Breslau est
pris, et que j'aie une affaire en avant de Varsovie, vous
pourrez vous y trouver avec la division de Deroy. En attendant, cette division se reposera. Maintenez une sévère
discipline, surtout en Pologne. Faites fusiller quelques
pillards pour l'exemple. Vous pouvez garder de Ponthon
jusqu'à la prise de Breslau. Avant de me le renvoyer, il
faut qu'il ait visité la place pour m'en rendre bon compte.
Breslau une fois pris, il faut envoyer le général Vandamme
investir sur-le-champ Brieg, sans que les Wurtembergeois entrent à Breslau. Il sera bien suffisant que vous
entriez avec le corps bavarois.

Posen, 15 décembre 1806.

Mon frère, je serai le 16 à Klodowa, le 17 à Lowicz,
et probablement le 18 à Varsovie. Adressez-moi là vos
rapports sur votre siége, sur le lieu où se trouve le gé-

néral de Deroy, ainsi que des renseignements sur la situation de l'ennemi dans toute la Silésie. Envoyez-moi aussi la situation de votre corps d'armée. Nous avons passé la Vistule à Thorn, à Varsovie, à Zakroczin ; ainsi nous avons trois ponts sur cette rivière. Nous avons passé la Narew à l'embouchure de l'Urka. Nos avant-postes ont tous les jours de petits engagements avec les Russes.

Varsovie, le 8 janvier 1807.

Mon frère, je ne doute pas qu'à l'heure qu'il est, vous ne soyez entré dans Breslau. Immédiatement après votre arrivée, faites partir sans perdre de temps, tout le biscuit qui se trouve dans cette place, pour Varsovie. Faites partir également vingt mille quintaux de farine de froment. Il n'y a pas un moment à perdre. Dirigez vos convois par Pétrikau. Je pense qu'il est convenable que vous séjourniez de votre personne à Breslau pendant quelque temps, pour surveiller l'administration et empêcher les voleries. Faites faire tous les inventaires. Correspondez avec moi tous les jours. Envoyez-moi tantôt un aide-de-camp, tantôt un officier bavarois, tantôt un courrier, pour me donner chaque jour de vos nouvelles. J'ai besoin de Breslau pour me nourrir ici. Si vous pouvez vous procurer trois millions de rations d'eau-de-vie, envoyez-les-moi. Vous êtes dans un pays de ressources. Soyez toujours à cheval, visitez tous les magasins, tenez registre de tout, et qu'on ne vous trompe pas ; sans quoi, ils vont se mettre tous, comme ils ont fait partout, à s'emparer des magasins pour les vendre ou les dilapider.

Varsovie, le 12 janvier 1807.

Mon frère, je reçois votre lettre du 9 janvier. Vous n'aviez pas encore reçu celle par laquelle je vous faisais connaître que vous deviez rester de votre personne à Breslau, et commencer le siége de Kosel. C'est une place importante et qui ne doit pas faire une longue résistance. Je ne doute pas que Schweidnitz, Brieg et Kosel ne soient prises cet hiver. Immédiatement après la réception de la présente lettre, faites partir un million pour Varsovie, sur la rentrée des contributions. J'accorderai ce qui est nécessaire pour vos troupes, mais nous avons ici un très grand besoin d'argent. Faites partir également vingt mille quintaux de farine et tout le biscuit qu'il vous sera possible d'envoyer. Mettez de l'activité dans ces envois ; faites-les bien escorter, et établissez leur route, afin qu'on sache quand ils arriveront. J'ai pris un décret pour lever une contribution extraordinaire à Breslau et pour requérir des fournitures de souliers, de draps et de chevaux sur cette contribution. Mon intention est d'accorder des décorations de la Légion-d'Honneur à la division wurtembergeoise ; envoyez-moi un état des hommes qui s'en sont rendus les plus dignes. J'en accorderai aussi à quelques Bavarois, surtout de la cavalerie. Je n'ai pas encore reçu l'inventaire des magasins de subsistances. En cherchant bien, vous trouverez des magasins de harnais et de souliers. Donnez ordre que vos prisonniers passent par Dresde, Bamberg et Würtzbourg, au lieu de passer par Berlin.

Varsovie, le 15 janvier 1807.

Mon frère, il ne peut y avoir aucun armistice avec le prince d'Anhalt-Pless; il ne peut donc d'aucune manière être question de cela. Il faut faire sans délai marcher l'artillerie de Breslau sur Brieg pour assiéger et bombarder cette place, et en faire autant à Kosel. J'ai grand inté rêt à avoir ces deux places. Faites-moi instruire en grand détail des voitures qui partent et du nombre de quintaux qu'elles portent. Envoyez-moi de la farine de froment. Faites-moi connaître si l'eau-de-vie que vous m'envoyez est de l'eau-de-vie de vin ou de grain.

Varsovie, le 15 janvier 1807.

Mon frère, la Silésie pourrait-elle me fournir, à compte des contributions, du drap pour faire 80,000 habits d'infanterie française, 80,000 culottes et 80,000 vestes à manches? Faites-moi une note là dessus. En combien de temps pourrait-elle me fournir cette quantité de draps, et la trouverait-on dans les boutiques de Breslau?

Votre corps doit être actuellement à trente mille hommes. Il doit y avoir 4,000 hommes dans Brieg, autant dans Schweidnitz; il devrait donc rester peu de ressources au prince de Pless. Il n'aurait plus que les garnisons de Glatz et de Neiss. En les évaluant à 10,000 hommes, ce ne serait pas plus de 6,000 hommes disponibles qu'il aurait, et de troupes découragées. Il doit vous être beaucoup inférieur en cavalerie. Le 5e bataillon d'infanterie légère bavarois et le 6e et le 14e de ligne bavarois, partent de Berlin pour vous joindre. Le plus court est de faire cerner Kosel, comme je l'ai ordonné, parce que cette place est peu forte, qu'on ne s'attend pas à la voir bloquer, et qu'il est vraisemblable qu'elle ne fera pas de résistance. Il serait convenable de tenir entre Kosel, Brieg et Neiss, un corps d'observation, qui puisse menacer de couper la rentrée du prince de Pless dans Neiss, s'il en sortait pour faire des courses. Il faut y envoyer la moitié de votre cavalerie et 4,000 hommes d'infanterie, et les placer dans une bonne position à quatre lieues de Neiss. Le prince de Pless pourra craindre de se voir cerner dans la ville, et il ne fera aucun mouvement. Vu votre supériorité en cavalerie, il ne pourra plus bouger, et vous pourrez être tranquille aux blocus de Kosel et de Schweidnitz. Si le prince de Pless voulait un armistice, je pourrais lui laisser la place et le comté de Glatz pendant trois mois, et ne pas l'inquiéter, pourvu qu'il me livrât Neiss, Brieg, Schweidnitz et Kosel. Je ne puis pas lui faire d'autre condition. Il faut qu'au 1er mars toutes les places de la Silésie soient en mon pouvoir. Le général Oudinot, avec 10,000 grenadiers français, doit être arrivé à Kalisch ; je désire qu'il y reste tranquille ; mais si vos besoins devenaient pressants, ce que je ne pense pas, il pourrait envoyer une ou deux brigades à votre secours.

Varsovie, le 18 janvier 1807.

Mon frère, le colonel Morio qui part pour vous rejoindre, vous portera cette lettre. J'y joins un décret pour une levée de drap à Breslau et autres places, pour l'habillement de l'armée.

Varsovie, 23 janvier 1807.

Mon frère, j'ai reçu votre lettre du 19 janvier. Je vois avec plaisir que vous avez fait partir sur-le-champ six cent mille francs, et les mesures que vous avez prises pour assurer leur passage. Après le rapport qu'on m'avait fait de Brieg, je croyais Brieg une place très forte et Kosel une place très faible. Les marchandises anglaises sont celles qui ont été fabriquées en Angleterre. La modification que vous proposez ne peut être adoptée, il n'y aurait plus de marchandises anglaises. Breslau ne peut être mieux traité que Hambourg. D'ailleurs, les négociants ayant des comptes à parties doubles et n'achetant jamais qu'à crédit, il est de fait qu'aucune marchandise n'est jamais payée.

Varsovie, 28 janvier 1807.

Mon frère, je reçois votre lettre du 22 janvier. J'imagine que Bertrand est sur son retour; qu'il se presse de revenir, j'ai besoin de lui. J'ai vu avec plaisir que 11,000 quintaux de farine sont partis de Breslau. Expédiez-nous 500 bœufs. J'ai vu aussi avec plaisir que vous aviez expédié de l'eau-de-vie de vin. Je fais donner des ordres au gouvernement pour qu'il ne soit fait aucune excursion sur la Silésie, que vous occupez. Écrivez-en à Kalitsch. Actuellement mon plus pressant besoin est les munitions de guerre. Faites partir vingt-quatre heures après la réception de cette lettre un million de cartouches pour Varsovie et cinq cent mille propres aux fusils polonais, c'est-à-dire dont la balle est plus petite. Il doit y en avoir à Breslau et à Brieg, parce que les Prussiens avaient deux calibres. J'ai donné des fusils de petit calibre aux Polonais. Faites partir aussi les cartouches à balle et à boulet et les munitions de guerre qu'avaient demandées le général d'artillerie pour approvisionner les 80 pièces de canon prises aux Russes. Vous pourrez expédier plus tard les canons qu'il a demandés. Mais ces quinze cent mille cartouches et cinq ou six mille coups de canon du calibre indiqué par le général d'artillerie me sont absolument nécessaires. Dirigez de Brieg sur Varsovie cinq cent mille cartouches et un ou deux milliers de coups de canon. Enfin, faites faire sur-le-champ trois millions de cartouches à Breslau. Je crois avoir vu dans vos états que vous aviez trois millions de balles. Faites-en faire un million à Brieg. Ces quatre millions de cartouches sont nécessaires pour réparer les pertes que l'on va faire; car je passe cette nuit la Vistule et j'entre en campagne. La bonne saison m'a décidé à en profiter pour culbuter l'ennemi, qui vient de recevoir un renfort de 40,000 hommes. Le maréchal Duroc reste à Varsovie; il vous écrira fréquemment. Il est bon que vous ayez à Varsovie un de vos aides de camp qui viendra vous instruire des nouvelles qu'on y recevrait. Il faut préparer vos ordres pour que, si les événements le rendaient nécessaire, la moitié de votre corps pût se porter promptement sur Varsovie. L'autre moitié restera pour garder Breslau et Brieg. J'espère, comme vous pensez bien, n'avoir pas besoin de cette ressource. Le 6ᵉ et le 14 régiment bavarois et le 5ᵉ bataillon d'infanterie légère bavarois doivent vous avoir joint. Il s'est commis beaucoup de désordres dans l'envoi des prisonniers de la garnison de Breslau. Le quart n'a pas passé Glogau, le reste s'est échappé. C'est un véritable malheur, parce qu'il est à craindre qu'un jour ou l'autre ces gens ne se lèvent contre nous.

Vittemberg, le 1er février 1807.

Mon frère, je reçois votre lettre du 28 janvier et le rapport au prince de Neufchâtel. Je suis à Vittemberg depuis hier. Mon armée manœuvre pour tourner un corps ennemi.

Arensdorf, près Leibstadt, le 6 février 1807.

Mon frère, l'ennemi est en pleine déroute. Nous avons coupé un corps de 20,000 hommes. Nous allons rejeter l'ennemi au delà du Niémen. Il y a des partisans qui arrêtent nos convois du côté de Huscritz. Envoyez le général Lefebvre avec 300 chevaux, en prenant ceux qui sont le plus près de Glogau et autres endroits, pour battre le pays.

L'Empereur est parti sans signer pour se porter en avant.

Osterode, le 23 février 1807.

Mon frère, j'ai appris avec plaisir la prise de Schweidnitz. Mon intention est que cette place, ainsi que Breslau et Brieg, soient entièrement démolies et toute l'artillerie dirigée sur Glogau, qui est la seule place de Silésie que je veuille conserver. Il est nécessaire que vous ayez l'œil sur Glogau et que vous ayez soin que cette place soit toujours parfaitement approvisionnée en munitions de guerre et de bouche; car il est telle hypothèse où il est possible que toute la Silésie vienne à être évacuée, hormis ce point. Je vous ai fait donner l'ordre d'envoyer la moitié des troupes bavaroises à Varsovie. J'imagine que ces troupes sont déjà en marche ; il est très-nécessaire qu'elles arrivent bientôt. Je vous ai fait connaître aussi qu'il fallait diriger sur Thorn les convois de munitions et de vivres qui vous avaient été précédemment demandés pour Varsovie. Je vous le répète, ne perdez point de vue que c'est sur Glogau que vous devez porter insensiblement vos arsenaux, vos magasins et votre artillerie. Démolissez les autres places le plus tôt possible.

Osterode, le 25 février 1807.

Mon frère, j'ai perdu du monde à la bataille d'Eylau. La victoire a été longtemps disputée, et l'ennemi a fait des efforts de toute espèce. Je vous ai mandé de m'envoyer la moitié des troupes bavaroises en infanterie, cavalerie et artillerie, et de les diriger sur Varsovie. Je suppose que ce corps est déjà à plusieurs jours de marche et va arriver incessamment sur la Vistule. Je n'attache aucune importance à la place de Kosel, ni aux places de la Silésie. Je vous ai mandé de faire, démolir Schweidnitz, Breslau et Brieg, et de tout concentrer sur Glogau, d'approvisionner cette place et de la tenir en bon état.

Je vous prie de me faire connaître quelle est la force nécessaire pour garder Glogau, me maintenir maître de Breslau, et contenir le pays et le prince de Pless. Les Wurtembergeois ne seraient-ils pas suffisants pour cela ? Si cela est, laissez le commandement des Wurtembergeois au général Vandamme, avec l'instruction que je viens de vous donner, et, avec la division bavaroise qui vous reste, tenez-vous prêt à vous porter sur Posen. Avant votre arrivée, vous recevrez des ordres sur le lieu de votre destination.

Vous vous réunirez au corps de réserve, et vous ferez là la grande guerre. Mais il faut que le général Vandamme avec les troupes que vous lui laisserez, se charge de se maintenir maître de Schweidnitz et de réprimer les excursions de l'ennemi. Comme nous sommes fort loin et que les événements militaires se succèdent avec rapidité, tenez courrier avec Vandamme et Hédouville, et agissez. Faites diriger le plus de cartouches et de coups de canon que vous pourrez sur Thorn. Faites cependant tout cela avec prudence, afin de ne donner aucune espèce d'alarme. Donnez l'ordre au général Montbrun de se rendre à Varsovie pour prendre le commandement de la cavalerie légère du 5e corps.

Le 10e bataillon du train doit être arrivé à Breslau ou à Glogau. Faites-lui donner des chevaux et des harnais, et à mesure qu'une compagnie aura des chevaux, faites-les atteler à des voitures de munitions de guerre, et dirigez-les sur Thorn. — Envoyez par un officier cette lettre au général Savary.

Osterode, le 12 mars 1807.

Mon frère, prenez toutes les mesures nécessaires pour m'expédier sans délai sur Thorn cent mille pintes d'eau-de-vie, six mille quintaux de farine et trois mille bœufs. Occupez-vous vous-même de cet objet le plus important de tous. Mettez en première ligne l'eau-de-vie, car c'est de l'eau-de-vie de vin, et c'est inappréciable. Faites-moi connaître tous les jours ce que vous aurez fait.

Osterode, le 13 mars 1807.

Mon frère, en lisant avec attention votre lettre du 3
mars, je vois que vous avez envoyé la moitié des Wurtembergeois à Glogau. Cette mesure me paraît une folie.
C'est paralyser sans raison ces troupes. Il faut au contraire les réunir à Breslau, en laissant à Glogau mille ou
douze cents hommes pour garder cette place, et cantonner vos troupes dans toute la Silésie, de manière à la
garder, à surveiller les garnisons de Neiss, de Glatz et de
Kosel, d'observer les mouvements des Autrichiens, d'empêcher qu'aucun rassemblement se forme, et de rester
dans cette position. Puisque les Wurtembergeois ne peuvent suffire pour garder la Silésie et qu'il faut encore la division de Deroy, j'aurais tout autant aimé que vous eussiez
continué le siége de Neiss Le major général vous a envoyé l'ordre de faire partir pour Varsovie le 4e et le 14e
régiment de ligne bavarois. Faites aussi diriger sur Varsovie le détachement des régiments qui composent la division de Varsovie. Indépendamment de ces deux régiments, disposez-en deux autres et six pièces de canon,
de manière à ce qu'ils vous servent à contenir la Silésie,
et cependant qu'ils aient quelques jours d'avance pour se
diriger sur Varsovie, si je les y appelais. Mais ces mesures
doivent être secrètes. Je vous recommande de ne point
laisser s'enhardir les garnisons de Neiss, Kosel et Glatz,
et d'annoncer que dans un mois vous les assiégerez. Vous
agissez beaucoup trop vite, et vous étiez toujours à temps
de lever les siéges de Kosel et de Neiss. Si en les levant,
vous aviez pu me donner 8,000 hommes disponibles,
vous auriez pu comprendre que ma lettre vous autori-

sait à le faire. Je vous recommande de m'envoyer de l'eau-de-vie et de la farine. Faites-moi connaître les dispositions que vous avez données à vos garnisons.

Osterode, le 14 mars 1805.

Mon frère, je reçois votre lettre du 7 mars. J'approuve fort les dispositions que vous avez faites. Il n'y a point d'inconvénient à ce que la noblesse de Breslau envoie une députation à Osterode. Envoyez-moi des vivres, des effets d'habillement ; surtout envoyez-nous de l'eau-de-vie. L'objet le plus important aujourd'hui, ce sont les subsistances. Un officier est en route pour faire venir une centaine de pièces de canon par Custrin à Dantzick, mais je crains que ce ne soit long. Le trajet de Custrin à Dantzick est assez considérable.

Si vous pouviez nous expédier de Glogau une douzaine de pièces de 24 et quelques mortiers avec leur approvisionnement, cela pourrait arriver en douze jours à Thorn ; ce qui, joint à un convoi qui vient de Stettin et aux six pièces de 24 qui viennent de Varsovie par la Vistule, fournirait un commencement de moyens qui aideraient au siége de Dantzick. — Vous n'avez pas encore répondu à cette question : De combien peut-on vous affaiblir sans compromettre la tranquillité de la Silésie? Elle est importante, même sous le point de vue militaire, puisque maître de la campagne, l'ennemi ne manquerait pas de se recruter et de former bientôt une armée contre laquelle il faudrait ensuite marcher. Ayez soin de ne laisser former aucun rassemblement de partisans entre vous et Posen, et sur aucun point de la Silésie.

A la première nouvelle que vous en auriez, faites marcher des détachements pour les réprimer. Il est convenable que vous m'envoyiez une relation de vos siéges et de toute votre campagne de Silésie. Je vous ai nommé général de division afin de vous donner votre rang. Envoyez sur vos frontières d'Autriche pour savoir ce qu'on y fait. Portez vos soins à bien armer et à bien approvisionner la place de Glogau que, dans tout événement, je veux garder, et qui est nécessaire à ma ligne. Votre correspondance peut se faire par Varsovie et par Thorn. Votre courrier peut remettre vos dépêches au général Rapp, qui est gouverneur de Thorn, et qui me fait passer des courriers tous les jours. A Varsovie, il peut les remettre à Lemarrois ou à Talleyrand, qui m'envoient également ment des courriers tous les jours.

Osterode, le 15 mars 1807.

Mon frère, je vous avais envoyé 4 à 500 hommes de cavalerie française à pied, pour que vous les montiez... Faites-leur donner des chevaux et des selles, et dirigez-les sur Thorn le plus rapidement possible.

Osterode, le 15 mars 1807.

Mon frère, dans les places que vous avez prises il y a des approvisionnements considérables. Tout ce qui ne peut pas être contenu à Glogau, dirigez-le sur Custrin, surtout le froment. Bien entendu que vous ferez diriger sur Thorn et Posen tout ce que vos moyens de transport par terre vous permettront de diriger. Faites faire 15 à 20,000 rations de biscuit par jour, et au fur et mesure dirigez-le sur Thorn. Envoyez-nous aussi des bœufs.

Osterode , le 19 mars 1807.

Mon frère , je ne reçois point de nouvelles de vous.
J'ai perdu beaucoup de chevaux, soit par le canon , soit
par la fatigue. Si je vous envoyais 600 cuirassiers, 1,000
dragons et 500 chasseurs et hussards, pourriez-vous les
monter et leur procurer des selles et des brides? Je vous
ai envoyé 400 hommes de cavalerie du dépôt de Potsdam ;
ils doivent être à Glogau ; je n'en entends plus parler.
Faites-moi connaître quand ils auront des chevaux et
quand ils viendront me joindre.

Osterode , le 20 mars 1807.

Mon frère, je fais évacuer sur Breslau beaucoup de
malades qui, entassés à Varsovie, nous menacent d'y
donner la fièvre d'hôpitaux. Il est nécessaire qu'il y ait à
Breslau et Glogau de beaux établissements. Faites en
faire surtout à Glogau. Je vous recommande de me rendre compte au fur et à mesure du nombre de soldats qui
arriveront, de les faire bien traiter, et lorsqu'ils sortiront,
de ne les faire partir que par 4 ou 500 hommes , après
avoir eu soin de les faire bien habiller.

Osterode , le 22 mars 1807.

Mon frère, je vois que vous avez 6 ou 7 millions en
caisse. Faites-les diriger sur Thorn. Si vous pouvez vous
passer de deux régiments wurtembergeois formant de
1,200 à 1,400 hommes, faites escorter cet argent par ces
régiments qui me seront utiles à Thorn. Faites-moi con-

naître où en est la confection des souliers, et surtout la remonte des 400 hommes de cavalerie à pied que j'avais envoyés à Glogau. Prenez des mesures pour leur faire fournir sans délai des chevaux et des armes, et faites-les partir bien équipés par Thorn. J'ai ici un millier d'hommes qui ont perdu leurs chevaux par les fatigues et le canon : ce sont des cuirassiers et des chasseurs. Je vais les diriger sur Glogau ; il faut prendre des mesures pour leur faire donner des chevaux et des selles. J'ai à Glogau le 10ᵉ bataillon de train ; faites-lui donner des chevaux, des harnais, et apprenez-moi qu'ils sont partis. J'en ai besoin pour le siége de Dantzick.

Osterode, le 23 mars 1807.

Mon frère, on a envoyé de Breslau à Prague seize pièces de fer. Avec la grande quantité de pièces que nous avons en Silésie, il valait mieux envoyer de bonnes pièces que de mauvaises. Dirigez sur Prague, pour la défense de la ville et de la tête de pont, six obusiers prussiens. Dirigez-y aussi une trentaine de milliers de poudre et des boulets de 6 et de 12. — Je vous prie de m'envoyer l'état de situation des 400 hommes de cavalerie que je vous ai envoyés pour les faire remonter. Combien y en a-t-il de partis? combien en reste-t-il à partir? et quand partiront-ils?

Osterode, le 24 mars 1807.

Mon frère, les six pièces que vous avez expédiées à Varsovie, et que j'ai fait venir devant Dantzick, n'ont que deux cents coups à tirer par pièce. Il est nécessaire que vous fassiez partir quatre mille coups avec quatre affûts de rechange, afin que ces pièces fassent tout leur service. Expédiez de la poudre un tiers de plus qu'il n'en faut. Je suppose que les dix-huit pièces que vous avez expédiées ont leur armement, leurs rechanges, et un tiers de poudre de plus qu'il n'est nécessaire, sans quoi nous n'aurons rien.

Osterode, le 24 mars 1807.

Mon frère, je vous envoie un décret que l'état-major vous fera passer, mais que vous recevrez plus vite. Concertez-vous avec l'administrateur des finances et avec le général Fauconnet, et prenez toutes les mesures pour que, du moment que ces corps seront arrivés en Silésie, ils trouvent des chevaux, des selles, des brides, et que les dragons aient 800 fusils que vous tirerez de Glogau. Cela vous donnera bientôt, avec l'activité que vous y mettez, 1,500 hommes d'excellente cavalerie à votre disposition. En conséquence, des 1,600 hommes de cavalerie que vous avez en ce moment, dirigez-en 800 sur Thorn, partie Bavarois, partie Wurtembergeois, afin de combler le déficit que j'éprouve par l'envoi que je vous fais. Avec l'activité et le zèle que vous avez, vous aurez bientôt augmenté votre force au lieu de l'avoir diminuée par l'envoi de ces 800 hommes montés, dont j'ai ici un pressant besoin.

Osterode, le 24 mars 1807.

Mon frère, je reçois votre lettre du 20 mars. Je vous ai écrit plusieurs lettres par Varsovie. Je vous mandais

d'envoyer les 7 millions que vous avez en Silésie, à Thorn.
en les faisant escorter par deux régiments wurtembergeois formant 1,200 à 1,400 hommes. Je vais vous envoyer 1,500 hommes de cavalerie française à pied. Vous
les remonterez et les garderez, et alors je vous deman-
derai 800 hommes de cavalerie étrangère pour remplir
ce déficit. — Il sera possible que l'on reprenne un jour
le siége de Neiss. Faites-moi connaître quels seront alors
vos moyens d'artillerie. — Je donne l'ordre qu'à Thorn
on vous renvoie toutes les voitures. J'apprends avec
plaisir que douze pièces de douze et six mortiers approvisionnés de six cents coups, arrivent à Thorn le 3 avril.
Si vous avez eu des transports disponibles, j'imagine que
vous y avez mis de la poudre. Si vous pouvez de même
diriger douze pièces de vingt-quatre avec un approvisionnement à huit cents coups cha que, ce serait un grand
bien. Cela me mettrait à même de prendre beaucoup
plus promptement Dantzick, qui est aujourd'hui le but de
tous nos efforts. Répondez-moi de suite sur ce que j'ai à
espérer à cet égard. Tout ce que vous pourrez expédier
d'artillerie sur Thorn, faites-le, car Dieu sait quand cela
arrivera par eau. Les 400 hommes de cavalerie qui sont
depuis longtemps en Silésie, doivent être remontés ; en-
voyez-les à Thorn. Le 10ᵉ du train doit avoir maintenant
ses chevaux et son équipement ; servez-vous en pour nous
envoyer des munitions. Dirigez sur Thorn tous les souliers que vous pouvez avoir. Les 6 ou 7 millions une fois
partis pour Thorn, dirigez sur Varsovie les premiers
1,500,000 francs qui vous rentreront. — Vous avez envoyé seize pièces en fer à Varsovie. C'est un tort qu'ont
eu vos officiers d'artillerie ; il fallait envoyer des pièces

en bronze. Les affûts sont mauvais. Dirigez sur Varsovie vingt milliers de poudre et des affûts qui puissent servir pour monter ces pièces. Envoyez-y aussi quatre gros obusiers avec leurs approvisionnements. Si, sans nuire aux envois de Thorn, vous pouvez diriger six pièces de vingt-quatre ou de dix-huit, et quatre gros mortiers sur Varsovie, faites-le, mais avant tout faites partir votre artillerie pour Thorn. — Envoyez-moi l'état de tous les envois de biscuit, farine, munitions de guerre et de bouche, effets d'habillement et d'équipement, etc., que vous avez dirigés sur Thorn depuis le 1ᵉʳ février.

Osterode, le 25 mars 1807.

Mon frère, j'ai ordonné qu'on évacuât trois ou quatre mille malades de Varsovie sur Breslau. Je pense que vous prendrez les mesures nécessaires pour qu'ils y soient bien traités. Faites-moi connaître combien il en est arrivé. Il est convenable d'avoir des capotes et des armes et de nommer des officiers pour commander ce dépôt. A mesure que les hommes sortiront des hôpitaux, faites-les placer dans des dépôts de convalescence où ils resteront pour partir en détachements, afin de ne pas les renvoyer isolément à l'armée.

Osterode, le 27 mars 1807.

Mon frère, je reçois votre lettre du 21 mars. Je vois avec plaisir que le général Lefebvre a repoussé la garnison de Glatz. Puisqu'il vous est impossible de nous envoyer de l'eau-de-vie de vin, complétez avec de la bonne eau-de-vie de grain les cent mille pintes que je vous ai demandées.

Osterode, le 28 mars 1807.

Mon frère, je reçois votre lettre du 24 mars. Envoyez-moi l'état des régiments auxquels appartiennent les 338 hommes partis de Glogau, et le jour de leur départ. Votre correspondance est trop succincte. Vous aurez reçu le décret par lequel je vous ai envoyé 1,400 hommes à monter, parmi lesquels 250 cuirassiers. Si vous pensez qu'il vous soit absolument impossible de les monter, envoyez-leur à Posen l'ordre de continuer leur route sur Potsdam. Faites cependant l'impossible, vu que j'ai déjà 1,200 hommes à monter à Potsdam. Si l'on fait quarante selles à Breslau, on peut en faire à Glogau, à Scheweidnitz. Mettez la plus grande activité à faire confectionner les effets d'équipement et de harnachement, et faites tout ce qu'il faut pour m'envoyer promptement ces hommes montés et équipés. Je m'en rapporte à ce que vous ferez. Si vous pouvez tirer des chevaux d'Autriche, passez des marchés, car ces 1,400 hommes montés sont un élément de victoire. Tâchez de faire faire 150 selles par semaine; car si l'on a ces hommes un jour plus tôt disponible, ce ne peut être que d'un immense avantage.

Osterode, le 30 mars 1807.

Mon frère, il y a à Glogau 200 chevaux qui étaient destinés pour la Garde. Vous pouvez les donner aux cuirassiers. Les escadrons provisoires de cuirassiers et de chasseurs formant 1,400 hommes sont partis pour Glogau. Ne perdez pas une heure, une minute, pour leur procurer de bons chevaux et des harnachements. Je vous ai demandé en remplacement des chevaux wurtembergeois et bavarois, afin que je me sente le moins possible de ce déficit.

Finkenstein, le 3 avril 1807.

Mon frère, je vous instruis des bonnes nouvelles que je reçois de Constantinople. L'amiral Duckworth, avec huit vaisseaux de guerre anglais, a forcé le détroit des Dardanelles le 10 février, après avoir essuyé quelques coups de canon. Il a rencontré près de Gallipoli un vaisseau de 74 et cinq frégates turques, dont les équipages étaient à la mosquée, pour la fête du Baïram, et les a brûlés. Il s'est présenté devant Constantinople : on a couru aux armes.

Douze officiers d'artillerie et du génie que j'ai envoyés de Dalmatie, sont arrivés dans la même nuit. On a mis 500 pièces de canon en batterie en cinq jours; on en a envoyé aux Dardanelles. Le Grand-Seigneur a déclaré dans la mosquée qu'il ne séparerait pas sa cause de celle des Français. L'escadre anglaise a été forcée de repasser les Dardanelles, et dix vaisseaux turcs l'ont suivie.

Les régiments barbaresques ont reçu l'ordre de courir sur les bâtiments anglais. Les marchandises anglaises sont saisies. Les Anglais qui se trouvent en Turquie sont arrêtés. L'armée turque paraît passer le Danube et cerner Buckarest, où les Russes n'ont que peu de forces. Faites mettre ces détails dans la *Gazette de Breslau*. Vous pouvez faire dater ces nouvelles de Constantinople, du 3 mars.

Finkenstein, le 3 avril 1807.

Les hommes appartenant au 5° corps, doivent être dirigés sur Varsovie ; je préfère qu'ils se reposent deux jours de plus. Faites-leur distribuer capotes, habits, souliers, chapeaux et armes. La considération sur le double emploi de l'habillement est sensée, mais c'est un objet sur lequel on ne doit pas s'arrêter à la guerre. Il y a plusieurs manières de les envoyer. Si vous les envoyez isolés, ils seront perdus pour l'armée. Il faut les organiser en bataillons provisoires de 400 hommes avec des officiers et sous-officiers pour les commander, en réunissant les hommes appartenant à un même corps, et quand vous aurez ainsi un bataillon des 1er, 3°, 4° et 6° corps, vous le dirigerez sur Thorn.

Formez en compagnie ceux du 5° corps au complet provisoire de 100 à 120 hommes, et dirigez-les sur Varsovie, également bien équipés et armés, et sous les ordres d'officiers et sous-officiers. Désignez-leur des lieux de repos sur toute la route, afin qu'ils ne fassent pas de trop fortes marches. Ainsi donc, n'envoyez jamais moins de 400 hommes sur Thorn, moins de 100 à 120 sur Varsovie, toujours avec des officiers et sous-officiers. Si vous manquez d'officiers, donnez-leur des officiers d'état-major. J'attendrai le retour de ce courrier pour vous envoyer un plus grand nombre d'hommes de cavalerie à pied. Ainsi je vous envoie 1,100 hommes, dont 120 cuirassiers, 500 dragons et 480 de cavalerie légère. Puis-je vous en envoyer 1,000 autres, et faut-il vous envoyer des détachements de cuirassiers ou de cavalerie légère ?

Si vous pouvez passer la revue de toutes les compa-

gnies ou bataillons provisoires que vous expédierez à
l'armée, si vous pouvez leur donner une chemise par
homme, ce ne sera que mieux. Envoyez moi l'itinéraire
que suivront le trésor, le régiment wurtembergeois, infanterie et cavalerie, car il faut que je sache toujours où
se trouvent toutes les parties de mon armée.

Finkenstein, le 3 avril 1807.

Mon frère, je ne sais pas si je vous ai instruit que la
vice-reine d'Italie est accouchée d'une fille.

Finkenstein, le 5 avril 1807.

Mon frère, ayez bien soin que tout ce que vous envoyez pour Dantzick soit de bonne artillerie. Je suis fâché que le général de Pernety n'ait envoyé jusqu'à présent
que ce qu'il a de plus mauvais. — Vous pouvez compter
toujours sur 1,500 hommes que vous aurez à monter.
Je ne vous en ai envoyé que 1,100; mais je me propose
de vous en envoyer 400 autres. — Je vous recommande
mes malades. Que rien ne parte que bien armé, bien
équipé, et qu'après avoir passé votre revue. La mesure
qu'a prise le général Verrières de mettre les malades
hors de Glogau est ridicule. A quoi servent les places
fortes, si ce n'est pour contenir les dépôts d'une armée?

Finkenstein, le 5 avril 1807.

Mon frère, vous trouverez ci-joint un décret qui vous
parviendra par le ministre de la guerre, mais que je vous
envoie d'avance. Vous y verrez qu'avant un mois, vous

pourrez avoir un renfort de 9,000 hommes. Le régiment de lanciers polonais et la légion à pied polonaise, sont déjà à Augsbourg. — Vous pourrez profiter pour leur habillement des habits prussiens que vous avez trouvés à Breslau, Glogau, etc. — Vous devez avoir aussi des gibernes. L'intendant général ordonne à l'intendant de mettre des fonds à votre disposition. — Les cadres existent ; vous y trouverez un grand nombre de sous-officiers. Ainsi, je ne doute pas qu'avant le 15 mai, ce ne soit pour vous un bon renfort de 8,000 hommes. Je m'en rapporte à votre activité et à votre zèle pour lever les obstacles. Écrivez à Dresde et à Beyreuth, pour savoir quand ces troupes y passeront et être informé avec exactitude du jour de leur arrivée.

Finkenstein, le 5 avril 1807.

Mon frère, je reçois votre lettre du 28 mars à 4 heures et demie. Puisque vous jugez nécessaire de garder toutes les troupes qui vous restent en Silésie, arrangez-vous pour prendre Neiss et contenir la garnison de Kosel, qui pousse des partis jusqu'en Pologne. Je vous laisse le maître de commencer le siége de Neiss, quand vous le jugerez convenable. La saison est bonne. Si vous pouvez prendre cette place en un mois, vous ferez une bonne et belle opération. Payez les salaires pour les selles, et montez promptement la cavalerie. Envoyez-moi trente mille autres pintes d'eau-de-vie, en la faisant prendre sur la contribution.

Finkenstein, le 6 avril 1807.

Mon frère, il doit y avoir, dans les équipages de siége

que vous préparez, vingt-quatre obusiers. Si vous pouvez
en faire partir douze par terre, approvisionnés à 600
coups, faites-les partir. Poudre, affûts, armement, munitions, rien ne doit manquer.

Finkenstein, le 10 avril 1807.

Mon frère, vous trouverez ci-joint des lettres que
m'envoie le prince Sulkowski. Donnez-lui le commande-
men` devant Kosel, si vous le jugez convenable. Je lais-
serai son régiment là, puisqu'il est nécessaire pour contenir la province. Mais faites que la garnison de Kosel
ne ravage pas le pays, et ne pousse pas des partis jusqu'en
Pologne.

Finkenstein, le 11 avril 1807.

Mon frère, je reçois votre lettre du 4 avril. — Vous
m'envoyez bien la note des 374 hommes de cavalerie
qui ont été montés à Glogau, mais vous ne me dites pas
de quels régiments ils sont. J'approuve fort que vous
ayez retenu 1,200 fusils pour armer soit les dragons, soit
les hommes d'infanterie qui sortent de v ,s dépôts, car ils
ne peuvent se servir de fusils prussiens. 1,200 même ne
vous seront pas suffisants à Glogau, gardez-en 2,000. Les
fusils saxons sont bons, mais nous n'en avons pas. Nous
avons épuisé tout ce qu'il y avait. Il paraît que vous
n'êtes pas bien informé : il y avait à Glogau une centaine
de chevaux qui avaient été destinés à ma garde ; vous
pouvez vous en servir pour la cavalerie. Servez-vous,
pour approvisionner le siége de Dantzick, de la route de
Varsovie. Une fois à Varsovie, les convois arrivent très-

rapidement par la Vistule. Envoyez à Varsovie **six mille** coups de canon de 12, deux mille de 24, trois mille de 6 et des obus

Finkenstein, le 11 avril 1807.

Mon frère, la Silésie devait me fournir 250,000 chemises. Je commence à en sentir le besoin. Faites activer la confection à Glogau, à Breslau, et dirigez-les sur Thorn.

Finkenstein, le 13 avril 1807.

Mon frère, je reçois votre lettre du 10 avril. Je vois que le siége de Neiss est commencé. Vous trouverez ci-joint dans la *Gazette de France* des nouvelles de Londres que vous pourrez faire mettre dans les journaux de Breslau. Vous pouvez y ajouter que la plus grande mésintelligence règne à Londres entre le roi et les ministres et que toutes les affaires sont suspendues.

Finkenstein, le 13 avril 1807.

Mon frère, je reçois votre lettre du 7 avril. Je vois avec plaisir le soin que vous prenez des dépôts et des remontes. Je vous en témoigne ma satisfaction. Indépendamment des 1,400 hommes de cavalerie que vous remontez, je vous en envoie 1,500 autres à monter. Je vois avec plaisir que vous avez envoyé 30 millions de poudre sur Varsovie. Si elle arrive à temps, je la ferai filer sur Dantzick. Envoyez-moi aussi des boulets. Le premier convoi d'artillerie parti de Glogau n'est pas encore arrivé. La tranchée est ouverte devant Dantzick. La garnison est de 18,000 hommes, dont 6,000 Russes. Le général Kalkreuth y commande. J'espère être maître de la place dans le mois, si la poudre ne me manque pas. La prise de cette place diminuera les forces de l'ennemi de 20,000 hommes et accroîtra les miennes d'autant. Cette prise sera d'un résultat incalculable. Si indépendamment de la poudre que vous avez envoyée, vous pouvez en expédier une quarantaine de millions en toute hâte, vous ferez bien. Vous trouverez ci-joint copie de l'ordre du jour que vous recevrez probablement plus tard par l'état-major. Préparez et accélérez-en l'exécution. — Les deux régiments à pied de Wurtemberg que vous m'avez envoyés ont l'ordre de se rendre de Posen devant Colberg pour aider au siége de cette place. Envoyez à Colberg tous les détachements des dépôts et les hommes isolés qui appartiendraient à ces deux régiments. Je vous ai écrit sur Kosel et je vous ai chargé de donner des ordres au prince Sulkowski, que je laisse de ce côté pour contenir cette garnison. J'apprends avec plaisir la bonne contenance que vous tenez.

Finkenstein, le 15 avril 1807.

Mon frère, indépendamment des 1,400 hommes de cavalerie à pied que je vous ai envoyés, je vous envoie la note des 1,450 autres que je vous ai annoncés. Ils se rendront à Breslau dans quatre ou cinq jours. Faites donner des fusils aux dragons et des carabines aux chasseurs ; ils auront tous leur sabre. Montez-les promptement.

Finkenstein, le 18 avril 1807.

Mon frère, je reçois votre lettre du 15 avril à midi. Ce que vous me dites du prince Sulkowski confirme d'autres renseignements qui me sont revenus à son sujet. Faites-lui restituer l'argent qu'il a pris. — Je suis très-fâché qu'à Glogau on n'ait pas obéi à votre ordre. Le général Songis m'assure qu'il va y arriver des fusils; j'en écris au général Clarke. — Je connais depuis longtemps le général Lefebvre, et je vois avec plaisir que vous êtes content de ses services.—Pourquoi, dans la position où vous vous trouvez, laissez-vous 400 hommes à Schweidnitz, si cette place est démolie. J'approuve le parti que vous avez pris de réunir vos forces. A votre place je ferais partir les 400 hommes de Schweidnitz pour Breslau. Je suppose Schweidnitz entièrement démoli ; s'il y reste quelques forts, c'est autre chose.— Les 700 dragons sont venus manquant de tout, c'est tout simple; vous avez donné ordre qu'ils fussent armés et équipés, c'est ce qu'il fallait. Vous recevrez 600 cuirassiers, faites-en autant. Vous donnerez à la légion Polaco-Italienne des fusils prussiens.

Finkenstein, le 25 avril 1807.

Mon frère, j'ai reçu votre lettre du 7 avril avec la lettre adressée à M. de Talleyrand. Répondez au roi de Wurtemberg que des circonstances momentanées m'ont forcé à faire un détachement de son armée, mais que je la réunirai le plus tôt possible.

Finkestein, le 27 avril 1807.

Mon frère, vous avez expédié l'équipage de 100 bouches à feu. Vous l'avez expédié partie par terre et l'autre partie par eau. Quand la partie que vous avez expédiée par eau arrivera-t-elle à Custrin? Il est assez nécessaire qu'il en arrive à Stettin, d'où on tire pour le siége de Dantzick.

Finkenstein, le 3 mai 1807.

Mon frère, je vous envoie l'état des détachements de cavalerie, de chasseurs et hussards à pied que je vous ai envoyés en Silésie, pour que vous les remontiez. Vous verrez que le 7 et le 8 mai, tout cela doit être arrivé à Breslau et à Glogau. Prenez donc toutes les mesures pour que tout cela puisse revenir promptement monté à l'armée : j'en ai le plus sérieux besoin.

Finkenstein, le 6 mai 1807.

Mon frère, un régiment de 1,200 Saxons doit être arrivé le 6 à Breslau. Le 2ᵉ régiment de dragons doit y être arrivé le 5. Mon intention est donc, sans perdre un moment, que vous dirigiez sur Thorn toute la cavalerie légère, dragons et cuirassiers, qui seront montés au moment où vous recevrez cette lettre. Vous leur ferez donner des sabres et des carabines si vous en avez. Si vous n'en avez pas, vous les ferez passer par Posen, et vous écrirez au général Saint-Laurent pour qu'on leur en donne. S'il n'y en avait pas à Posen, on leur en donnerait à Thorn. Vous ferez partir également les 1,000 hommes d'infanterie sortis de l'hôpital, en dirigeant ceux du cinquième corps sur Varsovie, et ceux des autres corps sur Thorn. Ne portez aucun retard dans l'exécution de cet ordre, et envoyez-moi en grand détail l'état de ce que vous faites partir. Vous avez assez de troupes pour contenir la Silésie, surtout avec le régiment de 1,200 Saxons qui vient d'arriver. — Le 15 mai, il vous arrivera le régiment des lanciers polonais. Mon intention est que vous partiez les deux premiers escadrons de ce régiment à 500 hommes, c'est-à-dire à 250 hommes par escadron, et que vous les fassiez partir sans délai pour Varsovie. Vous garderez les cadres des 3e et 4e escadrons pour les recrues qui vont vous arriver. Par le retour du courrier, envoyez-moi : 1° le détail des hommes d'infanterie que vous dirigez sur les différents corps de la grande armée, en me faisant connaître de quel régiment ils sont. Vous leur ferez fournir des gibernes et des armes prussiennes, si vous n'en avez pas d'autres, en recommandant à celui qui les commandera de faire changer ces armes à Thorn ou à Varsovie contre des armes françaises. 2° L'état de tous les chasseurs, hussards, dragons, cuirassiers et carabiniers que vous dirigez sur l'armée, en me faisant connaître ceux qui ont des sabres, des pistolets, des carabines et ce qui leur manque.

Je vous ai déjà fait savoir qu'il est possible que dans les quinze premiers jours de mai je livre une grande bataille, et deux mille hommes de cavalerie de plus ou de moins sont pour moi d'une grande importance, surtout l'ennemi ayant beaucoup de cavalerie.

Finkenstein, le 7 mai 1807.

Mon frère, je vous envoie un rapport du général Songis sur les armes qui sont en Silésie. Vous y verrez qu'il doit y avoir à Glogau la quantité qui vous est nécessaire.

Elbing, le 9 mai 1807.

Mon frère, je reçois votre dernière lettre que vous avez oublié de dater. Je vois avec plaisir que les cuirassiers, la cavalerie légère et les dragons seront tous partis au 20 mai, et seront rendus sur la Vistule au 1ᵉʳ juin. Cela est bien nécessaire, car les opérations vont commencer dans quelques jours. L'ennemi ayant beaucoup de cavalerie, j'ai besoin de renforcer tous mes cadres. Par la distribution de vos forces, je vois que vous n'avez pas besoin de garder les 1,000 hommes d'infanterie française que vous avez, et qui sont très nécessaires à l'armée. J'en attends le détail par corps.

Finkenstein, le 23 mai 1807.

Mon frère, je vous réexpédie votre aide de camp pour vous instruire qu'il n'y a rien de nouveau. Les ordres du jour vous auront appris les combats du 15 et du 16 et de la prise d'une belle corvette anglaise de 24 caronades de 36, chargée de poudre pour le siége et montée par 120 Anglais. Hier, on allait monter à l'assaut, lorsque la place de Dantzick a demandé à capituler. On est à présent en pourparlers.

Finkenstein, le 24 mai 1807.

Mon frère, je charge Duroc de vous écrire pour accélérer les envois de subsistances sur l'armée par eau et par terre. Ce pays est épuisé et nous avons plus de bouches. — Depuis 48 heures, je n'ai pas de nouvelles de Dantzick, ce qui me fait penser qu'on rédige la capitulation. Je vous expédie votre courrier ; je garde l'officier qui m'a apporté vos lettres du 20.

Finkenstein, le 26 mai 1805.

Mon frère, mes troupes sont entrées ce matin dans Dantzick. Il y a dans cette place des magasins assez considérables ; je n'en ai pas encore l'état? — Quand m'apprendrez-vous donc la prise de Neiss? — Je vous ai demandé du blé, nous en mangeons une telle quantité, que je vous prie de redoubler d'efforts pour en accélérer les convois. Je vous ai envoyé, je crois, près de 3,000 hommes de cavalerie à pied, j'attends avec impatience que vous me les renvoyiez tout montés.

Finkenstein, le 30 mai 1807.

Mon frère, quand donc prendrez-vous la place de Neiss? 3,000 Saxons doivent être arrivés ou sont en marche pour renforcer votre armée : mettez-les tous ensemble. Les deux régiments de Wurtemberg sont partis, il y a longtemps, de Colberg et doivent être prêts d'arriver. J'attends avec impatience ma cavalerie. Je vous envoie encore 400 cavaliers à pied, qui, à l'heure qu'il est, doivent avoir dépassé Posen. Nous avons trouvé à Dantzick de grandes ressources. Cette place est un trésor pour nous et nous offre des avantages inappréciables. — On dit qu'une maladie épidémique règne à Glatz. Ce serait une bonne chose que d'avoir cette forteresse. Je vous ai déjà demandé un récit général de toutes vos campagnes de Silésie, cela peut être important. Du moment que la

place de Colberg sera prise, je renforcerai votre corps
d'armée, si cela est encore nécessaire.

Tilsitt, le 2 juin 1807.

Mon frère, les Russes sont chassés au delà du Niémen.
La bataille de Friedland a décidé la querelle ; l'armée
russe a été écrasée.——Je ne sache pas encore que vous
soyez entré dans Neiss.

Finkenstein, le 4 juin 1807.

Mon frère, j'ai reçu vos lettres du 31 mai. J'ai appris
avec grand plaisir que vous étiez maître de Neiss. Je désire que vous m'envoyiez un mémoire sur cette place avec
un plan. Mon intention serait, non de la démolir, mais
de la mettre au contraire en état et de la conserver.
Restent à présent Glatz et Silberberg. Ne pourrait-on pas
assiéger ces deux places à la fois? Je vous envoie le général de division X... Si vous en êtes content, vous le
garderez ; si vous ne l'êtes pas, vous le renverrez en
France. Il a donné lieu ici à quelques mécontentements.
Parlez-lui là-dessus d'une manière claire. Surtout il faut
qu'il ne fasse aucune levée de contributions. ni aucune
mauvaise affaire.

Tilsitt, le 24 juin 1807.

Mon frère, vous trouverez ci-joint copie de l'armistice
que je viens de conclure avec l'Empereur Alexandre. J'attends dans la journée le maréchal Kaldren pour en conclure un avec la Prusse, et jusqu'à ce que je vous fasse

connaître ce que j'ai décidé avec ce maréchal, vous devez
continuer toutes vos opérations. Ceci est le résultat de
la belle bataille de Friedland, où l'ennemi a perdu 120
pièces de canon et plus de 60 mille hommes. — Mettez
une grande activité à faire remonter toute ma cavalerie
française et à me l'envoyer au fur et à mesure qu'elle sera
en bon état. On peut seulement la faire marcher à petites
journées.

P. S. Envoyez la lettre ci-jointe par un de vos officiers au roi de Saxe.

Tilsitt, le 7 juillet 1807.

Mon frère, je viens de conclure la paix avec la Russie
et la Prusse. Vous avez été reconnu comme roi de West-
phalie. Ce royaume comprend tous les états dont vous
trouverez ci-joint l'énumération. J'irai passer quelques
jours à Kœnigsberg, et de là je me rendrai à Dresde. Je
vous préviendrai à temps, pour que vous puissiez arriver
avec moi à Dresde; et nous nous concerterons là pour
l'organisation à donner à votre royaume. Il est inutile
que vous ébruitiez cette nouvelle. Il faudrait vous procurer un secrétaire qui sût très bien l'allemand, et vous
occuper déjà de me proposer quelques Alsaciens d'un
mérite distingué, propres à vous aider dans votre administration. Mon intention d'ailleurs, en vous établissant
dans votre royaume, est de vous donner une constitution
régulière qui efface dans toutes les classes de vos peuples, ces vaines et ridicules distinctions. —Envoyez du
côté de Glogau de la cavalerie, afin que j'aie partout de
très fortes escortes.

Sur ce, je prie Dieu qu'il vous ait en sa sainte et digne garde.

Dresde, le 18 juillet 1807.

Mon frère, je ne vois pas d'inconvénient à ce que vous veniez à Dresde. J'avais pensé que vous seriez à Glogau. Venez à Dresde sans perdre de temps. Dirigez sur Berlin tout ce que vous avez de cavalerie bavaroise et wurtembergeoise. Les lanciers polonais suffiront en Silésie, et cette cavalerie est nécessaire pour renforcer l'armée d. maréchal Brune.

Dresde, le 22 juillet 1807.

Mon frère, envoyez un courrier au général Hédouville pour lui donner les ordres suivants : 1° faire faire les états de la contribution ordinaire qui a été imposée sur la haute et la basse Silésie, des impositions ordinaires, et de ce qui a été fourni en denrées pour être envoyé à la grande armée, imputable sur les contributions; en conséquence de décrets spéciaux ; 2° avoir soin de bien vérifier la comptabilité en matières, et de faire les diminutions convenables. Prévenir l'ordonnateur Boerio, qu'il sera porté la plus sévère attention sur cet objet, et qu'il serait grandement responsable, s'il ordonnait des fournitures qui ne seraient pas régulières ; 3° faire faire l'état de toutes les contributions ordinaires, soit domaines, soit revenus de pays, qui doivent m'être payées depuis un an. Ce qui a été fourni aux Bavarois et pour les siéges, et qui n'est point déclaré par mes décrets imputable sur les contributions ne doit point entrer en compte. —

Enfin, vous ordonnerez au général Hédouville de faire suspendre sur-le-champ toutes les réquisitions d'habits, de chevaux, et en général de tout ce qui doit être payé sur la contribution.

Paris, le 19 août 1807.

Mon frère, voici le projet de constitution qu'il me paraît convenable de donner à votre royaume. J'ai nommé une régence pour administrer vos états jusqu'au 1er octobre, époque où commence votre règne. Faites communiquer la constitution aux députés de vos états, qui sont ici, pour avoir leurs observations, selon la connaissance qu'ils ont des localités.

Fontainebleau, le 15 novembre 1807.

Mon frère, je pense que vous devez vous rendre à Stuttgard, comme vous y avez été invité par le roi de Wurtemberg. De là vous vous rendrez à Cassel avec toute la pompe dont les espérances de vos peuples les porteront à vous environner. Vous convoquerez les députés des villes, les ministres de toutes les religions, les députés des états actuellement existants, en faisant en sorte qu'il y en ait moitié non nobles et moitié nobles; et devant cette assemblée ainsi composée, vous recevrez la constitution et prêterez serment de la maintenir, et immédiatement après vous recevrez le serment de ces députés de vos peuples. Les quatre membres de la régence seront chargés de vous faire la remise du pays. Ils formeront un conseil privé qui restera près de vous, tant que vous en aurez besoin. Ne nommez d'abord que la moitié de vos conseillers d'état ; ce nombre sera suffisant pour commencer le travail. Ayez soin que la majorité soit composée de non nobles, toutefois sans que personne s'aperçoive de cette habituelle surveillance à maintenir en majorité le tiers état dans tous les emplois. J'en excepte quelques places de cour, auxquelles, par suite des mêmes principes il faut appeler les plus grands noms. Mais que dans vos ministères, dans vos conseils, s'il est possible, dans vos cours d'appel, dans vos administrations, la plus grande partie des personnes que vous emploierez ne soit pas noble. Cette conduite ira au cœur de la Germanie et affligera peut-être l'autre classe ; n'y faites point attention. Il suffit de ne porter aucune affectation dans cette conduite, et de surtout ne jamais entamer de discussions, ni faire comprendre que vous attachez tant d'importance à relever le tiers état. Le principe avoué est de choisir les talents partout où il y en a. Je vous ai tracé là les principes généraux de votre conduite.

J'ai donné l'ordre au major général de vous remettre le commandement des troupes françaises qui sont dans votre royaume. Souvenez-vous que vous êtes Français, protégez-les et veillez à ce qu'elles n'essuient aucun tort. Peu à peu, et à mesure qu'ils ne seront plus nécessaires, vous renverrez les gouverneurs et les commandants d'armes. Mon opinion est que vous ne vous pressiez pas, et que vous écoutiez avec prudence et circonspection les plaintes des villes qui ne songent qu'à se défaire des embarras qu'occasionne la guerre. Souvenez-vous que l'armée est restée six mois en Bavière, et que ce bon peuple a supporté cette charge avec patience. Avant le mois de janvier, vous devrez avoir divisé votre royaume en départements, y avoir établi des préfets et commencé votre administration. Ce qui m'importe surtout, c'est que vous ne différiez en rien l'établissement du code Napoléon. La constitution l'établit irrévocablement au 1er janvier. Si vous en retardiez la mise en vigueur, cela deviendrait une question de droit public; car si des successions venaient à s'ouvrir, vous seriez embarrassé par mille réclamations. — On ne manquera pas de faire des objections. Opposez-y une ferme volonté. Les membres de la régence qui ne sont pas de l'avis de ce qui a été fait en France pendant la Révolution, feront des représentations. Répondez-leur que cela ne les regarde pas. Mais aidez-vous de leurs lumières et de leur expérience. Vous pourrez en tirez un grand parti. Ecrivez-moi surtout très souvent; je ne tarderai pas à être de retour à Paris, je vous assisterai constamment de mon expérience et de mes conseils. N'employez aucun Français sans mon autorisation, d'abord parce que c'est mon droit, et ensuite parce que je connais les individus de mon pays.

Votre affectionné frère, NAPOLÉON.

LETTRES

DE

S. A. I. LE PRINCE JÉROME

A

S. M. L'EMPEREUR NAPOLÉON

SON FRÈRE,

Pendant la campagne de Silésie, de novembre 1806
à novembre 1807.

* * *

Cronach, le 9 octobre 1806, 10 heures du matin.

Sire, depuis 8 heures, la Garde de V. M. passe à Cronach ; le lieutenant-colonel expédié par le prince de Neuchâtel à Beyreuth, ne s'est mis en route que ce matin à 8 heures et demie.

Je viens d'expédier à l'instant soixante Bavarois avec un officier et quatre jours de vivres. Sitôt que j'apprendrai que la tête de la cavalerie légère a dépassé Culmbach, je me mettrai en route, puisque je serai éclairé par le détachement que j'ai expédié.

D'après les ordres de V. M., j'ai laissé connaître au général de Deroy qu'il ne devait pas toucher aux vivres qui allaient arriver, sans en avoir reçu l'ordre.

Il n'existe présentement dans le magasin que quatre mille rations, le bailly en promet douze mille de plus.

La ville a dix-sept fours pouvant cuire quatre mille rations par jour. Des huit fours ordonnés par S. A. le prince de Neuchâtel, deux sont achevés et peuvent cuire huit mille rations par vingt quatre heures, les autres seront finis pour le 15.

J'ai l'honneur, etc.

JÉRÔME NAPOLÉON.

Cronach, le 10 octobre 1806, 9 heures du matin.

Sire, ce matin un officier attaché à l'état-major du général Ney est passé par ici se rendant à Hoff.

Il rapporte que cette nuit, étant à Culmbach, il y a vu à peu près 800 Prussiens qui l'ont parfaitement traité, et lui ont dit n'avoir ni ordre de se défendre, ni ordre d'attaquer les Français.

D'après cela, Sire, je crois devoir attendre que le régiment de cavalerie ait dépassé Culmbach avant de me mettre en route.

Cronach, 10 octobre 1806, 1 heure après midi.

Sire, il est une heure après midi, et je n'entends pas parler de l'officier bavarois expédié d'ici auprès du général qui commande provisoirement cette armée.

Le commandant du détachement que j'ai fait partir hier à 10 heures du matin, m'apprend par un exprès qu'après s'être rendu dans la journée d'hier à une lieue de Culmbach, il s'est retiré aujourd'hui à Burkunstalt, et qu'il a su par des paysans qu'il n'existait dans la ville que des invalides, et que les habitants avaient pris les armes.

L'on entend plusieurs coups de canon. Je ne présume pas cependant que ce soit de Culmbach, car les vents portent d'ici sur cette ville et il faudrait que ce fût le contraire.

Cronach, le 10 octobre 1806.

Sire, d'après les renseignements qui me sont apportés par le lieutenant-colonel Daubert, qui vient de Culmbach, la garnison est de 900 à 1,000 hommes commandés par le général d'Uttenhoffen, qui est très-décidé à se défendre. Ils parlent avec beaucoup de jactance.

Je pars à l'instant. Je serai à Culmbach à 7 heures. J'aurai l'honneur d'envoyer un aide de camp demain à V. M.; en attendant je ferai cerner le fort, sommer le gouverneur, et ne commencerai à battre la place qu'autant que j'aurai la certitude de la réduire.

Cronach, le 11 octobre 1806, à 6 heures 1/2 du soir.

Sire, j'ai l'honneur de rendre compte à V. M. que je suis parti de Cronach hier à 4 heures du soir, et je suis arrivé à Culmbach ou j'ai passé la nuit. Le fort a tiré dans la journée d'hier plusieurs coups de canon sur les patrouilles bavaroises.

Je joins ici l'état de situation des troupes bavaroises. Il n'y a en totalité que 7,224 hommes présents sous les armes, et 1,622 chevaux, tant de deux régiments de cavalerie que d'artillerie. Il y a deux compagnies d'artillerie légère ayant chacune six pièces, et une compagnie à pied servant quatre pièces de douze et deux obusiers de huit. Je joins aussi à cet état la copie des ordres que j'ai fait donner au général Mezzanelli.

Le fort était entièrement cerné à mon arrivée. J'ai fait sommer cette nuit, par le général Mezzanelli, le commandant prussien de se rendre ; il a répondu qu'il avait ordre de son roi de se défendre jusqu'à la dernière extrémité, et qu'il s'y conformerait. Il aurait pu être pris en peu de jours, quoiqu'il y ait à peu près 800 hommes, parce que ce sont la plupart des recrues, et que l'eau leur manquerait bientôt.

J'ai fait reconnaître ce fort par un de nos ingénieurs. J'attends son rapport.

J'ai laissé le 13* régiment d'infanterie de ligne pour cerner ce fort. Ce régiment, composé presque entièrement de recrues et non habillé, aura le temps de s'organiser.

Les troupes bavaroises se sont rassemblées ce matin. J'en ai passé la revue à 11 heures et me suis mis en marche avec elles selon l'ordre de V. M.

J'arrive à Cronach avec les troupes. Je serai à Lobestein après demain. Je ne puis partir demain que tard, afin de donner le temps au bataillon d'infanterie de Preysing, qui arrive à marches forcées du Tyrol, de me joindre ici. J'ai laissé ce bataillon à deux lieues de Culmbach, parce qu'il a déjà fait huit lieues dans la matinée.

Une compagnie de dragons de Taxis a été obligée de passer dans le bourg de Culmbach sous le canon du fort.

Stein Wisen, le 13 octobre 1806.

Sire, je reçois, à six lieues de Lobenstein, l'ordre de ne point y diriger ma route et de me porter sur Hoff. Je suis obligé, dans ce moment, de passer par Lobenstein, quand même je me porterais sur Hoff, parce qu'il n'y a point d'autre route et que d'ailleurs je manquerais de vivres. J'attendrai cependant à Lobenstein de nouveaux ordres.

J'ai laissé le 13ᵉ régiment de ligne pour cerner le fort de Culmbach. Ce régiment est fort de 1.100 hommes. J'aurai l'honneur d'envoyer ce soir un aide de camp à V. M. avec un état de situation exact. *Je la supplie de ne pas me tenir éloigné du champ de bataille, et de me rapprocher de sa personne.*

Lobenstein, 13 octobre 1806, 2 heures après midi.

Sire, j'ai l'honneur de rendre compte à V. M. que je viens d'arriver à la tête des Bavarois. Ce matin j'en ai passé la revue homme par homme, et j'ai trouvé présents sous les armes 5,872 hommes, officiers compris, savoir 4,637 hommes d'infanterie, et 1,235 de cavalerie en très bon état, manœuvrant très bien et désirant se battre.

Quant à moi, Sire, V. M. sait mieux que personne que ce dont j'ai le plus besoin est d'acquérir de la gloire. Combien ne serais-je pas à plaindre, si, au retour de cette campagne, je ne pouvais dire autre chose sinon, j'ai commandé les Bavarois et suis resté à l'arrière-garde.

Au quartier général de Crossen, le 6 novembre 1806.

Sire, j'ai reçu les deux lettres que V. M. a daigné m'écrire les 3 et 5 novembre.

La division de Deroy et celle du général de Seckendorff n'arriveront ici que demain et après demain.

Le général de brigade Montbrun n'y est point encore rendu ; sitôt qu'il le sera, j'exécuterai les ordres que V. M. a bien voulu me donner.

Ce matin, au point du jour, j'ai passé la revue des trois régiments de cavalerie et d'une compagnie d'artillerie légère que j'ai envoyés à Glogau sous les ordres du général Lefebvre auquel j'ai donné les instructions ci-jointes. Ces trois régiments forment un corps de 1,000 hommes et 150 d'artillerie légère. Il me reste de ces trois régiments 200 hommes à pied, leurs chevaux étant blessés ou hors d'état de servir.

J'ai envoyé, avec le général Lefebvre, l'officier d'ordonnance du génie de V. M.

Aussitôt que les deux autres divisions seront arrivées, j'aurai l'honneur d'envoyer à V. M. l'état de situation de l'armée, régiment par régiment.

Après demain 9, je serai prêt à me mettre en marche avec toute l'armée, chaque homme portant avec lui pour quatre jours de vivres.

Crossen le 9 novembre 1806, à 4 heures du matin.

Sire, j'ai l'honneur de rendre compte à V. M. que le général Lefebvre, avec trois régiments de cavalerie, est arrivé le 7 devant la place de Glogau, l'a investie, et, après y avoir jeté quelques obus, a fait sommer le lieutenant-général de Reinhart, gouverneur de la forteresse, de se rendre; il a répondu que son maître l'avait rendu responsable, sur sa tête, de la défense de Glogau, jusqu'à la dernière extrémité.

La garnison et les habitants veulent se rendre, et je ne doute pas qu'aussitôt l'arrivée du général de Deroy la place ne capitule. Ce général y sera rendu dans la journée de demain.

J'ai l'honneur d'envoyer à V. M. la lettre que je viens de recevoir du général Lefebvre, ainsi que le rapport de l'officier d'ordonnance de V. M.

Soixante à quatre-vingts bateaux, chargés de sel et de différentes marchandises, ont été pris descendant l'Oder. Plusieurs de ces bateaux ont été exactement visités, et l'on a trouvé cachés des sabres, des carabines et des shakos de hussards.

Au camp devant Glogau, le 12 novembre,
3 heures après midi.

Sire, je reçois la lettre dont V. M. m'a honoré en date du 10. Je me suis rendu devant Glogau pour voir par moi-même ce qui se passait. Le général de Deroy m'ayant écrit que le gouverneur avait refusé de remettre la place, et que ma présence était nécessaire pour diriger ce qu'il y avait à faire.

J'aurai cette nuit trente-six pièces de canon en batterie, et j'espère beaucoup de l'attaque que je ferai commencer demain matin, à 3 heures et demie.

J'ai appris, par le rapport de plusieurs déserteurs, que la garnison n'est point déterminée à se défendre, et que les habitants désireraient voir les Français dans leur ville.

Le comte de Schlavendorf, seigneur prussien, qui est resté dans son château, situé près de Glogau, m'a dit que les bateaux qui ont été pris étaient destinés à approvisionner Glogau et Breslau.

J'ai donné ordre que tous ces bateaux, au nombre de quatre-vingt-dix ou cent, soient dirigés de suite sur Custrin. Je n'ai pas encore de nouvelles des mortiers et obusiers qui doivent m'arriver de cette place.

J'ai déjà sur l'Oder, et vis-à-vis Grünberg, le nombre de bacs et de bateaux nécessaires pour faire un pont volant dans moins d'une nuit. Demain, j'envoie également, au-dessus de Glogau, une quantité suffisante de bateaux pour faire un autre pont.

Le général Lefebvre partira demain avec deux régiments de cavalerie pour suivre la rive gauche de l'Oder jusqu'à Breslau, pendant que le général Montbrun suivra la même direction avec sa brigade sur la droite du fleuve. Un régiment de cavalerie de la brigade Mezzanelli ira à moitié chemin, où je donne ordre d'établir un pont volant, afin de pouvoir soutenir également l'une ou l'autre brigade.

La province, depuis Neustadelle, est très bien cultivée et abonde en vivres. Les habitants se portent de la meilleure volonté au-devant des besoins de l'armée, ils se chargent même de conduire les vivres jusqu'aux quartiers.

Un détachement de chasseurs que je présume être celui du capitaine Hulot, a levé plusieurs contributions, et ne paraît pas s'être conduit comme il le devait.

J'ai envoyé ce matin un espion à Breslau, il sera de retour après demain au soir.

Au quartier général de Ziébern, à 1 lieue de Glogau,
le 16 novembre 1806, à 8 heures du soir.

Sire, après avoir canonné la place de Glogau pendant trois jours avec la faible artillerie de campagne, et y avoir mis plusieurs fois le feu, je m'étais décidé, sur le refus du gouverneur de se rendre, de donner l'assaut à la place. J'avais déjà fait toutes les reconnaissances possibles, et je devais l'attaquer sur le point le plus faible. (D'après le rapport des déserteurs, il paraît que la place n'est défendue que par une enceinte de douze pieds de hauteur, revêtue, et par une, intérieure, qui ne l'est point). L'assaut devait avoir lieu cette nuit. Au moment de l'exécution, le général de Deroy vient de me dire qu'après avoir bien réfléchi, il ne peut entièrement compter sur ses troupes pour une action aussi vigoureuse; que, peu accoutumées à des attaques hardies, elles pourraient, dans celle-ci, manquer de cette audace et de cette énergie qui assurent le succès. V. M. sentira aisément combien il m'est pénible, après avoir compté pendant trois jours sur cette opération, de la voir manquer au dernier moment, de ne pouvoir inspirer à une armée que je commande l'ardeur et le zèle dont je brûle pour le service de V. M., et de me voir condamné à ne rien faire qui puisse répondre à la gloire dont se couvrent nos armées.

J'ai fait jeter sur l'Oder un pont qui est déjà achevé.

Je désirerais, Sire, s'il était possible, avoir les plans des places fortes de la Silésie.

Je ne puis trop me louer de la conduite de l'officier d'ordonnance que V. M. m'a envoyé. C'est un officier plein de mérite qui souffre de n'être pas mieux secondé.

Au quartier général, à Ziébern, le 19 novembre 1806.

Sire, j'ai reçu la lettre dont V. M. m'a honoré, en date du 16. Conformément à ses ordres, j'ai vu les généraux bavarois et les ai engagés à prendre des mesures pour faire venir le plus tôt possible des recrues, afin de renforcer les 1er, 2e et 3e régiments de ligne.

Tous les objets de manufactures qui pourraient être utiles à l'armée sont renfermés dans Glogau et Breslau, surtout dans cette dernière ville, qui est le centre du commerce de la Silésie. Je porte tous mes soins à réunir et diriger sur Custrin tout ce que je puis trouver. Je ferai partir pour Posen cent mille rations d'avoine et vingt mille quintaux de blé ou farine.

Glogau est susceptible d'être enlevé de vive force. A la droite et à la gauche se trouve un espace fermé seulement par trois palissades de sept pieds, et un mur de douze à quatorze. Le général de Deroy convient qu'il n'est pas très difficile de l'enlever par là, mais m'observe sans cesse que ses soldats sont presque tous recrues, et pas susceptibles d'un pareil coup de main, qui, d'ailleurs, s'il ne réussissait pas, les dégoûterait. V. M. peut juger de ce que j'ai dû penser d'un pareil discours. Je crois, Sire, que les alliés auraient besoin de quelques régiments français pour leur donner l'exemple.

Au quartier général, à Ziébern, le 19 novembre 1806,
à 6 heures du soir.

Sire, je ne dois pas cacher plus longtemps à V. M. ce qui se passe dans la 1re division bavaroise. Le général de Deroy ne dissimule nullement son mécontentement de se trouver en *sous-ordre*. Il fait partager son mécontentement à ses officiers, qui eux-mêmes le communiquent aux soldats. Ceux-ci disent qu'il est étonnant que, tandis que les soldats français font fortune, eux ne gagnent rien. J'ai plusieurs fois montré au général de Deroy que mes ordres n'étaient pas suivis, et que j'entendais être instruit journellement de tout ce qui se passait. Cependant je ne puis obtenir un rapport. Par exemple, avant hier, quatre-vingts hommes, croyant que je voulais donner l'assaut, désertent ; le général de Deroy envoie un escadron de cavalerie à leur poursuite, et ne m'en a pas encore rendu compte.

Hier, à 4 heures de l'après-midi, un officier, avec vingt-deux soldats, sont enlevés, aux avant-postes, par vingt-quatre Prussiens sortis de la place. Il est 6 heures du soir, ce qui fait vingt-six heures, et je n'ai encore aucun rapport. Je pourrais citer à V. M. dix exemples pareils. Il n'en est pas ainsi dans la division de Wrède, parce que personne ne prétend commander en chef, ni dans la cavalerie, parce que les officiers ont un meilleur esprit.

Je reçois à l'instant une lettre du général de Deroy. Il me prévient qu'un officier a été fait prisonnier avec vingt-deux hommes, qu'un officier prussien est arrivé à son camp avec un trompette et lui a remis le lieutenant bavarois. Le général de Deroy peut-il se permettre, Sire, de recevoir un trompette et un officier ennemi, lorsque je suis à quatre pas? Je n'aurais pas assurément reçu cet officier bavarois, et je l'aurais renvoyé dans la place.

Au quartier général, à Ziébern, le 23 novembre 1806.

Sire, toutes les dispositions sont faites pour pouvoir me servir des mortiers et obusiers quand ils arriveront de Custrin. M. de Ponthon, officier d'ordonnance de V. M., aura l'honneur de lui remettre cette lettre. Je l'envoie avec ordre de passer à son retour par Custrin pour presser l'envoi des munitions que j'ai demandées, et en même temps pour accélérer l'arrivée des mortiers qui sont en route.

Cet officier a dirigé les opérations du siége, a fait, ainsi que moi, toutes les reconnaissances, et est à même de rendre compte à V. M. de la situation de la place.

J'apprends à l'instant que le 13e régiment de ligne, ainsi que le 2e bataillon du 7e, arrivent pour renforcer la division de Wrède. Une grande quantité de recrues sont également attendues pour compléter les différents régiments de l'armée. Comme la plupart ne sont pas habillés, j'ai donné ordre aux six villes les plus considérables, du côté de Breslau, de fournir six cents habillements complets qui leur seront distribués à leur arrivée.

Ziébern, le 25 novembre 1806.

Sire, j'ai l'honneur d'annoncer à V. M. le départ des deux divisions bavaroises. Celle du général de Wrède, qui était à Luben et à Polkwitz, est en marche depuis hier au matin. Celle du général de Deroy, n'ayant pu être relevée que cette nuit par le corps du général de Seckendorff, s'est mise en route ce matin. Ces deux divisions seront à Kalisch les 28 et 29. Je pars à l'instant avec trois régiments de cavalerie, et j'arriverai avec la 1re division et la 1re brigade de cavalerie.

J'ai l'honneur d'adresser à V. M. des papiers saisis sur trois espions arrêtés devant Glogau, ainsi que la traduction de plusieurs lignes dictées par le roi de Prusse, en personne, à Grandentz, à l'un d'eux. Ces espions vont être jugés selon les lois militaires.

A Kalisch, le 2 décembre 1806.

Sire, V. M. ayant bien voulu approuver le choix de M. Alex. Lecamus pour mon secrétaire des commandements, j'ose la supplier de m'accorder la faveur de le nommer membre de la Légion-d'Honneur, ainsi que d'ordonner l'expédition de son brevet. Je prends la liberté de demander cette grâce à V. M., ayant, depuis quatre années, éprouvé journellement le dévouement, les talents et la bravoure de M. Lecamus, espérant que, dans tous les cas, elle ne me saura pas mauvais gré de chercher à récompenser un homme dont l'attachement m'est bien connu, et auquel je porte une amitié sincère.

A Kalisch, le 3 décembre 1806.

Sire, j'ai sous les yeux l'ordre du jour que V. M. a donné hier à son armée. Il est impossible d'en achever la lecture sans verser des larmes d'attendrissement. Quelle est grande et sublime, Sire, cette récompense accordée à chacun des soldats de V. M. ! Peut-il, après cela, s'en trouver un seul, dans toute cette immense et formidable armée, qui n'achète, au prix de tout son sang, le bonheur de mériter un regard de son auguste et bien-aimé souverain ?

Quant à moi, Sire, je sens plus que personne, le besoin d'acquérir de la gloire, parce que j'en ai acquis moins que personne.

Kalisch, le 4 décembre 1806, à 8 heures du soir.

Sire, je reçois à l'instant la lettre dont V. M. m'a honoré, en date du 3 de ce mois. Demain, à 6 heures du matin, je serai en route avec la division de Wrède, et le 8 devant Breslau, ayant avec moi la brigade de cavalerie du général Lefebvre.

Sire, il me serait impossible d'exprimer à V. M. tous les sentiments de reconnaissance et de respect dont mon cœur est pénétré pour elle. Je regrette que les circonstances ne m'aient pas encore été assez favorables pour me rendre, par quelque action d'éclat, digne de ses bontés.

Au quartier général, à Lissa, le 15 décembre 1806.

Sire, d'après une lettre dont V. M. m'a honoré, en date du 21 septembre, dans laquelle elle m'annonçait que je toucherais mon apanage de prince français à compter du 1er octobre, j'avais donné des ordres et ma procuration à mon intendant, pour qu'il eût à régler le service de ma maison là-dessus. Il s'est présenté au trésor, mais le ministre lui a dit qu'il n'avait pas encore reçu le décret. J'ose prier V. M. de daigner donner ses ordres, si telle est sa volonté.

Au quartier général, à Lissa, le 15 décembre 1806,
à 8 heures du soir.

Sire, après avoir fait un feu progressif pendant plusieurs jours, j'ai réuni tous mes moyens, que j'ai employés ce matin depuis 6 heures jusqu'à midi. Les parallèles sont sur les palissades de la ville, à petite portée de pistolet. J'ai envoyé faire une seconde sommation au gouverneur par le général Lefebvre. Il a répondu que pour lui, entré en vainqueur dans Breslau avec le grand Frédéric, la mort était préférable à la honte de rendre la place; que les habitants seraient d'ailleurs les premiers à le blâmer, s'il le faisait avant d'avoir employé tous ses moyens. Dans le fait, Sire, d'après tous les rapports, les habitants ont la tête montée au dernier point par la proclamation de l'aide de camp du roi de Prusse.

Dans deux fois vingt-quatre heures, huit pièces de 24 seront placées pour faire brèche, et j'espère pouvoir annoncer, dans cinq jours, à V. M., que Breslau est en son pouvoir.

Je ne puis assez me louer, Sire, de l'activité et du zèle des généraux Vandamme, de Pernety et Lefebvre, ainsi que du colonel Blein et du capitaine de Ponthon. Si V. M. voulait me l'accorder comme aide de camp, j'en serais extrêmement reconnaissant.

Au quartier général, à Lissa, le 17 décembre 1806.

Sire, je reçois la lettre dont V. M. m'a honoré, en date du 15, dans laquelle Elle veut bien me laisser connaître qu'Elle sera probablement le 18 à Varsovie.

Le général de Deroy arrive demain avec sa division : ainsi tout mon corps d'armée sera rassemblé autour de la place.

Le 13, la garnison de Schweidnitz a été renforcée de 3,000 recrues, ce qui la porte à 6,000 hommes; il y a 400 cavaliers montés très entreprenants.

La garnison de Breslau est de 5 à 6,000 hommes, et il y a 300 cavaliers montés. Il y a dans la place trois généraux. Je n'ai encore rien appris sur Kosel, Neiss, Glatz et Brieg. Généralement, dans la haute Silésie, les habitants sont portés pour le roi de Prusse.

Plusieurs rapports s'accordent à dire qu'il se forme, dans la haute Silésie, derrière les montagnes, un corps de 18,000 hommes sous les ordres du prince d'Anhalt-Pless, nommé gouverneur général de la Silésie. Ce corps doit être formé d'un contingent fourni par chaque place forte. Ce qui pourrait faire ajouter quelque foi à ce rapport, c'est que les déserteurs et les prisonniers s'accordent à dire que 2,000 hommes doivent sortir de Breslau le lendemain de l'arrivée des Wurtembergeois.

Hier, à 3 heures de l'après-midi, l'ennemi a fait une sortie de 400 hommes sur trois colonnes, mais l'infanterie légère de Wurtemberg, qui était postée dans le faubourg, a coupé la première colonne, tué le commandant prussien, six hommes, et fait seize prisonniers. J'ai perdu trois hommes, et cinq, emportés par leur courage, ont été entraînés dans la retraite précipitée de l'ennemi et conduits dans la place.

Je ne puis que faire le plus grand éloge des troupes wurtembergeoises et de celles de la deuxième division bavaroise, mais particulièrement de l'infanterie légère de Wurtemberg. Si S. M. voulait accorder quelques croix de la Légion d'Honneur pour ces deux divisions, je puis l'assurer que cela serait d'un grand effet, et que beaucoup la méritent.

Dans la sortie que les Prussiens ont faite hier, les paysans du faubourg, les croyant en grande force, s'armèrent de fourches et se joignirent à eux pour nous attaquer : plusieurs ont été arrêtés, et deux seront fusillés pour l'exemple.

Le gouverneur m'a envoyé demander le corps de l'officier tué, ce que je lui ai accordé.

J'espère que V. M. approuvera que j'aie réuni mon corps d'armée, pouvant à chaque instant voir arriver l'ennemi en assez grande force.

Les troisièmes parallèles sont au pied des glacis, à portée de pistolet de l'artillerie ennemie. Deux pièces de 24 sont arrivées, six autres seront ici dans trois jours, et si le gouverneur ne se rend pas, je ferai battre en brèche. D'après le rapport du colonel du génie et les reconnaissances que j'ai faites moi-même, la place est faible dans plusieurs endroits ; les habitants encouragent la garnison.

Je ne puis qu'être satisfait du zèle et de l'activité des généraux Vandamme, de Pernety et Lefebvre. Le premier est un peu trop bouillant, et surtout aime trop à se faire donner de l'argent, ce que je ne puis tolérer ; l'intention de V. M. étant que le pays paie ses contributions, mais non pas que les particuliers soient ruinés. En conséquence, j'ai déclaré et ordonné que tout l'argent qui avait été demandé par voies illégales fût restitué, et les aides de camp des généraux Vandamme, etc., ont rendu les trois cents louis qu'ils s'étaient fait donner : tout va bien, malgré cela, et tout le monde est content.

Je crains bien, Sire, que V. M. ne joigne les Russes pendant que je suis en Silésie, et que je ne sois encore privé de l'honneur de combattre sous ses yeux.

Pultusk, le 31 décembre 1806.

Sire, j'ai l'honneur de rendre compte à V. M. que le prince d'Anhalt-Pless, ayant assemblé à Strehlen un corps de troupes assez considérable pour secourir Breslau, le général Montbrun, avec les trois régimens de cavalerie de Wurtemberg, et le général major Minucci avec la division de Wrède, reçurent l'ordre de marcher à sa rencontre. Le 23, ils attaquèrent l'ennemi qui occupait une position avantageuse à Strehlen, avec dix pièces de canon. Après un engagement très-vif, l'ennemi fut culbuté. Nous avons fait 500 prisonniers et enlevé cinq pièces de canon. Le général Minucci est à sa poursuite.

Varsovie, 2 janvier 1807.

Sire, j'ai l'honneur de rendre compte à V. M. que l'affaire de Strehlen a été plus considérable que je ne l'avais d'abord soumis à V. M. 800 prisonniers, 6 pièces,

300 chevaux et une grande quantité de bagages sont tombés en notre pouvoir.

Les généraux Montbrun et Minucci qui commandaient à cette affaire, font le plus grand éloge, l'un de la cavalerie de Wurtemberg, l'autre de l'infanterie de la division de Wrède, qui a constamment suivi la cavalerie et a chargé à la baïonnette sans tirer un seul coup de fusil.

Le 21 décembre, au matin, le major Harscher, à la tête de 130 chevaux légers de Linanges, a chargé près de Schweidnitz cinq escadrons prussiens forts de plus de 300 hommes, qui venaient de sortir de cette ville sous le commandement de son gouverneur pour l'attaquer. Cette charge a été si brillante qu'il leur a fait prisonniers 36 cavaliers, pris 32 chevaux, enlevé un convoi de bestiaux destiné à l'approvisionnement de cette forteresse.

En route pour Breslau, le 6 janvier, à 1 heure après midi.

Sire, j'ai l'honneur de rendre compte à V. M. que le gouverneur de Breslau a accepté la capitulation que je lui ai fait offrir basée sur celle de Magdebourg. Sitôt que j'aurai signé la capitulation et que les troupes auront défilé devant moi, ce qui aura lieu après demain, j'aurai l'honneur d'envoyer à V. M. l'état de situation des prisonniers et de tout ce qui se trouve dans la place.

Breslau, le 9 janvier 1807, à 11 heures du matin.

Sire, j'ai l'honneur d'envoyer à V. M. la capitulation de Breslau, qui a été signée avant-hier à mon arrivée.

Cinq mille cinq cents hommes ont défilé, je es ai fait diriger sur Mayence par Glogau.

J'ai l'honneur d'adresser également à V. M. l'état de tout ce qui se trouve dans la place. Il n'existe point une seule capote, ni une paire de souliers en magasin. J'ai donné ordre que l'on confectionnât de suite 100,000 paires de souliers et 50,000 capotes, ainsi que le rétablissement de tous les fours, afin que l'on commençât à faire du biscuit à force. Dans très-peu de jours je pourrai envoyer à Varsovie 100,000 rations et 20,000 paires de souliers.

Il existe dans la caisse 800,000 francs.

Il n'y a pas eu la moindre dilapidation.

M. le général Vandamme avait, avant mon entrée, demandé 500,000 francs aux magistrats. Cette somme allait lui être portée, lorsque l'on a su que j'étais loin d'autoriser de pareilles contributions. M. le général Vandamme vient de me dire qu'il était d'usage, après un siége, de demander une somme aux habitants, et qu'il comptait la partager avec l'artillerie, le génie, et les officiers qui avaient le plus fatigué pendant le siége. Comme de pareils usages me sont inconnus, j'ai laissé la somme entre les mains des magistrats, et je ne déciderai rien que Votre Majesté ne m'ait donné ses ordres.

Le général de Deroy est devant Brieg avec sa division, et celle de Wurtemberg est en marche pour Schweidnitz. Le général Vandamme s'y rendra demain. Je donne ordre à ce général de s'y présenter et de sommer le gouverneur. Je crois cependant, Sire, qu'il sera bien pénible d'en faire le siége.

Les combats du 29 et du 30, ayant détruit en grande partie les 10,000 hommes qui composaient l'armée du prince de Pless, et qui provenaient du contingent de toutes les places de la Silésie, il serait possible qu'elles se rendissent sans faire grande résistance.

Votre Majesté ayant bien voulu permettre que M. Lecamus, mon secrétaire des commandements, lui portât la capitulation, il aura l'honneur de remettre cette dépêche à Votre Majesté. Elle a bien voulu me laisser espérer en même temps qu'elle lui accorderait la décoration de la Légion d'Honneur et son brevet de mon secrétaire des commandements.

Je la supplie de m'accorder le grade de chef d'escadron pour MM. Ducoudras et d'Esterno, et la croix de la Légion d'Honneur pour MM. Salha et Meyronnet, capitaines de frégate, mes aides de camp. Le dernier a eu la jambe cassée au siége de Glogau et a contribué à maintenir l'ordre dans la place de Breslau, dont je l'ai nommé momentanément le commandant.

Au quartier général à Breslau, le 12 janvier 1807,
à dix heures du matin.

Sire, je reçois à l'instant la lettre dont V. M. m'a honoré, en date du 8 de ce mois. Mon premier soin, à mon arrivée à Breslau, a été de faire réparer les fours, pour faire du biscuit à force. On en fabrique 15,000 rations par jour. Les fours militaires ayant été entièrement détruits par les bombes, l'on ne peut se servir dans le moment que des fours de la ville. Demain matin l'on commence à diriger vers Varsovie, par convois de 300 voitures, la quantité de 20,000 quintaux de farine et 300,000 rations d'eau-de-vie.

Votre Majesté peut être bien persuadée que je ne néglige aucun moyen de rétablir le plus grand ordre. Dans la ville de Breslau, il n'y a pas eu la moindre dilapidation. On découvre chaque jour quelques petits magasins. Cette province est d'une très grande ressource, et avec une administration sévère, elle pourra fournir beaucoup à la grande armée. Dans mon absence il a été vendu plusieurs magasins. Il m'est bien pénible, Sire, d'ajouter que ce sont les généraux Vandamme et Montbrun qui ont donné ce pernicieux exemple. L'un a fait vendre à Schmitfeldt, un magasin de vivres et de fourrages, l'autre à Auras, un magasin de sel. Votre Majesté peut aisément concevoir combien cet exemple est dangereux pour les officiers étrangers.

J'attends les troupes bavaroises qui sont à Berlin, et celles de Wurtemberg, qui sont à Glogau, pour faire cerner à leur arrivée par le général Lefebvre, la place de Kosel ou celle de Neiss.

Au quartier général à Breslau, le 12 à 4 heures du soir.

Sire, après avoir reçu un envoyé du prince d'Anhalt-Pless, gouverneur de la Silésie, je puis assurer à V. M. que le prince de Pless consentirait à me livrer Brieg si je voulais lui accorder un armistice de 3 ou 4 semaines, en lui garantissant que quelles que soient les opérations de la grande armée, il ne serait pas inquiété dans la Silésie, bien entendu néanmoins, que ses troupes ne pourraient pas passer la ligne que V. M. avait tracée dans le 1er armistice accordé au roi de Prusse.

J'attends les ordres de V. M. pour savoir ce que j'ai à

faire. Cela n'empêche en rien que mes opérations ne soient poussées avec la plus grande activité.

Au quartier général de Breslau, le 15 janvier 1807

Sire, j'ai l'honneur d'envoyer à Votre Majesté l'extrait d'une lettre du 28 décembre qui me paraît mériter quelque intérêt.

Le roi de Wurtemberg a envoyé 400 cavaliers de recrues pour compléter ses trois régiments ; mais il n'a pas envoyé un seul officier.

J'ai l'honneur de prévenir Votre Majesté que les recrues qui arrivent de Bavière ne sont point habillées. Je prie Votre Majesté de me donner ses ordres à cet égard.

J'ai l'honneur d'envoyer à Votre Majesté la copie de ma lettre au prince de Pless.

Au quartier général de Breslau, le 16 janvier 1807.

Sire, comme j'ai eu l'honneur de l'annoncer à Votre Majesté, malgré la négociation entamée avec le prince de Pless, les opérations n'en étaient pas moins poussées avec une très-grande activité. Hier, 15, la place de Brieg fut attaquée pendant 12 heures, par deux mortiers, quatre grands obusiers et huit pièces de canon. A 3 heures de l'après-midi, M. le général Lefebvre somma le gouverneur de cette place et lui offrit de lui accorder la même capitulation qu'au gouverneur de Breslau. Après 24 heures de pourparlers, le commandant a accepté mes propositions. 21 officiers, dont 3 généraux, et 1,400 hommes de troupes défileront demain devant moi à une heure

après-midi. Je n'ai point changé les premières dispositions que j'avais prises relativement au prince de Pless et
je recevrai ce général après demain à midi.

Votre Majesté peut être bien persuadée que je ne con-
clurai aucun armistice sans avoir préalablement reçu ses
ordres. Je veux seulement connaître ce que je pourrais
obtenir du prince de Pless et jusqu'à quel point il voudrait s'engager.

J'ai l'honneur d'envoyer à Votre Majesté la copie d'une
lettre que je lui ai écrite en réponse à une des siennes.

Le général de Deroy se mettra en route après demain
avec sa division pour bloquer Kosel.

L'ordre s'établit dans la province. J'aurai l'honneur de
rendre compte après demain à Votre Majesté de tout ce
que j'ai fait en exécution des ordres contenus dans la
lettre du 12 janvier qui vient de m'être remise par mon
secrétaire des commandements.

Dans la journée de demain un million sera expédié
pour Varsovie.

Au quartier général de Breslau, le 19 janvier 1807.

Sire, par la lettre que Votre Majesté a bien voulu
m'écrire le 12, elle me prescrit l'envoi immédiat d'un
million à Varsovie pris sur la rentrée des contributions.
Il m'était impossible d'exécuter les ordres de Votre Majesté, parce que cette rentrée est encore très-peu considérable. Mais avant hier, 17, il est parti un convoi de
trois voitures contenant 600,000 francs escortés par un
officier et 25 hommes, qui arriveront le 30 à Varsovie.
J'ai fait prendre à cet effet l'argent comptant trouvé dans

les caisses, et les premiers 400,000 francs partiront sur-le-champ et en poste de manière à arriver à peu près en même temps.

Il y a encore en caisse 200 et quelques mille livres, mais en papier. J'ai donné ordre à l'intendant de tâcher de les réaliser.

Votre Majesté peut être persuadée qu'il n'y aura pas le moindre désordre. Je me fais rendre compte de tout.

J'ai envoyé à Pétrikau un officier intelligent et 50 hommes avec l'ordre d'y rester pour que les convois n'éprouvent aucun retard. J'ai écrit aussi à la régence de cette ville. Par ce moyen, je serai informé du moment de l'arrivée et du départ des convois.

L'officier d'ordonnance de Votre Majesté est porteur de l'inventaire des magasins de Breslau et de Brieg.

Le général de Deroy est parti pour Kosel. Cette place est plus forte que Votre Majesté ne le croit. Elle peut s'inonder à un quart de lieue. La garnison est de 5,000 hommes.

Quartier général de Breslau, le 19 janvier 1807.

Sire, le prince d'Anhalt-Pless, piqué de la reddition de Brieg, m'a écrit qu'il ne pouvait venir au rendez-vous qu'il m'avait lui-même demandé, parce qu'il lui était impossible de me livrer Neiss, ni Schweidnitz, ni Kosel; et qu'il voyait bien que mon intention n'était pas de lui accorder l'armistice sans cela.

J'ai destiné le général Lefebvre avec les deux régiments d'infanterie et le bataillon d'infanterie légère qui vont arriver de Berlin, ainsi qu'un régiment de cavalerie de sa brigade, à observer Neiss et à être à portée de secourir Kosel.

L'effectif de l'infanterie de mon corps d'armée est aujourd'hui de 21,306 hommes ; mais il n'est, de présents sous les armes, que de 19,532. Je ne compte pas ce qui va arriver de Berlin.

Les sept régiments de cavalerie ne font que 1837 chevaux. Je commence à avoir des malades.

Faute de manutentionnaires on ne peut faire de biscuit, quoique tout soit prêt.

L'eau-de-vie expédiée pour Varsovie est de l'eau-de-vie de vin.

Au quartier général, à Breslau, le 19 janvier 1807.

Sire, d'après la lettre que V. M. m'a fait l'honneur de m'écrire, en date du 15, j'ai fait assembler les marchands de la ville. Il en est résulté la note ci-jointe, n° 1.

D'après les ordres de V. M., j'aurai l'honneur de lui envoyer incessamment le nom des dix officiers, sous-officiers ou soldats de Wurtemberg qui se sont le plus distingués dans la campagne, ainsi que celui des officiers, sous-officiers, cavaliers ou soldats bavarois qui se sont également le plus distingués. Cela fera un grand effet parmi ces troupes.

Je suis supérieur en infanterie et en cavalerie au prince de Pless ; je n'ai rien à redouter de lui. Mais si V. M. voulait envoyer un corps de 5.000 grenadiers, qui seraient très-bien à Breslau et s'y reposeraient, je ferais alors partir la division de Wrède pour bloquer Neiss, ce qui mettrait l'ennemi hors d'état de bouger.

La note n° 2, ci-jointe, contient le rapport de ce qui s'est passé à Brieg.

L'officier d'ordonnance de V. M. aura l'honneur de lui remettre la capitulation de cette place.

Les négociants de Breslau supplient V. M. de leur accorder que les marchandises d'origine anglaise, mais achetées et payées par eux, par conséquent devenues propriétés prussiennes, ne soient pas comprises dans la confiscation prononcée. M. l'intendant de Breslau m'a dit n'avoir pas d'ordre à cet égard. J'attends ceux de V. M.

Au quartier général, à Breslau, le 21 janvier 1807.

Sire, je reçois la lettre que V. M. me fait l'honneur de m'écrire, en date du 18.

Jamais mon intention n'a été de prendre sur moi de consentir à un armistice qu'il n'appartient qu'à V. M. d'accorder. D'après le rapport d'un envoyé du prince de Pless, j'ai cru voir qu'il pouvait être disposé à traiter pour toutes les places de la Silésie, et qu'il ne demandait qu'un prétexte pour entamer une négociation. Il me demanda à se rendre auprès de moi le 18, et je lui accordai pour ce jour-là une suspension d'armes, seulement sur la route qu'il devait parcourir. Le blocus et le siége des places n'en étaient pas moins poussés avec activité, comme V. M. a pu le voir par la reddition de Brieg, par la marche du général de Deroy sur Kosel, et par l'envoi de la brigade Lefebvre avec deux bataillons d'infanterie légère entre Brieg et Neiss. J'ai eu tort, Sire, d'écrire au prince de Pless à la troisième personne ; mais, obligé de répondre aux lettres qu'il m'écrivait, ignorant le protocole que je devais suivre, j'ai cru bien faire.

Je mets ma gloire et mon bonheur, Sire, à mériter par ma conduite le suffrage de V. M., et mon plus grand chagrin est de m'être attiré une marque de son mécontentement. Dans tous les cas, Sire, si mon esprit et mon inexpérience me fait faire quelque faute, je ne commettrai jamais celle d'agir dans une occasion tant soit peu importante sans connaître les ordres de V. M., et je la supplie de croire que je ne m'abuse ni sur mes talents, ni sur mes connaissances. Je sens que je n'en puis acquérir que par la peine que V. M. veut bien prendre de me former.

M. le général Vandamme a coupé les canaux qui fournissaient l'eau aux habitants de Schweidnitz; ils en souffrent beaucoup. La garnison a fait une sortie et a été repoussée avec perte de dix hommes.

J'expédie des mortiers et quelques pièces de 24 pour presser plus vigoureusement le siége de cette place. Je m'y rendrai moi-même sous peu de jours.

Je n'ai point encore de nouvelles de Kosel.

Au quartier général à Breslau, le 22 janvier 1807.

Sire, le général Bertrand vient de me remettre la lettre que V. M. m'a fait l'honneur de m'écrire en date du 19.

Il m'appartient seulement de sentir profondément ce qu'elle contient, dans l'espoir que V. M. est déjà convaincue qu'aucun autre motif que le désir de bien faire n'a dirigé ma conduite. Je n'ai pas eu une minute l'idée de faire un armistice, ni d'avoir une entrevue avec un général ennemi, sans avoir reçu les ordres de V. M., et en retardant, je me suis ménagé le temps de connaître ses volontés. En cela j'ai réussi, puisque je n'ai point vu le prince de Pless, et que je n'ai pas conclu d'armistice. Il n'y a pas d'ailleurs un seul officier de ma maison et dans toute l'armée qui se soit douté qu'il fût possible qu'il y en eût un.

V. M. me fait un reproche que je suis loin de mériter. J'aime la guerre avec passion. Avide de gloire, je ne redoute aucun danger pour tâcher d'en acquérir, et j'ose dire à V. M. que si elle compte dans son armée autant de braves que de soldats, il n'y en a pas un qui le soit plus que moi.

Le général Songis demande une certaine quantité de pièces d'artillerie. L'envoi immédiat de ces pièces retarderait beaucoup le transport des vivres. Je désire savoir si V. M. ordonne qu'on les expédie sur-le-champ. En attendant je fais continuer l'envoi des vivres.

Le 15 est parti un convoi de 3,402 quintaux de farine.
Le 17 un de. . . . . 2,078 —
Le 17 un de. . . . . 835 —
Le 18 un de. . . . . 1,559 —
Le 20 un de. . . . . 1,771 —
Le 21 un de. . . . . 1,722 —
——————
Total. . . 11,367

D'après cela, V. M. peut voir que je n'ai rien négligé pour exécuter ses ordres.

En outre de ces six convois, il est parti de l'eau-de-vie et 600,000 francs d'argent.

Je donne ordre de faire partir de Brieg 2,000 quintaux de farine. J'observerai à V. M. qu'il faudra que ce convoi passe, ainsi que tous les autres, par Pétrikau.

J'ai l'honneur d'informer V. M. que les Polonais, considérant cette province comme ennemie, font des incursions du côté de la haute Silésie, enlèvent les chevaux et ravagent tout.

Ayant donné ordre à l'intendant et au commissaire ordonnateur de me présenter tous les cinq jours un rapport de tout ce qui se passe, je viens d'en recevoir un du premier qui me paraît offrir quelque intérêt, et que j'ai l'honneur d'adresser à V. M.

Au quartier général à Breslau, le 26 janvier 1807.

Sire, j'ai reçu la lettre que V. M. m'a fait l'honneur de m'écrire en date du 23. J'ai de suite communiqué à M. l'intendant de Breslau ce qu'elle contient relativement aux marchandises anglaises.

Avant hier, 24, est parti un convoi pour Varsovie, transportant 420,384 rations d'eau-de-vie. L'ordre s'établit et je ne doute point que V. M. ne tire de la Silésie les ressources sur lesquelles elle comptait.

Kosel est investi depuis le 23. J'ai fait expédier ce matin encore quatre pièces de 24 et quatre mortiers. M. de Ponthon y est depuis le 24. M. le général Bertrand y sera le 30, et moi-même j'irai visiter les travaux du 1er au 2 du mois prochain. Il serait bien essentiel, Sire, que V. M. voulût bien faire envoyer au 9e corps d'armée deux ou trois compagnies d'artillerie. Plusieurs siéges poussés vigoureusement à la fois me font sentir vivement le manque de personnel dans cette arme.

Au quartier général à Breslau, le 30 janvier 1807.

Sire, j'ai l'honneur de rendre compte à V. M. que, d'après le rapport des officiers envoyés en reconnaissance aux environs de Glatz, il s'ensuit 1° que l'ennemi n'a point encore fait de rassemblement considérable; 2° qu'il est cantonné du côté de Wartha, Neurode, Silberberg. Le parti de cavalerie que j'ai envoyé en reconnaissance a eu plusieurs combats à soutenir: il a ramené quinze prisonniers, douze chevaux, et a perdu trois hommes. L'officier qui le commandait rapporte que les Prussiens se sont défendus mieux qu'ils ne l'ont fait jusqu'à présent.

Il rapporte également que l'on est convaincu, dans tout le comté de Glatz, que les Autrichiens faisaient un rassemblement de 45,000 hommes sur les frontières de la Bohême.

Un espion, envoyé jusqu'à Glatz, fait le même rapport, mais il ajoute qu'il croit que c'est une ruse du prince de Pless pour faire prendre les armes à tout ce qui est en état de les porter dans le comté de Glatz.

Le 6e et le 14e régiment d'infanterie de ligne bavarois ne sont point encore arrivés à Breslau, non plus que le 6e bataillon d'infanterie légère. Ils m'étaient cependant annoncés par le major général comme devant arriver le 26.

J'ai l'honneur d'envoyer à V. M. les noms des officiers,

sous-officiers et soldats qui se sont le plus distingués depuis le commencement de la campagne.

Il n'y en a pas un qui ne se soit fait remarquer plusieurs fois, et qui ne joigne une conduite exemplaire à une grande bravoure.

Au quartier général à Breslau, le 31 janvier 1807.

Sire, j'ai reçu ce matin, à 2 heures, la lettre que V. M. m'a fait l'honneur de m'écrire le 28. A midi, quarante caissons portant 700,000 cartouches d'infanterie ordinaires, et six voitures portant 150,000 pierres à feu sont partis. Demain, à midi, le complément des 1,500,000 cartouches demandées sera expédié, et, après demain matin, les 6,000 coups de canon le seront également.

J'ai envoyé un officier avec ordre d'établir 400 chevaux de relais sur toute la route jusqu'à Pétrikau ; j'écris au maréchal Duroc pour l'engager à en faire faire autant de Varsovie à Pétrikau. S'il peut établir ces derniers relais, V. M. aura, le 8, la totalité des objets qu'elle a demandés.

Le 6ᵉ régiment de ligne vient d'arriver. Il est fort de 1,700 combattants. On a retenu à Glogau le 5ᵉ bataillon d'infanterie légère. Je viens d'expédier un courrier avec ordre au commandant de la place de le faire partir sur-le-champ. Je n'ai point de nouvelle du 14ᵉ régiment d'infanterie de ligne.

J'ai établi à Strehlen un corps de 3,000 hommes d'infanterie, deux régiments de cavalerie et six pièces de canon que je destine à se porter à Reichenbach pour couper le prince de Pless, s'il fait un mouvement sur

Schweidnitz. Le général Lefebvre commande ce corps, mais il est retenu au lit depuis huit jours ainsi que le général Montbrun. Si V. M. jugeait à propos de m'envoyer un ou deux généraux de cavalerie, ils me seraient bien utiles dans de pareilles circonstances.

Je sens bien vivement, Sire, le regret de ne pas accompagner V. M. dans les nouveaux dangers qu'elle va courir. Cependant, l'espérance de faire en Silésie quelque chose d'utile au service de V. M., adoucit cette privation. Je la prie de compter sur tout le zèle et l'activité que le désir de lui plaire et l'amour de la gloire peuvent m'inspirer.

Au quartier général de Breslau, le 2 février 1807.

Sire, j'ai l'honneur de rendre compte à Votre Majesté que le prince de Pless, à la tête d'un corps de 8,000 hommes, avait fait la démonstration de se porter au secours de Schweidnitz ; mais le corps d'observation dont j'ai donné le commandement au général de Pernety, à cause de la maladie du général Lefebvre, ayant fait échouer ce projet en se portant sur Reichenbach pour le couper dans sa retraite, le prince de Pless s'est alors dirigé sur Neiss, et, je suppose, dans l'intention de secourir Kosel. J'ai donné ordre au corps d'observation de le suivre dans tous ses mouvements, et j'espère, s'il persiste dans ce projet, réussir à lui couper toute retraite.

Le prince de Salm est arrivé ce matin du siége de Schweidnitz. Il y a resté quelques jours, a souvent visité les tranchées et montré beaucoup de zèle, d'activité et de sang-froid. Le général Vandamme me rend de lui un témoignage très avantageux. Je ne crois pas que cette forteresse puisse tenir longtemps. On y manque d'eau, et l'esprit des habitants et de la garnison y est très-mauvais. J'y serai après demain.

Le siége de Kosel se poursuit avec vigueur.

Au camp devant Schweidnitz, le 5 février 1807,

Sire, j'ai reçu ce matin à une heure la lettre que Votre Majesté m'a fait l'honneur de m'écrire en date du 1er. Je suis arrivé aujourd'hui devant Schweidnitz. J'ai été visiter les batteries, que j'ai trouvées dans le meilleur ordre possible, et dont la plus éloignée n'est qu'à 250 toises de la place. J'ai fait aussitôt commencer le feu, et un instant après il a paru au centre de la ville un incendie très-considérable qui continue à s'accroître. Il est impossible de mettre plus d'activité dans le service que le capitaine Prost, du génie, et un jeune élève de l'école de Metz. Ce dernière a dirigé lui-même la première bombe qui a mis le feu à la ville.

Au quartier général, à Breslau, le 9 février 1807,
à 1 heure après midi.

Sire, j'ai l'honneur de rendre compte à Votre Majesté que la forteresse de Schweidnitz a capitulé. J'ai l'honneur de lui envoyer la capitulation par M. le prince de Hohenzollern, mon aide de camp, qui a sommé la place le 6 et a décidé le gouverneur à me remettre cette forteresse.

Le général Lefebvre a dû attaquer hier avec un corps de 4,000 hommes d'infanterie et deux régiments de cavalerie, le prince de Pless dans ses retranchements de Franckenstein, Wartha et Neurode. L'adjudant commandant Reubell, avec un corps d'infanterie et de cavalerie de Wurtemberg, a été chargé de tourner ces mêmes positions. J'ai beaucoup à me louer de cet officier.

Kosel tient encore d'après les rapports que j'en reçois, le siége n'a point été poussé aussi vivement que celui de Schweidnitz. J'y ai envoyé le colonel Morio, mon aide de camp.

Le siége de Neiss commencera le 17. J'en chargerai le général Vandamme avec la division de Wurtemberg.

Je prendrai la liberté, Sire, de renouveler la demande que j'ai eu l'honneur de faire à V. M. à Pultusk, pour MM. Ducoudras et d'Esterno, mes aides de camp. Le premier surtout est un officier qui mérite les bontés de V. M. Capitaine depuis huit ans, il a fait toutes les campagnes, a reçu plusieurs blessures et obtenu la croix à Austerlitz.

Au quartier général, à Breslau, le 9 février 1807
à 1 heure 1/2 après midi.

Sire, je reçois à la minute le rapport du général Lefebvre. Le 8, l'ennemi a été attaqué dans les positions de Franckenstein, Wartha et Neurode. Ces positions étaient formidables. Elles étaient établies au sommet des montagnes. Le général Lefebvre les a attaquées de front, pendant que l'adjudant commandant Reubell les tournait avec l'infanterie légère de Wurtemberg. L'ennemi a résisté pendant deux heures, mais à la fin il a été culbuté et poursuivi jusque sous les murs de Glatz. Nous avons fait 300 prisonniers, pris une pièce de canon et tué 100 hommes à l'ennemi. A la sortie des gorges, le brave régiment de dragons de Latour-et-Taxis, commandé par le colonel Seidwitz, et le régiment de chevau-légers de Linange, commaadé par M. de Bouillé en l'absence du brave colonel Zandt, qui est resté malade à Franckenstein, ont fait plusieurs charges très brillantes. L'ennemi voulait se rallier sous les murs de Glatz, mais il l'ont dispersé et forcé de se retirer dans la place.

L'infanterie légère de Wurtemberg a soutenu sa réputation. Le colonel Beker, commandant le 6ᵉ de ligne bavarois, et les lieutenants-colonel Zollern et Preysing, se sont conduits avec distinction. Le prince de Pless est maintenant bloqué dans Glatz, et je puis répondre à V. M. qu'il n'en sortira plus.

Au quartier général, à Breslau, le 13 février 1807.

Sire, j'ai reçu la lettre que V. M. m'a fait l'honneur de m'écrire, en date du 6 février.

J'ai déjà pris les mesures les plus promptes pour assurer les communications et dissiper les partis ennemis qui infestent les routes. J'ai écrit au général Verrières de laisser à Crossen, jusqu'à nouvel ordre, un fort bataillon saxon, et plusieurs détachements de cavalerie ont été expédiés sur ces endroits.

Le général Lefebvre étant dans ce moment occupé au blocus de Glatz avec le corps d'observation, je vais faire partir le général Montbrun qui est rétabli de sa maladie, pour se porter sur Mezeritz avec un corps de 300 chevaux.

J'ai l'honneur de faire connaître à V. M. que l'on ne

renvoie pas les chevaux attachés aux transports des convois que j'ai expédiés de Breslau. C'est un inconvénient très nuisible au bien du service et qui m'expose à manquer de relais pour les convois qui doivent encore partir.

Je suis aussi informé de nouveaux désordres qui ont eu lieu à l'arrivée d'un des convois de vivres à Varsovie. De deux cent quarante chariots qui le composaient, cent quarante ont été détournés et pillés.

Le prince de Pless, après avoir été battu et chassé de toutes ses positions, s'est retiré seul en Bohême emportant l'argent qui était dans les caisses de Glatz.

Au quartier général de Breslau, le 17 février 1807.

Sire, j'ai l'honneur de rendre compte à Votre Majesté que la garnison de Schweidnitz, forte de 5,000 hommes, a défilé devant moi hier matin, et a été dirigée de suite sur Mayence par Dresde. J'ai trouvé la forteresse dans le plus brillant état de défense possible. Les vivres n'y manquaient point, les approvisionnements de guerre y sont très-considérables; mais il n'y a point de fusils. J'attends les états détaillés que j'aurai l'honneur de faire parvenir à Votre Majesté aussitôt qu'ils me seront remis.

J'ai l'honneur d'informer également Votre Majesté que l'ennemi, après avoir violé le territoire autrichien, s'était porté de Wunchelburg sur Friedland, dans l'intention de secourir Schweidnitz avant l'expiration du terme fixé pour sa reddition; mais le 15 j'ai fait échouer ce projet en le faisant attaquer dans ses positions de Friedland par le général Lefebvre qui l'a culbuté, lui a fait 200 prisonniers, pris deux pièces de canon. L'ennemi avait

1500 hommes d'infanterie, 2 escadrons et 6 pièces de canon. La totalité eût été prise, sa retraite ayant été coupée sur Glatz par l'adjudant-commandant Reubell, si, dans sa déroute, l'ennemi ne s'était sauvé en Bohême en jetant bas ses armes. Le lieutenant-colonel de Bouillé s'est conduit avec distinction à la tête du régiment des chevau-légers de Limanges.

D'après les intentions de Votre Majesté que m'a fait connaître M. le grand maréchal du palais, j'ai réuni un corps de 9,000 hommes d'infanterie et 800 chevaux qui sont prêts à marcher au premier ordre.

Le dégel a interrompu les opérations du siége de Kosel ; les batteries sont inondées, et l'on travaille avec activité à les remettre en position de recommencer leur feu. Le général Vandamme, avec la division de Wurtemberg, va se porter sur Neiss pour en former le siége.

J'ai l'honneur d'envoyer à Votre Majesté le rapport d'un espion que j'avais expédié sur les frontières de l'Autriche. Il me paraît offrir quelque intérêt.

Au quartier général de Breslau, le 22 février 1807.

Sire, je viens de recevoir une lettre de M. le grand maréchal du palais qui m'annonce que Votre Majesté m'a fait l'honneur de m'écrire. Cette lettre ne m'est point parvenue, et je présume qu'elle aura été interceptée.

D'après les ordres de Votre Majesté qui m'ont été transmis par M. le grand maréchal du palais, j'ai fait partir à midi la division bavaroise de Wrède, commandée par le général major Minucci, et le régiment de dragons de la Tour-et-Taxis, pour se rendre à Varsovie sous les

ordres de son Altesse royale le prince héréditaire de Bavière. J'ai adressé à M. le grand maréchal l'état de situation de ce corps en lui annonçant son départ.

L'éloignement de cette division me laisse en Silésie
avec très peu de troupes. Je prie cependant Votre Majesté
d'être persuadée que je ferai tous mes efforts pour maintenir le cours de mes opérations. On continue le siége de
Kosel. Le général Vandamme va commencer celui de
Neiss, et je ferai en même temps occuper la ville de Silberberg et bloquer la forteresse.

Au quartier général de Breslau, le 27 février 1807.

Sire, j'ai l'honneur de rendre compte à Votre Majesté
que j'ai donné des ordres pour établir 500 chevaux dans
chaque relais sur la route d'ici à Posen et de Posen à
Thorn, afin que les convois de vivres qui seront expédiés
n'éprouvent aucun retard dans leur marche.

Le siége de Kosel se pousse toujours avec activité.
Les tranchées sont déjà ouvertes devant Neiss, et les
batteries commenceront à faire feu le 2 du mois prochain.

Je n'ai point reçu les lettres que Votre Majesté m'a fait
l'honneur de m'écrire.

Au quartier général de Breslau, le 2 mars 1807.

Sire, j'ai eu l'honneur de rendre compte à Votre Majesté, en date du 22 février, du départ de la division bavaroise sous les ordres du général Minucci. Cette division
sera rendue à Varsovie le 8 de ce mois. J'ai fait partir

depuis le régiment des chevau-légers de Linanges et une batterie légère qui arriveront le 14.

Le tiers de la contribution imposée au département de Breslau a été payé avant l'époque fixée.

Je prends la liberté de renouveler à Votre Majesté la demande que j'ai eu l'honneur de lui faire à Pultusk du grade de chef de bataillon pour M. Ducoudras, et de la croix de la Légion d'Honneur pour MM. Meyronnet et Salha, capitaines de frégate. Ces trois officiers me sont attachés comme aides de camp depuis le commencement de la campagne et ont toujours fait auprès de moi un service très actif. Je les ai employés dans des occasions particulières, où ils se sont conduits avec distinction.

Au quartier général à Breslau, le 3 mars 1807,
à 2 heures.

Sire, j'ai reçu cette nuit et ce matin les deux lettres que V. M. m'a fait l'honneur de m'écrire d'Osterode, en date des 23 et 25 février. J'ai de suite donné l'ordre que l'on démolit Brieg, que l'on chargeât toutes les mines de Schweidnitz, et que l'on fit sauter les fortifications. Breslau n'est déjà plus une ville de guerre. J'ai ordonné également que l'on dirigeât sur Glogau toute l'artillerie et les munitions qui sont dans ces trois places.

La seconde division bavaroise arrivera le 8 à Varsovie. J'ai depuis expédié un régiment de chevau-légers et une batterie légère qui arriveront le 14.

Je réponds à la deuxième lettre que V. M. m'a fait l'honneur de m'écrire.

Puisqu'elle n'attache aucune importance aux places de Kosel et de Neiss, j'ai donné ordre que, vu les inondations qui empêchaient d'ouvrir les tranchées et d'établir les batteries, l'on eût à embarquer sur l'Oder toute l'artillerie de siége de ces deux places, pour la faire venir à Breslau, et de là descendre jusqu'à Glogau. Il faut huit jours pour que tous ces ordres aient leur exécution.

La place de Glogau exige une garnison de 5,000 hommes au moins. J'ai ordonné que trois bataillons d'infanterie légère de Wurtemberg et un régiment de ligne fussent dirigés sur cette place. Ils y seront rendus le 8.

J'ai ordonné en même temps au général de Deroy de rassembler toute sa division sur la rive gauche de l'Oder et de me prévenir du jour où toute l'artillerie de siége pourra être embarquée, et lui, prêt à marcher. Je suppose que ce sera le 8.

Les Wurtembergeois ne sont pas suffisants pour garder Breslau, Glogau, Schweidnitz, Brieg, et maintenir le pays contre les incursions du prince de Pless. *Ils n'ont de bon que leurs quatre bataillons d'infanterie légère, (le reste est plutôt... ......
............,.).* Le pays est mal disposé pour nous, et il s'y trouve plus de 10.000 soldats ou officiers qui n'attendent qu'un moment pour remuer. Le général Vandamme ne serait point l'homme à laisser en Silésie. Je ne parlerai point à V. M. du général Dumuy; elle le connaît sans doute mieux que moi.

Je prierai V. M., puisqu'il n'y a plus rien à faire en Silésie, de se rappeler de ma personne, et de me donner un commandement quelconque à son armée.

Le 10ᵉ bataillon du train est arrivé à Glogau. A mesure qu'une compagnie aura des chevaux, l'ordre est donné de les atteler à des voitures de munitions et de les diriger sur Thorn. Des relais ont dû être placés sur cette route.

Le général Montbrun reçoit l'ordre de se rendre à Varsovie pour prendre le commandement de la cavalerie légère du 5e corps.

V. M. m'ordonne d'envoyer sa lettre du 25 au général Savary; en même temps M. le maréchal Duroc m'écrit que ce général est remplacé au commandement du 5e corps par le maréchal Masséna, et qu'il rentre auprès de V. M. En conséquence, je crois bien faire en n'adressant point cette lettre au général Savary.

Au quartier général à Breslau, le 7 mars 1807.

Sire, j'ai l'honneur de rendre compte à V. M., que, d'après les ordres qu'elle a bien voulu me donner, l'on travaille à démolir les places fortes, et que l'on en dirige l'artillerie sur Glogau. J'ai détaché, pour la garnison de cette place, 2,500 hommes de Wurtemberg; 3,000 hommes d'infanterie bloquent Kosel; 3,300 hommes d'infanterie et deux régiments de cavalerie sont devant Neiss. Un régiment de cavalerie observe Glatz et Silberberg. J'ai réuni ici un corps de 6,000 hommes, infanterie et cavalerie, sous les ordres du général de Deroy. Dans cette position j'attends de nouveaux ordres de V. M.

Le général Montbrun est parti pour se rendre au 5e corps.

La noblesse du département de Breslau m'ayant té-

moigné le désir d'envoyer auprès de **V. M.** une députation composée de ses principaux membres, j'ai répondu
que j'attendais à connaître les intentions de **V. M.** à cet
égard.

Au quartier général à Breslau, le 18 mars 1809.

Sire, j'ai reçu la lettre dont Votre Majesté a bien voulu
m'honorer en date du 12, et dans laquelle elle m'ordonne d'expédier sans délai sur Thorn 100.000 pintes
d'eau de vie de vin, 6,000 quintaux de farine et 3,000
bœufs.

Demain 6,000 pintes d'eau-de-vie, les quintaux de
farine et 100 bœufs seront envoyés sur Thorn. L'envoi
de ces différents obj ts tiendra dix jours. La totalité de
la farine est prête; on n'a pu trouver dans Breslau que
46,000 pintes d'eau-de-vie qui après demain seront entièrement expédiées. Les 3.000 bœufs n'existent point
en Silésie, et ceux que l'on y trouve sont si mauvais,
qu'on est souvent obligé de les refuser pour la consommation des troupes : en conséquence pour que les ordres de Votre Majesté fussent exécutés, j'ai autorisé
M. l'administrateur général à passer un marché, et on
aura de très beaux et bons bœufs qui viendront de la
Pologne autrichienne ; mais pour le moment on ne peut
s'engager à en fournir que 600 qui, avec un égal nombre
que l'on choisira dans les cercles de la Silésie, feront
1200 que l'on expédiera tous les jours par troupeau de
120. Il eût été impossible de se procurer ces bestiaux,
si l'on n'avait pas promis aux fournisseurs de payer à
mesure qu'ils fourniront. M. Lesperut m'ayant écrit qu'on

ne pouvait se procurer ce dernier objet, si je ne l'autorisais à payer comptant les livraisons, je lui ai répondu que si cela était indispensable pour l'exécution des ordres de Votre Majesté je l'y autorisais.

Je regrette beaucoup, Sire, d'être obligé de donner de pareilles autorisations, parce que je n'en ai pas le droit, mais je préfère le prendre sur moi, plutôt que de retarder l'exécution des ordres de Votre Majesté, persuadé qu'elle n'ignore pas que je ne suis animé que du désir de bien faire.

Les contributions vont bien. Il existe en ce moment dans les caisses 6 à 7 millions.

Schweidnitz, le 20 mars 1807.

Sire, j'ai reçu les deux lettres dont Votre Majesté a bien voulu m'honorer les 14 et 15 mars.

Le 4e, le 14e régiment de ligne, le bataillon des chasseurs de Braunn et une batterie légère de six pièces sont partis pour Varsovie et y arriveront le 5.

J'ai dans ce moment en totalité 14,600 hommes d'infanterie et 1,600 chevaux répartis comme il suit :

A Breslau, ...	3700 hom. d'infant. et 400 chev.	
A Glogau.	1000	
A Schweidnitz	1200	
A Brieg.	600	
Devant Neiss.	4000	700
Devant Kosel.	4400	160
A Franckenstein obs. .	700	340
	14,600	1600

Il serait impossible, sans compromettre la sûreté de la province, d'en tirer d'autres troupes.

Les convois sur Thorn sont continuels. Le 31, Votre Majesté recevra la totalité des 46,000 pintes d'eau de vie de vin qui se trouvaient dans Breslau. J'ai donné ordre, pour qu'elles ne souffrissent aucun déchet, que ces eaux-de-vie fussent transportées sur les mêmes voitures jusqu'à Thorn ; j'espère que l'on n'y retiendra pas les chevaux.

Demain 21, douze pièces de douze, et six mortiers approvisionnés à 800 coups, partiront de Glogau. Ils arriveront à Thorn le 3. Ils ont été pris sur la totalité des 100 bouches à feu demandées par le général Songis.

J'ai journellement des déserteurs autrichiens ; je crois bien faire en les dirigeant sur Leipsig où est le dépôt du prince d'Isembourg. D'après leur rapport, il n'y a que trois régiments sur les frontières de Bohême et de la Moravie ; j'y ai dans ce moment deux espions dont j'attends le retour. J'ai donné ordre que l'on fabriquât tous les jours 1500 rations de biscuit qui seront au fur et à mesure dirigées sur Thorn. Je puis assurer à Votre Majesté qu'il ne me manque point de moyens de transport par terre, si l'on ne retenait point les chevaux.

L'ouvrage le plus considérable de la place de Schweidnitz vient de sauter. Les fourneaux contenaient 25 milliers de poudre.

Schweidnitz, le 20 mars 1807.

Sire, par la lettre dont Votre Majesté a bien voulu

m'honorer, en date du 15, elle m'annonce qu'elle m'a conféré le grade de général de division. Touché de cette nouvelle marque de ses bontés, je la prie d'agréer tous mes remercîments et d'être persuadée que je ne cesserai d'être animé du désir de lui plaire, en travaillant à acquérir de l'expérience pour la consacrer à son service.

M. de Salha, un de mes aides de camp, à qui V. M. a bien voulu accorder la croix de la Légion d'Honneur, a perdu à la bataille d'Eylau son fils aîné, sous-lieutenant dans le 16ᵉ d'infanterie légère. Il lui reste un fils aspirant de la marine, embarqué sur le vaisseau *le Vétéran*. Ce jeune homme a deux ans de mer et a fait avec moi toute la dernière campagne. J'ose prier V. M. de lui accorder le grade d'enseigne de vaisseau. Il a toute l'instruction nécessaire. Je la supplie également de permettre que mes aides de camp et M. Lecamus, mon secrétaire des commandements, portent les décorations que S. M. le Roi de Wurtemberg a bien voulu leur envoyer.

Au quartier général à Breslau, le 21 mars 1807.

Sire, j'ai l'honneur de rendre compte à V. M. que, le 19 mars à trois heures du matin, le général Lefebvre, avec trois escadrons des chevau-légers du Roi, commandés par le lieutenant-colonel Girard, un de mes aides de camp, en l'absence du colonel malade, et le bataillon d'infanterie légère de Taxis, passant entre Glatz et la Bohême pour se rendre à Wunchelsburg, a rencontré à Johansdorf, village à une lieue de Glatz, cinquante Prussiens qui se sont dispersés dans le village. Pendant qu'on était occupé à le fouiller, 1,200 à 1,500 hommes sont sortis de Glatz avec deux pièces de canon pour attaquer le général Lefebvre qui a ordonné sur-le-champ au lieutenant-colonel Girard de les charger. L'ennemi a été mis entièrement en déroute et poursuivi jusque sous les murs de Glatz. On lui a pris six officiers, cent soldats et les deux pièces de canon. Le reste n'eût point échappé sans l'avantage des bois dont il a profité pour rentrer dans la place. L'infanterie n'a pu joindre l'ennemi malgré toute sa diligence.

Le capitaine Dumas, aide de camp du général Lefebvre, a chargé avec beaucoup d'intrépidité.

Ce matin, 20,000 pintes d'eau-de-vie ont été expédiées pour Thorn. Toutes les recherches faites à Breslau n'ont pu procurer tout au plus que les 46,000 pintes d'eau-de-vie de vin que j'ai eu l'honneur d'annoncer à V. M. Si elle le désirait, l'on pourrait compléter les 100,000 pintes demandées avec de l'eau-de-vie de grain assez bonne, qui se trouve ici.

Au quartier général à Breslau, le 22 mars 1807.

Sire, d'après la permission que Votre Majesté a daigné accorder aux membres de la noblesse de la Silésie de lui envoyer une députation, MM. Schimonski, les comtes de Maltran et de Bethusy, auront l'honneur de remettre cette lettre à Votre Majesté. Ce sont les trois hommes de Silésie les plus distingués par leur fortune, et surtout par la considération dont ils jouissent.

Au quartier général à Breslau, le 24 mars 1807.

Sire, j'ai reçu la lettre dont Votre Majesté a bien voulu m'honorer. en date du 19. Je me suis de suite occupé de l'objet qu'elle contient. Il résulte 1° que les 400 hommes envoyés de Potsdam pour être montés, sont partis de Glogau pour la grande armée au nombre de 378; des 22 qui manquent, 14 sont aux hôpitaux, 6 en prison et 2 désertés.

2° Qu'il n'existe point en Silésie de chevaux propres aux cuirassiers : sur 2,000, le général Fauconnet en a trouvé un seul. Une fois le train de la Garde monté et le 10ᵉ bataillon du train, ce sera beaucoup si le département de Breslau peut fournir les 744 chevaux qu'il lui reste à fournir, sur lesquels on en trouvera 100 pour les dragons, et 644 pour les chasseurs et les hussards.

3° Les selliers de la ville peuvent faire quarante selles par semaine. Ils demandent seulement à être payés à mesure qu'ils les livreront. Ils ont encore pour trois semaines à travailler pour le train de la Garde et le 10ᵉ bataillon du train.

Je crois, Sire, qu'il serait possible de tirer de l'Autriche des chevaux pour les cuirassiers; avec de l'argent, les juifs trouvent le moyen de fournir tout.

Je ne conçois pas comment Votre Majesté ne reçoit pas les lettres que je lui écris, car j'ai bien soin de lui rendre compte très régulièrement de ce qui se passe.

Au quartier général à Breslau, le 24 mars 1807.

Sire, j'ai l'honneur de rendre compte à Votre Majesté que 48.000 pintes d'eau-de-vie ont été expédiées pour Thorn, savoir : 32,000 de Breslau et 16,000 de Glogau. C'est tout ce qui existe dans les magasins de ces deux villes. Hier on m'a fait proposer 20,000 pintes d'eau-de-vie de vin et peut-être plus, si je voulais faire payer comptant. Probablement ceux qui proposent l'ont cachée dans des caveaux que l'on ne connaît pas, ou ont les moyens de la faire venir du dehors.

J'attendrai les ordres de Votre Majesté à cet égard.

Au quartier général à Breslau, le 26 mars 1807.

Sire, j'ai reçu la lettre dont Votre Majesté m'a honoré, en date du 20 mars. Dès le moment que l'intendant a annoncé l'envoi de 4,000 malades, j'ai donné les ordres pour que les établissements nécessaires fussent faits sur-le-champ. Ces établissements sont très-beaux, et Votre Majesté peut être persuadée que je veillerai à ce que les soldats soient bien soignés. La place de Glogau, Sire, ne comporte pas un hôpital de plus du 800 malades; j'y ai envoyé un commissaire-ordonnateur et un aide de camp dont les rapports s'accordent à assurer qu'il sera impossible d'en placer davantage, encore y aura-t-il huit locaux différents. En conséquence, j'ai préféré y envoyer tous les malades du 9ᵉ corps, et n'avoir ici que des Français.

J'ai fait établir un dépôt afin que les hommes bien portants soient réunis, ne commettent point de désordres et soient bien équipés. Ce dépôt contient 350 lits; à mesure qu'ils seront occupés, je ferai habiller les soldats, et, après les avoir passés en revue, je les ferai partir pour la grande armée. Je crains seulement, Sire, qu'ils ne vendent en route les effets qu'ils auront reçus ici. Il y en a aujourd'hui 123 au dépôt.

Les bœufs partent journellement par 120. Des 6,000 quintaux de farine demandés, 4.400 sont partis, ainsi que les 48,000 pintes d'eau-de-vie. Si Votre Majesté autorise à payer comptant l'eau-de-vie, les négociants se chargeront de m'en fournir plus de 30,000 pintes avant quinze jours.

Au quartier général à Breslau, le 28 mars 1807.

Sire, j'ai reçu les différentes lettres dont Votre Majesté m'a honoré, en date des 22, 23 et 24. Je réponds à tout ce qu'elles contiennent.

Après-demain, 5 millions partiront de Breslau escortés par deux régiments d'infanterie de Wurtemberg, faisant 1,300 hommes. Il ne me sera pas difficile de monter les chasseurs et les hussards; quant aux dragons et aux cuirassiers, je passerai un marché pour qu'on me fasse venir les chevaux des provinces environnantes. Je ferai confectionner les selles et les brides à Breslau, lorsque le train de la Garde et le 10e bataillon auront fini d'occuper les selliers.

Les 400 hommes que Votre Majesté m'avait envoyés de Potsdam sont montés et partis pour l'armée.

Le 31 et le 1er. partiront de Glogau douze nouvelles pièces de 24 et deux mortiers approvisionnés à huit cents coups ; c'est ce qui retardera jusqu'au 3 , l'envoi des 2 millions qui doivent partir de Glogau pour compléter les sept demandés par Votre Majesté.

Le 31, partiront pour Thorn les 400 meilleurs hommes de la cavalerie de Wurtemberg. Sitôt que j'aurai deux ou trois cents hommes de cavalerie française montés, j'enverrai à Thorn un régiment bavarois, ce qu'il me serait impossible de faire pour le moment, à moins de rester sans un seul homme de cavalerie ; le second régiment de cavalerie bavaroise que j'ai en Silésie est partagé, un escadron devant Kosel et trois escadrons devant Glatz avec le général Lefebvre.

Je puis assurer à Votre Majesté qu'à moins de s'exposer à perdre les ressources qu'offre la province , elle ne peut plus ôter un seul homme de la Silésie.

Le général de Wrède est passé hier ici. Il voulait emmener avec lui le régiment des chevau-légers du Roi, parce que, disait-il, il fait partie de sa division ; je lui ai répondu que cela était impossible et que d'ailleurs je ne pouvais reconnaître d'autres ordres que ceux qui me venaient de Votre Majesté, et que le général de Deroy, qui avait vu affaiblir sa division de cinq bataillons d'infanterie et d'un régiment de cavalerie, n'avait point fait de pareilles observations : dans une armée, lui ai-je ajouté, il n'y a qu'un seul général en chef, et c'est de lui seul qu'émanent tous les ordres.

Au quartier général à Breslau, le 28 mars 1807.

Sire, j'ai l'honneur de rendre compte à Votre Majesté que, d'après ses ordres, je vais faire diriger sur Varsovie six obusiers prussiens, 30,000 livres de poudre, des boulets de six et de douze, et seize affûts de rechange; j'y enverrai aussi incessamment 1,500,000 francs. Je donne ordre au général de Pernety de diriger sur Thorn quatre mille coups pour les pièces qui avaient été envoyées à Varsovie avec quatre affûts de rechange. Il sera impossible de diriger sur Varsovie des pièces de 24 ou de 18, parce qu'il n'en existe point, le général Songis en ayant demandé quarante sur le parc des cent bouches à feu.

Les moyens qui me restent pour assiéger Neiss ne sont point considérables. Je n'ai point de pièces de 24 à y envoyer, point de 18, mais j'ai des mortiers, des obusiers et des pièces de 12, ce qui, je pense, serait suffisant pour réduire cette place en moins d'un mois. Si Votre Majesté l'approuvait, je crois qu'il serait bon d'en commencer le siége de suite.

J'aurai l'honneur d'envoyer demain à Votre Majesté l'état de tous les objets qui ont été expédiés depuis le 1er février jusqu'à aujourd'hui.

Une compagnie du 10e bataillon du train partira demain, j'espère que le train de la Garde sera bientôt en état de partir. Il a déjà tous ses chevaux.

J'ai l'honneur de rendre compte à Votre Majesté qu'il sera indispensable de payer comptant le salaire des ouvriers qui commencent à travailler au confectionnement des selles et des brides.

Il n'existe dans ce moment en magasin que des souliers qui vont être expédiés pour Thorn.

Au quartier général à Breslau, le 30 mars 1807.

Sire , je reçois la lettre dont V. M. m'a honoré , en date du 25. 1,980 malades , dont 1.583 Français, sont déjà arrivés de Varsovie. Dès avant-hier j'ai fait une visite à l'hôpital. Je n'ai point été content de la manière dont y étaient traités les malades , et j'ai dans la journée même fait changer pour le lendemain le pain , la bière et le vin qui étaient de mauvaise qualité. V. M. peut s'en rapporter à moi pour les soins que je porterai à ce que ses braves soldats soient bien traités. Elle aura vu par mes lettres précédentes que j'avais établi un dépôt où sont déjà 123 soldats qui doivent sortir de là lorsqu'ils seront bien équipés. J'ai seulement soumis à V. M. la crainte que j'avais qu'ils ne vendissent leurs habits ou qu'il n'en fût fait un double emploi, puisque l'administration de chaque corps pourvoit à leur habillement. Je leur ferai seulement donner, si V. M. l'approuve, des armes, des capotes et des souliers.

Il existe en magasin , dans ce moment, 26,000 paires de souliers.

Au quartier général à Breslau, le 30 mars 1807.

Sire, j'ai l'honneur de rendre compte à V. M. que les 7 millions qu'elle a demandés ne partiront qu'après demain matin : savoir. 2 millions 300.000 livres de Glogau escortés par un régiment de chevau-légers de Wurtemberg fort de 422 hommes, et 4 millions 700,000 livres de Breslau, escortés par deux régiments d'infanterie de Wurtemberg, faisant 1,300 combattants. Les 1,500,000 francs que V. M. m'a ordonné d'expédier pour Varsovie, partiront jeudi.

J'ai l'honneur de rendre compte également à V. M. que les 1,000 hommes de cavalerie à pied que j'attends seront montés à la fin d'avril. Je ne suis obligé de faire acheter que 300 chevaux; savoir, 200 de cuirassiers, et 100 de dragons; le reste, je les ai déjà; cette remonte sera très belle. Le général Fauconnet n'a pas pu passer le marché à moindre prix que le roi de Prusse; savoir, 600 francs pour les chevaux de dragons, et 666 francs pour ceux de cuirassiers. J'ai autorisé M. l'administrateur général à fournir des fonds à mesure que la livraison se fera. Comme la plus grande partie sera fournie dans quinze jours, on a accordé aux fournisseurs une avance de 12,000 écus que je leur ai fait donner.

Je désire savoir si l'intention de V. M. est que je fasse diriger les hommes du 5ᵉ corps sur Varsovie, ou bien que je les envoie en totalité à Thorn.

Le premier envoi des 500 hommes prêts à retourner à l'armée, pourra se faire avant quatre jours. J'ai été étonné de voir arriver tant de soldats bien portants, mais ils prétendent s'être guéris en route.

Au quartier général de Breslau, le 2 avril 1807.

Sire, j'ai l'honneur de rendre compte à Votre Majesté que j'ai été obligé de différer jusqu'à demain le départ du convoi d'argent, parce que les deux régiments d'infanterie de Wurtemberg n'avaient reçu ni leurs souliers, ni leurs draps. Mais demain matin à 6 heures ils se mettront en route avec le convoi.

J'ai l'honneur d'adresser à Votre Majesté le rapport de la remonte du train de la garde impériale.

Au quartier général à Breslau, le 4 avril 1807.

Sire, j'ai reçu les deux lettres dont Votre Majesté a bien voulu m'honorer les 27 et 28 mars. J'ai l'honneur de lui rendre compte que sur les cent mille pintes d'eau-de-vie de vin qu'elle avait demandées, quatre-vingt-deux mille ont été trouvées tant à Breslau qu'à Glogau et sont déjà parties pour Thorn. Je vais faire expédier dix-huit mille pintes d'eau-de-vie de grain. Si Votre Majesté en désire une plus grande quantité de cette dernière espèce, il sera facile de se la procurer.

Les 1,400 hommes que Votre Majesté m'annonce seront montés, j'espère, à la fin du mois, excepté les 250 cuirassiers, qui seront montés les premiers et qui partiront du 15 au 20 au plus tard.

L'on travaille à force à faire des selles et des brides. Une seule chose m'embarrasse pour les dragons et le hommes d'infanterie qui ne sont pas armés, c'est l'ordre que Votre Majesté me donne de leur fournir des fusils; mais je n'ai que des fusils prussiens, excepté 6,000 fusils français qui sont à Glogau et qui ont été déjà demandés. J'ai cependant ordonné qu'on en retînt 1200 jusqu'à ce que je connaisse les ordres de Votre Majesté. Les fusils de Saxe sont de même calibre que les nôtres. Si Votre Majesté jugeait à propos d'en faire venir, ils rempliraient le même objet.

Je ne crois pas que la nouvelle levée de 1500 chevaux que Votre Majesté a ordonné de faire en Silésie puisse être exécutée, parce que cette quantité propre pour la cavalerie n'existe point. Mais il m'est aisé d'en tirer des provinces environnantes.

J'ai l'honneur de rendre compte à Votre Majesté que je reçois des lettres de Posen qui m'annoncent que les convois de Silésie y sont arrêtés par ceux que le général Saint-Laurent est obligé d'expédier lui-même pour Thorn. Je viens de lui écrire qu'il n'interrompe point leur marche; la plus grande partie des chevaux ne retourne point. Il est bien essentiel, Sire, que Votre Majesté fasse donner des ordres à ce sujet; sans cela je me trouverai tout à coup privé des moyens d'exécuter les ordres qu'elle me donne.

Au quartier général à Breslau, le 4 avril 1807.

Sire, j'ai l'honneur de rendre compte à Votre Majesté que la totalité du convoi d'argent est partie ce matin sous l'escorte de 1,400 hommes d'infanterie de Wurtemberg. Le général de Pernety que j'ai envoyé à Glogau pour accélérer le départ de l'artillerie, m'annonce que le second convoi s'est mis en route le 3, et que la totalité partira le 5. Cela fera que j'aurai expédié par terre 24 pièces de 24 et 6 mortiers.

Je reçois à l'instant la lettre dont Votre Majesté m'a honoré le 30 mars par laquelle elle m'ordonne de donner aux cuirassiers les 200 chevaux qui sont à Glogau et qui étaient destinés pour la garde. J'observerai à Votre Majesté que ces chevaux ne sont pas propres à la selle. Je ne suis point embarrassé d'en fournir aux cuirassiers. J'ai eu l'honneur d'annoncer à Votre Majesté qu'ils seront montés et prêts à partir dans la première quinzaine de ce mois.

J'ai expédié sur Thorn un régiment de cavalerie de Wurtemberg fort de 424 combattants. Je n'ai pu me dégarnir davantage, et ce qui me reste ne peut encore me suffire. Je n'ai ici que deux régiments bavarois, dont un auprès de moi et l'autre partagé entre le corps d'observation du général Lefebvre devant Glatz, et les troupes qui bloquent Kosel.

Au quartier général à Breslau, le 7 avril 1807.

Sire, je reçois à l'instant les deux lettres dont Votre Majesté m'a honoré, du 3 avril. Je puis l'assurer que les 1,400 hommes qu'elle m'a annoncés, seront montés avec célérité. J'ai pris des mesures pour que l'on fît des selles à Dresde, à Breslau et autres villes, et les 240 cuirassiers partiront du 15 au 20 avril. Sur le marché que j'ai passé pour les chevaux de cuirassiers, 140 m'ont déjà été livrés, ils sont de toute beauté. Votre Majesté peut m'envoyer encore 1,000 hommes de cavalerie à pied, ils seront montés dans le mois de mai ; je préfère que ce soient des détachements de cavalerie légère , parce que je ne serai pas obligé d'acheter la plus grande partie des chevaux ; mais si Votre Majesté préfère envoyer de la grosse cavalerie, je puis continuer le marché, et j'ai l'honneur de le répéter à Votre Majesté, les chevaux qui en proviennent sont de toute beauté.

J'ai déjà au dépôt 309 hommes en état de partir, dont 83 du cinquième corps. Je leur ai fait donner des chemises, des capotes, des souliers et des armes. J'observerai seulement que les armes sont prussiennes. J'avais été assez heureux pour prévoir les ordres de Votre Majesté relativement à l'organisation des hommes qui sortent du dépôt pour rejoindre l'armée. Après demain partiront plusieurs convois, savoir : 1,200,000 francs, six mille paires de souliers, trente milliers de poudre et plusieurs autres objets d'artillerie. Incessamment j'enverrai neuf mille autres paires de souliers pour Varsovie, escortées par les 83 Français et 90 Bavarois du cinquième corps, commandés par un chef de bataillon français et deux officiers bavarois. Mon intention a toujours été de ne pas les laisser partir sans en avoir passé la revue. Je n'ai que deux officiers à mon état-major; il serait essentiel que Votre Majesté m'en envoyât quelques-uns des grades de capitaine et lieutenant.

Le trésor est parti le 4, escorté par 1,400 hommes d'infanterie de Wurtemberg, et arrivera à Thorn le 14. Il me serait impossible d'en donner l'itinéraire à Votre Majesté, parce qu'il se trouve des jours où, par la nature des chemins, le convoi ne fait que deux lieues, et d'autres où il en fait dix.

Il y a en ce moment 2,343 malades à l'hôpital. Je puis assurer à Votre Majesté qu'ils sont parfaitement soignés. Le pain est bon ainsi que le vin, la bière et la viande qu'on leur distribue. J'y fais de fréquentes visites, et lorsque mes occupations m'empêchent d'y aller, j'envoie un de mes aides de camp pour vérifier la qualité des vivres sur les échantillons que l'on m'envoie.

Au quartier général à Breslau, le 7 avril 1807.

Sire, j'ai l'honneur de rendre compte à Votre Majesté que j'ai fait insérer dans la *Gazette de Breslau* les bonnes nouvelles qu'elle a daigné me communiquer, ainsi que l'heureux accouchement de la vice-reine d'Italie.

Au quartier général à Breslau, le 8 avril 1807.

Sire, je désirerais que Votre Majesté voulût bien autoriser M. le capitaine de vaisseau Halgan, mon aide-de-camp, commandant présentement la frégate *la Topaze*, à venir faire son service auprès de moi. Je tiens à cet officier, qui a longtemps navigué avec moi et dont le caractère et le mérite me sont connus depuis sept années. J'ai écrit au ministre de la marine pour le demander, mais il m'a répondu qu'il ne pouvait rien faire sans connaître les ordres de Votre Majesté.

Breslau, le 10 avril 1807.

Sire, j'ai reçu les trois lettres que Votre Majesté m'a
fait l'honneur de m'écrire le 5 avril. Je puis l'assurer
qu'il est impossible de mettre plus de zèle, d'activité que
n'en met le général de Pernety, et que la seule raison qui
l'ait empêché d'envoyer à Varsovie les meilleures pièces,
c'est parce qu'il a cru qu'elles étaient seulement destinées
à armer la tête de pont. Au reste, dans ce moment toute
l'artillerie qui était disponible est partie pour Thorn.
Votre Majesté peut envoyer les 1,500 hommes de cavalerie à pied, ils seront bien montés. Pendant que l'on
fait ici les 240 selles de cuirassiers, l'on travaille à Dresde
et autre part, hors de la Silésie, à confectionner 700 selles
de dragons et 480 de hussards, que l'on commencera à
livrer le 25 avril et la totalité le 15 mai. L'équipement
d'un dragon qui coûte en France 78 francs, coûtera ici
88. Votre Majesté trouvera que la différence n'est pas
grande, en ce que les fournisseurs se trouvent obligés de
faire confectionner en pays étranger et que les chances
de la guerre sont contre eux.

240 chevaux de cuirassiers équipés seront prêts à
partir le 20. Les chasseurs et les hussards ne tarderont
pas à suivre. Les dragons seront plus retardés, et le dernier détachement ne pourra partir que vers le 15 mai.

Votre Majesté peut être tranquille sur les soins à donner aux malades. Je fais moi-même de très fréquentes
visites à l'hôpital.

Hier sont partis pour le cinquième corps 170 hommes,

dont 83 Français. Avant leur départ. j'ai passé la revue en détail ; il ne leur manquait rien, si ce n'est quelques habits d'infanterie légère qui ne sont point encore confectionnés. Ils escortent 1,200,000 fr., six mille paires de souliers et plusieurs objets d'artillerie, et sont sous le commandement d'un chef de bataillon.

Breslau, le 10 avril 1807.

Sire, par une des lettres dont Votre Majesté m'a honoré le 5 avril, elle m'annonce que le régiment de lanciers polonais et la légion à pied polonaise sont à Augsbourg et doivent se rendre à Breslau où je dois les organiser et les équiper. Il ne reste presque plus d'effets prussiens dans les magasins, parce que, d'après les ordres de Votre Majesté, je les ai déjà donnés aux Polonais. Mais enfin je prendrai des mesures pour qu'ils soient bientôt en état de servir activement. J'ai écrit à Dresde et à Bayreuth pour être informé avec exactitude du jour de leur arrivée. J'aurai l'honneur d'en rendre compte à Votre Majesté. J'attends les 6,600 hommes qu'elle a ordonné au directeur de la guerre polonais de m'envoyer. J'ai l'honneur de faire le rapport à Votre Majesté que le siége de Neiss commencera après-demain soir. Vingt bouches à feu sont parties ce matin à 5 heures de Schweidnitz. escortées par le corps du général Lefebvre. parce que l'ennemi se remue beaucoup. fait des levées à force. et que le nouveau gouverneur, aide de camp du roi de Prusse, paraît vouloir entreprendre quelque chose.

Le 14, 500 dragons arriveront ici. Alors j'irai moi-même prendre position pendant quelques jours à Munsterberg, afin de couvrir le siége de Neiss et d'être à même de secourir au besoin le général Lefebvre à Franckenstein. J'aurai avec moi un bon régiment d'infanterie, un de cavalerie et 4 pièces de canon d'artillerie légère. Je laisserai à Breslau, outre 700 Français en état de combattre, 500 Bavarois du 10e de ligne. Je crois qu'il est nécessaire que je prenne momentanément cette position pour éviter toute espèce de surprise, et j'espère qu'avant un mois, Votre Majesté aura Neiss. où l'on dit qu'est la plus grande partie de l'artillerie de campagne prussienne.

Le colonel Morio dirige les opérations du siége.

J'ai donné des ordres pour qu'on expédiât de suite pour Thorn les trente mille pintes d'eau-de-vie demandées par Votre Majesté.

Au quartier général à Breslau, le 13 avril 1807.

Sire, j'ai l'honneur de rendre compte à Votre Majesté que depuis l'arrivée de l'aide de camp du roi de Prusse l'ennemi recrute beaucoup en Silésie. Il emploie l'argent qu'il a obtenu de l'ambassadeur anglais à Vienne. L'aide de camp a été accompagné par un agent anglais. J'ai pris des mesures extrêmement sévères pour détruire l'influence de l'ennemi. J'ai l'honneur de mettre sous les yeux de Votre Majesté l'ordre du jour que j'ai fait à ce sujet, et qui, traduit en allemand, doit être envoyé dans toutes les communes. En outre, j'ai fait arrêter un bailli accusé d'avoir favorisé les intentions de l'ennemi. Demain il sera traduit à une commission militaire à Breslau, et, s'il est condamné, il sera exécuté.

Pendant que le corps du général Lefebvre était occupé à escorter le parc de siége de Neiss, les Prussiens sont parvenus à m'enlever la position de Wartha en me faisant six prisonniers, mais j'ai de suite envoyé au général Lefebvre un des deux régiments que j'avais à Breslau, et la position a été reprise.

Le gouverneur de Kosel a recruté 500 hommes et 100 chevaux sans qu'il m'ait été possible de l'empêcher.

J'attends l'arrivée des 500 dragons et des chasseurs pour pouvoir prendre position pendant quelques jours entre Neiss et Glatz avec le 1er régiment d'infanterie et le 1er de cavalerie que j'ai avec moi. Pendant ce temps les 500 dragons et 320 hommes du dépôt qui se trouvent prêts à partir garderont la ville de Breslau pour laquelle il n'y a rien à craindre.

Au quartier général à Breslau, le 14 avril 1807.

Sire, j'ai reçu les deux lettres dont Votre Majesté a bien voulu m'honorer le 6 avril.

Des pièces d'artillerie envoyées par eau doivent arriver le cinquième jour à Custrin, par conséquent demain. Les douze obusiers que Votre Majesté me demande ont été expédiés par le général de Pernety, d'après l'ordre du général Songis.

J'ai déjà eu l'honneur de rendre compte à Votre Majesté que l'ennemi faisait de fortes levées en Silésie. Le nouveau gouverneur a porté la garnison de Glatz à 8,000 hommes. Hier l'ennemi est sorti de cette place avec 5,000 hommes; il a attaqué le général Lefebvre qui est fort de 2,000 hommes d'infanterie et de 350 chevaux. Le général Lefebvre avait pris une position. L'ennemi s'est avancé à la baïonnette, pas un homme n'a déserté. Tout ce que le général Lefebvre a pu faire a été de conserver sa position. Il a eu cinquante blessés et à peu près autant de morts. Comme il est essentiel qu'il se maintienne dans la position qu'il occupe, j'y serai moi-même le 17 avec le 1er régiment d'infanterie et le 1er de cavalerie qui sont tout ce qui me reste. Je laisse dans Breslau les 700 dragons arrivés ce matin, et 400 hommes du dépôt qui sont armés et équipés. Le général prussien de Gœrtzen a payé les garnisons de Glatz et de Silberberg il a introduit dans cette dernière forteresse un convoi d'argent, et a donné aux hommes qu'il a engagés jusqu'à 30 écus de prime.

Il est indispensable, Sire, que Votre Majesté me donne les moyens de me renforcer de 5 à 6,000 hommes, jusqu'à ce que Neiss ou Kosel soit pris. Votre Majesté voit aisément dans quelle situation je me trouve, mais, quelle qu'elle soit, elle peut être persuadée que rien ne sera négligé, et que je ferai, avec le peu de troupes que j'ai, tout ce qu'il sera possible de faire.

Comme j'aurai besoin de suite de cette augmentation de forces seulement jusqu'à la reddition d'une des deux places, Votre Majesté pourrait peut-être mettre à ma disposition 5 à 6,000 Saxons.

Breslau, 15 avril 1807.

Sire, je reçois à l'instant la lettre dont Votre Majesté m'a honoré en date du 10, par laquelle elle me laisse la liberté de donner le commandement, devant Kosel, au prince Sulkowski; mais Votre Majesté ignore que les

chevaux, les souliers, les armes et l'argent qu'il a pris,
étaient destinés pour la grande armée, et qu'il les a pris
paisiblement dans les cercles, malgré les représentations
d'un député de la Chambre de Breslau qui était chargé
par l'administrateur général de faire rejoindre tous ces
objets. Je lui ai fait écrire à ce sujet en lui enjoignant de
ne point faire des incursions en Silésie, et en lui faisant
connaître que le général Raglowitch commandait le blocus de Kosel. Le major général a sans doute mis sous les
yeux de Votre Majesté toutes les plaintes qui me sont
parvenues sur ce régiment. Les cercles qu'il a parcourus
refusent de payer leurs contributions, alléguant que le
prince Sulkowski les a déjà perçues par l'enlèvement des
objets qu'ils envoyaient à Breslau. Je crois, si Votre Majesté l'approuve, que le meilleur moyen d'utiliser ce régiment, est de l'envoyer sous les ordres du général Lefebvre, qui a le plus grand besoin de cavalerie, et je ne
sais ou en prendre. Au reste, j'ai expédié le lieutenant-
colonel Bouillé pour l'inspecter, et je doute fort que le
prince Sulkowski ait 300 chevaux en état de marcher, et
600 hommes à pied ; mais avec le peu qu'il a il commet
des horreurs en Silésie, et je suis informé à l'instant
qu'il vient de piller une ville.

J'ai donné ordre que l'on activât la confection des
250,000 chemises que doit fournir la Silésie, et qu'on les
dirigeât sur Thorn, à mesure qu'il y en aura 20,000
de faites.

Breslau, le 15 avril 1807.

Sire, j'ai l'honneur de rendre compte à Votre Majesté

que, malgré l'ordre que j'avais envoyé à Glogau d'y retenir 1,200 fusils français pour armer les 700 dragons qui
sont arrivés et les hommes qui sont en état de rejoindre
l'armée, l'on a jugé à propos de les diriger sur Thorn,
parce que, m'a-t-on écrit, le général Songis avait donné
l'ordre de les expédier sans le moindre délai. Je me
trouve donc ici avec 700 dragons et 400 hommes du dépôt, sans un seul fusil français. Je leur ai donné des fusils prussiens pour faire le service dans Breslau, puisque
je pars cette nuit pour me porter sur Glatz, au secours
du général Lefebvre, qui est dans une situation très critique, l'ennemi étant sorti de la place et ayant pris devant lui position ayant 6,000 hommes et plusieurs pièces
d'artillerie. J'espère qu'après-demain matin il sera ren-
tré dans ses murs malgré lui. Le 1er régiment de ligne et
le 1er de chevau-légers sont partis depuis hier et arriveront avec moi après-demain matin, devant Glatz.

Comme je suis obligé de réunir tous mes moyens, j'ai
envoyé à Schweidnitz les 400 hommes du dépôt qui y feront le service en remplacement de la garnison qui viendra me renforcer.

J'ai donné l'ordre de diriger sur Varsovie tout ce qui
est nécessaire pour le siége de Dantzig. Déjà un convoi
a pris cette direction.

Je supplie Votre Majesté de m'envoyer quelques officiers; car je n'en ai pas à donner aux soldats du dépôt,
et on ne peut pas les contenir. J'aurais aussi besoin d'un
officier général; le général Lefebvre est seul ici, et s'il
venait à tomber malade, je me trouverais dans l'embarras. Je puis assurer à Votre Majesté qu'il est impossible
d'avoir plus de zèle et d'activité que ce général.

Munsterberg, le 17 avril 1807.

Sire, j'ai l'honneur d'envoyer à Votre Majesté une dépêche du général Andreossi, transmise le 25 au prince de Bénévent, qui annonce à M. de Talleyrand la mort de l'impératrice d'Autriche. Comme il peut y avoir quelque affaire d'importance, je l'adresse directement à Votre Majesté.

Je reçois à l'instant une lettre du roi de Wurtemberg qui m'exprime la profonde affliction qu'il éprouve de ce que trois de ses régiments aient été détachés de son corps d'armée (ce sont ses propres expressions).

Les convois partent de Breslau sans interruption, et je reçois l'avis que 20,000 chemises seront expédiées demain.

Au quartier général, à Munsterberg, le 17 avril 1807,
à 7 heures du matin.

Sire, j'ai l'honneur de rendre compte à Votre Majesté que je suis venu prendre position à Munsterberg, hier matin, deux heures après mon arrivée, c'est-à-dire le temps de faire parvenir l'ordre au général Vandamme. Le feu a commencé devant Neiss. Une bombe a mis le feu à un caisson qui était dans une batterie des remparts, et l'a fait sauter, ce qui a occasionné à l'ennemi la perte de la plus grande partie des canonniers qui servaient cette batterie. C'est le rapport d'un déserteur.

Depuis ce matin à 5 heures, j'entends le canon du côté de Glatz. La totalité des troupes que j'ai avec moi est partie pour s'y rendre, et je vais monter à cheval à l'instant pour m'y porter moi-même. Si l'ennemi fait une sortie, j'espère le bien battre. Hier, le général Lefebvre lui a enlevé plusieurs villages. Ce soir je lui enlèverai ce qu'il occupe encore, et le forcerai à s'enfermer dans la ville. Le peu de troupes que j'ai avec moi est animé du meilleur esprit et ne désire que la sortie de l'ennemi.

Au bivouac devant Glatz, le 18 avril 1807,
à 9 heures du soir.

Sire, j'ai l'honneur de rendre compte à Votre Majesté des résultats heureux du combat d'hier.

Avant-hier, à 8 heures du soir, le comte de Gœrtzen sortit de Glatz avec 1,800 hommes, 6 pièces de canon, et marcha sur la droite du général Lefebvre, afin de prendre son camp à revers. Il passa la nuit dans les bois. Le lendemain, à 5 heures du matin, le major Pœlinghaufel sortit de Glatz avec 800 hommes, se porta sur Wartha et attaqua cette position, pendant que 800 hommes de la garnison de Silberberg marchaient également sur Wartha. Une fois maître de cette position, l'ennemi se trouvait, avec 1,600 hommes, prendre le général Lefebvre en arrière, pendant que le comte de Gœrtzen avec ses 1,800 hommes, le tournait par sa droite. L'attaque fut générale à 5 heures un quart. J'étais à Munsterberg, j'entendis le premier coup de canon et je marchai de suite au secours du général Lefebvre. A 11 heures j'arrivai à l'abbaye de Camentz ; mais le général Lefebvre, quoique attaqué de tous côtés et n'ayant avec lui que 1,800 hommes, fit face partout, partout battit l'ennemi, le poursuivit jusque sous la mitraille de la place, et là lui fit 500 prisonniers, lui prit un gros obusier attelé et ses munitions, deux petits obusiers, un major et 8 officiers. La canonnade fut vive jusqu'à 10 heures. Les ennemis laissèrent 300 morts sur le champ de bataille. 400 hommes se retirèrent dans les bois à une lieue de l'abbaye où j'étais. Je les fis attaquer de suite, et on me ramena 50 prisonniers. Le reste parvint à s'échapper.

A Wartha l'ennemi ne fut pas plus heureux. Une compagnie du bataillon wurtembergeois du brave colonel Scharffenstein, et une compagnie du 10ᵉ de ligne bavarois rendirent vains les efforts de l'ennemi.

Le colonel Beckers, commandant le 6ᵉ de ligne bavarois, et le colonel Scharffenstein, avec le reste de son bataillon, ont fait des prodiges de valeur. Le premier, quoique blessé à l'épaule, ne voulut point quitter son régiment, se portant avec un de ses bataillons tantôt à la droite, tantôt à la gauche. J'ai vu ce matin, Sire, en passant la revue de ce régiment et de ce bataillon, les deux braves colonels avoir les larmes aux yeux de ce qu'il ne leur avait point été destiné une des croix que Votre Majesté a mises à la disposition de leurs souverains respectifs. Je puis assurer à Votre Majesté que ces deux officiers sont ceux qui l'ont le mieux mérité de l'armée. Toujours aux avant-postes, il ne s'est point tiré un coup de fusil qu'ils n'y aient été. Le capitaine Brockfeld, commandant provisoirement les chasseurs à cheval de Wurtemberg, s'est particulièrement distingué. C'est lui qui a fait tous les prisonniers et pris le gros obusier.

Il m'est impossible, Sire, de renvoyer à Votre Majesté les 700 dragons, ni les chasseurs et les hussards, tant que je n'aurai point reçu les 6.600 Polonais que j'attends de Varsovie, et qui me serviront au moins à garder les places. Il faut, Sire, tout le talent, l'activité et la bravoure du général Lefebvre, pour s'être maintenu, comme il l'a fait, dans sa position. Je suis obligé de lui laisser le régiment des chevau-légers du roi de Bavière ainsi que tout le 10ᵉ de ligne. Il ne me restera donc, lorsque je retournerai à Breslau, que les dragons français et le 1ᵉʳ régiment de ligne.

Au bivouac devant Glatz, le 19 avril 1807,
à 8 heures du matin.

Sire, j'ai l'honneur de rendre compte à Votre Majesté que j'ai envoyé M. le lieutenant-colonel Bouillé pour inspecter le régiment du prince Sulkowski, et qu'il résulte de son rapport que ce régiment n'a jamais existé, et que le prince Sulkowski est un aventurier qui, après avoir commis toutes sortes d'horreurs et avoir mis une ville polonaise à contribution, s'est enfui, emportant avec lui tout l'argent qu'il a trouvé dans la caisse. On ne sait ce qu'il est devenu.

Au bivouac devant Glatz, le 19 avril 1807,
à 8 heures du matin.

Sire, je reçois la lettre dont Votre Majesté a bien voulu m'honorer le 13 avril, par laquelle elle m'enjoint de faire mettre dans les journaux de Breslau la nouvelle contenue dans la *Gazette de France*, que Votre Majesté m'annonce. Cette gazette ne m'est point parvenue.

Le siége de Neiss va très bien. Un tiers de la ville est

déjà brûlé, et, si j'avais 5,000 hommes de plus, je pourrais répondre que la ville capitulerait avant vingt jours.

Je quitte aujourd'hui le camp pour me rendre devant cette place où je serai demain. Depuis l'affaire d'avant hier l'ennemi est tranquille. La perte qu'il a éprouvée dans cette journée est au moins de 900 hommes. Je laisse cependant au général Lefebvre trois escadrons du régiment des chevau-légers du roi de Bavière, et je ramène avec moi le 4° escadron et le 1ᵉʳ régiment d'infanterie de ligne. Je serai joint demain au soir par 150 dragons français bien montés et bien équipés.

On avait répandu, à Breslau, le bruit que j'avais été battu, et déjà la chambre de guerre et des finances refusait de continuer ses fonctions. Je lui ai écrit une lettre sévère ; en même temps l'on a su que l'ennemi avait été défait, et que 500 prisonniers étaient dirigés sur Breslau. La chambre m'a écrit une lettre d'excuse et continue ses fonctions. Je puis assurer à Votre Majesté que ce pays a besoin d'être strictement surveillé. L'ordre du jour qui annonçait à chaque district qu'autant de ses habitants que de recrues que l'ennemi y ferait, seraient arrêtés, a produit le meilleur effet, et les baillis eux-mêmes m'avertissent lorsque l'ennemi demande des hommes.

Devant Neiss, le 20 avril 1807.

Sire, j'ai reçu la lettre dont Votre Majesté a bien voulu m'honorer, en date du 15 avril, par laquelle elle m'annonce l'arrivée prochaine de 1,455 cavaliers à pied que je dois encore monter. J'ai de suite écrit au général Fauconnet et à M. l'administrateur général afin que les

mesures nécessaires fussent prises pour la prompte remonte de ces hommes. Les marchés qui ont été déjà
passés pour les selles et les chevaux de dragons et de cuirassiers, seront continués sur le même pied, mais malgré
toute l'activité possible, je ne présume pas que ces cavaliers soient montés et équipés à la fin de mai. Votre Majesté peut être persuadée qu'il ne sera pas perdu un seul
instant dans l'exécution de ses ordres. Je serai sous peu
de jours à Breslau, et j'aurai l'honneur de rendre à
Votre Majesté un compte exact des moyens que je puis
avoir.

Je suis arrivé ce matin devant Neiss. Le siége est poussé
vigoureusement. Le feu des batteries a été très vif et a
déjà détruit près de moitié de la ville. Il sera continué
jusqu'à demain, et j'enverrai alors sommer le gouverneur
de la place. Cependant je ne pense pas qu'il se rende.

Au quartier général à Breslau, le 23 avril 1807.

Sire, je n'ai reçu qu'hier au soir, à mon arrivée de
Neiss, la lettre dont Votre Majesté a bien voulu m'honorer le 13 avril.

113 milliers de poudre d'un seul convoi, expédié de
Glogau, sont déjà arrivés à Thorn; j'en ai reçu la nouvelle. Il en est aussi arrivé à Varsovie une grande quantité que j'y ai dirigée en plusieurs convois. Je suis prêt à
faire de nouveaux envois, mais les moyens de transport
me manquent absolument. Il n'y a plus de chevaux en
Silésie. Tous ceux des différents convois ne sont pas revenus, et en voici la raison : les paysans ne pouvant emporter avec eux que très peu de fourrage, et n'en obte-

nant pas dans les lieux où ils s'arrêtent, seraient dans l'impossibilité de ramener leurs chevaux s'ils allaient jusqu'à Thorn. Ils préfèrent abandonner leurs voitures et fuir avec leurs chevaux. Il est essentiel, Sire, que des mesures soient prises pour remédier à ce grand mal dont les effets se font déjà sentir.

J'ai donné ordre que les différents détachements des deux régiments d'infanterie de Wurtemberg fussent dirigés sur Colbert. J'attends les 240 cuirassiers, leurs chevaux sont prêts et ils vont repartir de suite. J'ai déjà 200 dragons montés que j'ai envoyés momentanément au général Lefebvre devant Glatz.

Je viens de passer la revue des chasseurs qui sont arrivés il y a trois jours. Ils manquent, la plupart, d'effets d'habillement; mais je leur en ferai fournir, et je puis assurer à Votre Majesté que du 5 au 10 du mois prochain ils seront renvoyés, montés et équipés. Ce qui m'embarrasse, c'est qu'il leur manque à presque tous des carabines, à la totalité des pistolets, et à beaucoup des sabres. J'attends également des fusils et des pistolets pour les dragons.

Au quartier général, à Breslau, le 25 avril 1807.

Sire, j'ai l'honneur de rendre compte à Votre Majesté que l'on a saisi sur un courrier sorti de Kosel plusieurs lettres du prince Biron à sa femme et au major de Gœrtzen. J'ai l'honneur d'adresser à Votre Majesté le résumé traduit en français de celles au major de Gœrtzen, ainsi que celles à la princesse Biron qui sont écrites en français.

Votre Majesté jugera la conduite du prince Biron à qui j'avais accordé la permission de se retirer sur ses terres qui sont à quatre lieues d'ici, qui n'est point militaire, et qui n'a pour agir aucune autorisation du roi de Prusse.

Il m'est impossible de faire un nouvel envoi de poudre. Il ne m'en reste plus tant à Glogau que dans les autres places, que 391 milliers, ce qui est à peine suffisant pour l'approvisionnement de Glogau.

Résumé des différentes lettres du prince de Biron au major Gœrtzen.

—

Lettre N° 1, datée de Kosel, le 22 avril.

Le prince de Biron donne des détails sur les progrès des nouvelles levées ; il attend pour accélérer leur organisation l'arrivée du lieutenant Masson ; il est parvenu jusqu'à présent à équiper et à armer un escadron de hussards et 22 cuirassiers. Il est occupé en ce moment d'organiser un régiment d'infanterie ; il se loue de la belle tenue de ses soldats qui pourraient, dit-il, être passés en revue par le roi.

Il rend compte d'une sortie à la suite de laquelle ses chasseurs ont ramené 50 bœufs.

J'ai demandé, ajoute-t-il, la permission de sortir de Kosel, et j'espère qu'elle me sera accordée, attendu que je n'exerce aucune fonction militaire et que je ne dois être considéré que comme un simple particulier ; le seul désir de servir mon pays dans ces circonstances malheureuses, m'ayant porté à tâcher de lui être utile. Si l'on m'accorde la permission de sortir, je compte aller à Teschen, et j'espère m'entretenir avec vous sur l'organisation des nouvelles levées.

N° 2.

Le prince de Biron annonce au major Gœrtzen que le colonel Neumann, gouverneur de Kosel, est mort. Il lui dit que cette place étant investie, il ne pourra plus lui écrire et lui adresser ses rapports que rarement. Il n'a reçu aucune réponse à ses lettres du 3 et du 7. Le lieutenant Witowski, retenu par ses blessures, n'a pu encore se rendre à Kosel. Un escadron est maintenant au complet. Le capitaine Somoggy lui a rendu de grands services.

Il attend avec impatience l'autorisation du roi de Prusse pour agir. Il a fait la veille une sortie avec la permission du colonel Putkamer, commandant à Kosel, a tué un Bavarois et fait 4 prisonniers.

L'enseigne N... a reçu une balle dans le bras.

La forteresse est approvisionnée de tout pour 2 mois, et de farine et d'avoine pour 5. Il n'a point reçu depuis 15 jours des nouvelles du comte de Gœrtzen.

P. S. Il me reste 3,407 ducats à Teschen. Je ne puis les faire venir avant que le blocus ne soit levé, alors j'en ferai usage pour acheter des effets d'équipement. Si je ne reçois pas sous peu une autorisation du roi, je me retirerai à Teschen, et de là j'irai vous rejoindre à Glatz.

Le colonel Putkamer écrit au major comte de Gœrtzen qu'à la mort du colonel Neumann il a pris le commande-

ment de Kosel et engage sa parole d'honneur de défendre
la place jusqu'à la dernière extrémité.

Breslau, le 29 avril 1807.

Sire, je reçois la lettre dont Votre Majesté a bien voulu
m'honorer le 24 avril. Je ne puis que lui répondre qu'il
était dans mon plan que l'ennemi, au lieu d'abandonner
l'attaque de Wartha, s'entêterait à vouloir s'en rendre
maître. Le général Lefebvre était prévenu de mon mouvement; aussi ne s'est-il jamais inquiété de ses derrières,
et il a battu l'ennemi à la droite. Si je ne suis point arrivé
sur le champ de bataille, c'est parce que j'ai cru qu'il
fallait laisser l'ennemi s'engager entre le camp et moi,
afin de lui couper toute retraite s'il voulait y prendre position; certain d'ailleurs que le corps qui attaquait le
général Lefebvre sur la droite était moins fort que lui. Au
reste, Sire, je supplie Votre Majesté de croire qu'il n'y a
pas un être sur la terre qui ait autant à cœur que moi de
mériter son estime et de me rendre digne de ses bontés.
Je n'aime rien tant au monde que Votre Majesté; aussi
un seul mot d'approbation ou de désapprobation d'elle
me rend-il heureux ou malheureux.

J'attends que les dragons soient montés, que les cuirassiers soient partis (ce qui aura lieu trois jours après
leur arrivée), que les chasseurs soient en route pour me
rendre à Franckenstein. Cette position est nécessaire, vu
le peu de troupes que j'ai avec moi. Il ne restera rien à
Breslau pour le moment, et je n'aurai, compris les dragons et les lanciers polonais qui m'arrivent le 15, que
6,500 hommes. Schweidnitz est gardé par 600 Fran-

çais du dépôt. Brieg va l'être par 400 hommes aussi du dépôt, et je ne vais laisser à Breslau que les recrues polonaises que j'attends de Varsovie. J'aime le soldat avec passion, Sire. et je ne connais rien au monde qui puisse me consoler d'être éloigné de Votre Majesté que le bonheur de mériter son estime par quelque fait d'armes. J'avoue, Sire, que j'avais cru par ma conduite dans l'affaire du 17, y avoir fait un pas; car tout avait été prévu par moi, tellement que le général Lefebvre avait reçu l'ordre de marcher sur sa droite pour mettre entre lui et moi l'ennemi s'il avait tenu. Je puis assurer à Votre Majesté qu'il n'y a pas une heure dans la nuit comme dans le jour que je ne sois occupé; il n'y a pas un soldat que je n'inspecte, et, pendant les six jours de l'absence que j'ai été obligé de faire, on n'avait absolument rien fait à Breslau, Sire; je n'attends d'autre récompense qu'un seul mot de satisfaction de l'être que je chéris le plus au monde.

Breslau, le 1er mai 1807.

Sire, j'ai l'honneur de rendre compte à Votre Majesté qu'un régiment saxon, fort de 1,200 hommes, sera ici le 6. M. le ministre du roi de Saxe vient d'écrire que c'était d'après les ordres de Votre Majesté que ce régiment se mettrait en marche. Il viendra avec moi, et je laisserai alors à Breslau un bataillon bavarois avec le 2e régiment de dragons qui arrive le 4. Le 1er régiment de cavalerie légère pourrait partir, mais je n'ai rien, ni carabines, ni pistolets à lui donner. J'attends les cuirassiers qui doivent arriver le 4. Ils partiront le 8 avec tout le régiment de cavalerie légère, si je reçois d'ici à ce temps des armes pour eux. Les dragons manœuvrent et font très bien le service à pied. Ils n'ont que des fusils prussiens. J'ai près de 800 hommes sortis de l'hôpital et qui gardent Schweidnitz et Brieg. Sitôt la prise de Neiss, je les enverrai à l'armée avec les deux régiments de dragons. Je ne pense pas que Neiss tienne plus de 15 à 20 jours, mais quelque chose qu'il arrive, avec les troupes que je vais avoir, je puis répondre de la Silésie à Votre Majesté.

Breslau, le 2 mai 1807.

Sire, j'ai l'honneur de rendre compte à Votre Majesté que d'après les ordres que j'avais donnés au général Vandamme d'enlever les trois ouvrages avancés de Neiss qui sont le long de Breslau, cet officier général, malgré la grande difficulté et le peu de troupes qu'il a à sa disposition, s'est mis à leur tête et a emporté ces ouvrages à la baïonnette dans la nuit du 30 au 1er. Toutes les troupes qui les défendaient ont été prises ou passées au fil de l'épée (1). Cinq pièces de canon, 3 officiers et 100 prisonniers sont en notre pouvoir, cependant l'ennemi n'est pas encore disposé à se rendre.

Dans la même affaire, le lieutenant-colonel d'artillerie Guérin a été emporté par un boulet de canon. Cet officier avait remplacé le matin le chef de bataillon Marion au commandement de l'artillerie de siége.

Le colonel Morio, que j'avais envoyé porter à Sa Ma-

(1) Une lettre du 5 porte 9 pièces de canon au lieu de 5, et 136 prisonniers au lieu de 100.

jesté le roi de Bavière les drapeaux de Breslau, est de
retour depuis hier.

Breslau, le 3 mai 1807.

Sire, j'ai reçu la lettre dont Votre Majesté m'a honoré,
en date du 18 avril. J'ai envoyé l'ordre au prince Sul-
kowsky de se rendre sur-le-champ devant moi, mais l'on
n'a pu le trouver; il avait déjà pris la fuite. Si l'on par-
vient à le découvrir, je lui ferai restituer l'argent dont il
s'est emparé.

J'ai cru nécessaire de laisser à Schweidnitz 400 hommes pour contenir l'ennemi qui, étant en face dans le
comté de Glatz, pourrait faire des incursions dans le voi-
sinage. Il reste encore à Schweidnitz une enceinte, mais
elle est minée et prête à sauter au premier moment.

Les 700 dragons dernièrement arrivés sont en très bon
état. J'attends les autres et les cuirassiers. S'ils ne sont
pas arrivés avant que je quitte Breslau, je laisserai des
ordres pour que tout leur soit également fourni sans délai.

Les cuirassiers et la cavalerie légère pourront partir de
suite, mais je n'ai pas encore d'armes à leur donner.

Conformément aux ordres de Votre Majesté, je ferai
donner à la légion Polacco-Italienne des fusils prussiens.

Dans l'attaque des ouvrages avancés de Neiss, dont j'ai
eu l'honneur de rendre compte à Votre Majesté, l'on a
pris à l'ennemi 9 pièces de canon au lieu de 5, et au lieu
de 100 prisonniers 136, dont 3 officiers. Cinquante
hommes ont été passés au fil de l'épée.

Les capitaines du génie Deponthou et Prost se sont
conduits avec beaucoup de distinction, marchant à l'at-

taque à la tête des colonnes. Les lieutenants Hohenhorff, du bataillon de Bruxelles, Bauer et Mühler se sont aussi particulièrement distingués.

Le lieutenant-général de Camrer est arrivé hier pour remplacer, au commandement des troupes wurtembergeoises, le général baron de Seckendorf, qui a demandé à se retirer.

Breslau, le 5 mai 1807.

Sire, j'ai reçu la lettre dont Votre Majesté a bien voulu m'honorer, le 2 mai. Voici quelle est ma position.

L'ennemi a dans Glatz 9,000 hommes armés, dont 500 de cavalerie et 3,000 qui ne le sont pas ; dans Silberberg, 1,500 hommes et 100 chevaux. J'occupe Franckenstein, où est mon quartier général, Wartha et Kloster-Camentz : ces deux derniers points sont sur la Neiss. J'ai dans ces différentes positions, savoir : le 1er régiment d'infanterie de ligne, fort de 1,400 hommes ; le 6e de 1,300, et le 10e fort de 1,000 hommes (200 hommes de ce régiment étant employés aux escortes). J'aurai après demain un régiment de Saxons de 1,200 hommes, ce qui fait au total 4,900 hommes d'infanterie ; plus, le 1er régiment de chevau-légers, de Bavière, 350 hommes à cheval ; 2 escadrons du 1er régiment de dragons de Bavière, 150 hommes à cheval et 200 dragons français, ce qui fait en cavalerie 700 hommes. Par les points que j'occupe avec ces troupes, l'ennemi ne peut rien entreprendre sur Neiss, sans s'exposer à être coupé. Il ne pourrait passer que par Reichenstein, et alors en me portant avec tout mon corps à Patschkau, il serait pris

entre le général Vandamme et moi. Je puis réunir les
5,600 hommes en une heure et demie de temps. Je sui-
vrai bien exactement les instructions que Votre Majesté
veut bien me donner.

Les forces de l'ennemi dans Neiss sont de 5,500 hommes, dont 400 chevaux. Le général Vandamme a sous
ses ordres 7 régiments ou bataillons wurtembergeois faisant 4,200 hommes, 2 régiments de cavalerie faisant 500
chevaux, un de ces régiments n'étant fort que de 150
chevaux.

L'ennemi a dans Kosel 2,800 hommes, dont 200 chevaux. Le général Raglowitch, qui observe cette place, a
sous ses ordres le 5ᵉ régiment de ligne, fort de 1,200
hommes ; le bataillon d'infanterie légère de La Motte, de
500 hommes ; le 6ᵉ bataillon d'infanterie légère, de 500
hommes, ce qui fait 2,200 hommes, plus 2 escadrons du
2ᵉ régiment de dragons de Bavière, 140 hommes.

En récapitulant les forces de l'ennemi et les miennes,
il résulte que j'ai 11,300 hommes d'infanterie et 1,340
chevaux à opposer à 21,900 hommes, dont 1,200 de cavalerie.

Tel est, Sire, l'état des forces que j'ai de disponibles,
j'entends des hommes présents sous les armes et non pas
d'après les états de situation que font les officiers bavarois
et les wurtembergeois pour leurs généraux. Votre Majesté
remarquera que j'y comprends le régiment saxon et les 200
dragons français. Cependant, Sire, je suis assez fort pour
contenir l'ennemi. Mes troupes sont bonnes et les siennes
ne valent rien. Il restera à Breslau le second régiment de
dragons, qui arrive le 8, et lorsqu'il sera en état de partir, la légion Polacco-Italienne sera alors arrivée, de
sorte que Breslau aura toujours des troupes.

Les cuirassiers arrivent demain 6 et repartiront le 12. Le régiment de cavalerie légère partira le 15 , si je reçois d'ici à ce temps les armes que j'attends. Le 1er de dragons se mettra en route du 25 au 30.

J'ai eu l'honneur d'écrire à Votre Majesté qu'il restait encore à Schweidnitz une enceinte minée et prête à sauter, et quelques ouvrages avancés que le manque de poudre m'a encore empêché de détruire. Les hommes qui y sont n'ont rien à craindre des surprises, je les couvre. D'ailleurs, c'est un point que je ne crois pas inutiles, en ce qu'il appuie ma droite, et ces hommes que j'ai organisés en compagnies, manœuvrent avec autant d'ensemble que s'ils étaient du même régiment. J'aurai l'honneur d'envoyer à Votre Majesté l'état, par corps, des 1,000 hommes du dépôt. Il m'est arrivé depuis hier mille fusils d'infanterie française.

Le gouverneur de Neiss, à la dernière sommation que je lui ai faite, m'a fait savoir qu'il ne pouvait pas se rendre, puisqu'il avait encore des moyens de défense. Cependant je ne crois pas que cette place tienne encore plus de quinze jours. Le siége a été commencé en règle et se continue de même.

Breslau, le 8 mai 1807.

Sire, j'ai l'honneur de mettre sous les yeux de Votre Majesté une note que vient de me présenter M. le comte de Bethuzy, qui prouve l'avantage du transport par eau de tous les objets que Votre Majesté a demandés. Il faudra trente et un jours, par cette voie, pour l'arrivée des convois, au lieu de vingt-sept qu'ils mettent ordinairement par terre, mais cette légère différence est bien compensée. Trente bateaux transportent la charge de 3,000 chariots qu'il est bien difficile de réunir en ce moment par la rareté des chevaux, et les objets de transport arriveront tous ensemble et en bon état. M. le comte de Bethuzy m'ayant demandé l'autorisation d'adopter ce parti, j'ai jugé que l'avantage qu'il offre pouvait me permettre de la lui accorder.

Dans trois jours, 30 bateaux partiront, portant la charge de 3,000 chariots ; 600 voitures partiront avec les objets les plus nécessaires.

Breslau, le 8 mai 1807.

Mémoire de comparaison.

Les bateaux mettent de Breslau à Glogau 4 jours, et de Glogau, par Custrin, à Bromberg 27, total, jusqu'à Bromberg, 31 jours. D'après le dire de la compagnie des bateliers de Breslau, de Bromberg à Thorn, il n'y a par terre que 4 milles, espace facile à franchir par terre, et à Bromberg se trouvent toutes les facilités de déchargement. De ce point l'on peut encore diriger, par eau, et sur Thorn, et sur Tharcenverder, surtout dans un très court espace de temps.

Trente bateaux transportent à la fois la charge de 3,000 chariots environ, qui demandent pour les rassembler, pour les faire fournir de fourrage, les charger et le mener, etc., plus de quinze jours ; et douze jours de marche. La différence n'est que de peu de jours, et le convoi réuni paraît plus assuré par la voie du transport

par eau, à laquelle, de toute façon, une partie est destinée. S. A. le prince Jérôme a paru approuver ce dernier
parti : le comité désirerait en recevoir la certitude.

Breslau, le 9 mai 1807.

Sire, je reçois la lettre dont Votre Majesté a bien voulu
m'honorer, en date du 3 mai. Elle peut être persuadée
que je mets toute l'activité possible à expédier très promptement la cavalerie que j'ai ici en remonte.

J'ai passé avant hier la revue de 237 cuirassiers du
1er régiment provisoire, et ce matin, à quatre heures,
celle des cuirassiers et dragons du 2e régiment. Les 237
cuirassiers partiront d'ici le 12 ; et le 15 partira également la cavalerie légère. Je suis seulement embarrassé
de me procurer des sabres et des casques pour le 2e régiment de dragons et de cuirassiers.

Ce matin, 430 hommes du dépôt, après avoir passé
par mon inspection, se sont mis en route à cinq heures ;
170 sont dirigés sur Varsovie, pour aller rejoindre leur
corps, et 260 pour Thorn. J'ai l'honneur d'adresser ci-
joint, à Votre Majesté, l'état, par corps, de ce détachement.

Le régiment saxon, dont j'ai passé hier la revue, et
qui n'est fort que de 1,000 baïonnettes, est parti ce matin pour Franckenstein, où il arrivera demain en même
temps que moi.

Tous les détachements de cavalerie portés sur la note
qui est jointe à la lettre de Votre Majesté, sont arrivés.

Au quartier général, à Breslau, le 10 mai 1807,
à 1 heure 3/4 après midi.

Sire, j'ai reçu la lettre dont Votre Majesté a bien voulu m'honorer, en date du 6 mai, au moment où je partais pour Franckenstein. Après demain 200 cuirassiers, les 230 dragons qui sont à Franckenstein, 160 chasseurs et 300 hommes d'infanterie partiront pour Thorn. Je puis assurer Votre Majesté qu'il n'a jamais été perdu un instant pour la prompte remonte de sa cavalerie.

Toutes les troupes que j'ai de disponibles sont à Franckenstein, où je me rendrai cette nuit.

Je ne dois pas laisser ignorer à Votre Majesté que cette province est travaillée en ce moment d'une manière extraordinaire. Tous les habitants, malgré les exemples sévères que j'ai faits, s'arment de tous côtés, et sitôt que l'absence des troupes ne leur laisse plus de crainte, ils se disposent à la révolte.

A Bunzlau, qui est cependant sur mes derrières, des paysans se sont armés et ont enlevé des chevaux et un fourgon appartenant à moi et à plusieurs officiers. A Strigau ils ont enlevé 120 malades wurtembergeois et les ont amenés dans des voitures. Je puis assurer Votre Majesté que les esprits sont en fermentation, que l'ennemi tire des armes de l'Autriche, et qu'il y a dans ce moment plus de 12,000 hommes à Glatz. Partout où ils seront rencontrés, ils seront sûrement battus, parce que leurs troupes sont excessivement mauvaises; mais comme leurs officiers n'ignorent point cela, ils se montrent sur plusieurs points à la fois, et sitôt qu'ils savent que quelque troupes marchent contre eux, ils quittent les armes, et se confondent avec les habitants, et moi je n'ai point assez de troupes pour pouvoir les diviser.

Je rends compte exactement à Votre Majesté de tout ce qui se passe, parce que je vois qu'elle ne croit pas que l'ennemi ait autant de ressources dans ce pays qu'il en a réellement.

J'ai l'honneur d'envoyer à Votre Majesté la traduction d'une lettre de Glatz.

Au quartier général, à Franckenstein, le 13 mai 1807,
à 5 heures du matin.

Sire, j'ai l'honneur de rendre compte à Votre Majesté que je suis arrivé avant hier au camp devant Franckenstein.

Hier matin, à 11 heures 3/4, le major Smith, que j'avais envoyé en partisan dans les environs de Silberberg, avec 400 hommes d'infanterie et quelques chevaux, m'ayant fait dire que l'ennemi était sorti de Glatz et de Silberberg avec 2,000 hommes d'infanterie, trois escadrons et deux pièces de canon pour aller attaquer Schweidnitz ou Breslau. J'ai sur-le-champ envoyé à sa poursuite le général Lefebvre avec 1,000 hommes d'infanterie, 80 chevaux, et deux pièces d'artillerie légère. J'ignore encore s'il a pu l'atteindre.

L'ennemi a fait hier, vers les 5 heures de l'après midi, une sortie de Silberberg, et a engagé une forte fusillade avec mes avant-postes. Dans un instant le camp a été sous les armes ; je me suis porté en avant avec un bataillon et deux escadrons, et l'ennemi a été forcé de se retirer dans un village sous le canon de la forteresse.

Au moment où j'allais le faire enlever, un officier prussien s'est présenté de la part du commandant, et a demandé à un major bavarois, qui se trouvait en avant, de faire cesser le feu, parce qu'il avait à remettre six chirurgiens prisonniers. Le major, contre toutes les règles de la guerre, a pris sur lui d'arrêter son mouvement, et l'ennemi, profitant de ce moment, a fait sa retraite avec perte de deux hommes tués et quatre faits prisonniers. Les six chirurgiens m'ont été cependant remis, mais j'ai fait dire au commandant, par un de mes aides de camp, que je ne trouvais point sa conduite loyale, et que ce n'était point en attaquant que l'on venait parlementer.

Lorsque le général Lefebvre sera de retour à Franckenstein, je me porterai sur Neiss pour presser plus vigoureusement les opérations du siége, et je ne quitterai qu'après sa reddition, et lorsque Glatz et Silberberg seront bloqués de manière à n'en laisser rien sortir. Le corps d'observation qui est devant Kosel est suffisant pour contenir la garnison et intercepter ses communications.

Au quartier général, à Franckenstein, le 13 mai 1807,
à 8 heures du soir.

Sire, je reçois à l'instant la lettre que Votre Majesté m'a fait l'honneur de m'écrire d'Elbing le 9 mai. J'ai l'honneur de lui envoyer une lettre que je viens de recevoir du général Lefebvre qui est à la poursuite de l'ennemi. Les 400 hommes partis la veille l'ont joint, de sorte qu'il se trouve avoir 1.400 hommes d'infanterie, 120 chevaux et 2 pièces de canon. Il m'eût été impossible d'envoyer un corps plus considérable sans découvrir Neiss qui est en ce moment un point important. Il paraît certain que l'ennemi marche sur Breslau qui, avec les troupes qui y restent, peut tenir vingt-quatre heures, et le général Lefebvre n'est qu'à huit heures de marche de l'ennemi. J'ai d'ailleurs dit que l'on fît rétrograder les 600 hommes de cavalerie qui sont partis ce matin de Breslau, jusqu'à ce que l'on sache ce qu'est devenu ce corps ennemi et quelle est sa force. En repoussant hier l'ennemi dans Silberberg, j'ai empêché une colonne de 800 hommes d'infanterie et de 80 chevaux de se joindre aux troupes qui sont déjà dehors.

Je puis assurer à Votre Majesté que si l'ennemi avait le moindre succès, il lui serait fort aisé d'avoir de 3 à 4,000 hommes sous les armes avant huit jours, et que si je n'ai pas Neiss dans dix jours, comme je l'espère, il me serait impossible de me tenir en Silésie autrement que sur la défensive, et par là Votre Majesté serait non-seulement privée des ressources de la province, mais encore il y aurait une foule de partisans qui inquiéteraient les derrières de l'armée. Je puis cependant dire à Votre Majesté que je ne néglige aucun moyen de surveillance vis-à-vis d'un ennemi toujours informé de mes moindres mouvements. Je suis jour et nuit à cheval et partout où l'ennemi se présente. Le régiment saxon n'est actuellement fort que de 900 baïonnettes, le reste a déserté. 180 hommes d'infanterie du dépôt sont partis hier matin pour Thorn escortant cinquante-cinq voitures d'avoine et de biscuit.

J'ai l'honneur de mettre sous les yeux de Votre Majesté une lettre que vient de recevoir le général Hédouville du général Legrand sur les enrôlements que les Prussiens font dans les principautés d'Anspach et de Bayreuth.

Au quartier général, à Franckenstein, le 15 mai 1807,
à 4 heures du matin.

Sire, j'ai l'honneur de rendre compte à Votre Majesté que l'ennemi a été joint hier à 4 heures du matin à Canth se dirigeant sur Breslau. Le général Lefebvre a attaqué aussitôt le village et l'a enlevé à la baïonnette en faisant 150 prisonniers. L'ennemi s'est alors retiré dans la plaine où le général Lefebvre l'a suivi et a engagé l'action. Arrivés à portée de fusil, les Saxons, sans décharger leurs armes, les ont jetées et ont disparu. Aussitôt le point qu'ils soutenaient a été débordé, et le reste de l'infanterie a été développé, mais les braves Bavarois, faisant face partout, ont résisté aux efforts de l'ennemi, malgré sa grande supériorité. Cependant leur position devenait critique sans l'intrépidité de 100 chevau-légers du roi ou dragons de Minucci qui, après avoir taillé en pièces la cavalerie ennemie, forte de 300 hommes, sont revenus sur l'infanterie et l'ont chargée cinq fois avec la plus grande détermination. Le général Lefebvre, affaibli par l'abandon des Saxons et par la perte de 200 hommes morts ou blessés, a été obligé de traverser à la nage une rivière où beaucoup d'hommes se sont noyés, et de se retirer à Schweidnitz avec précipitation. Nous avons pris à l'ennemi son artillerie, mais nous avons en même temps perdu la nôtre. Le général Lefebvre est venu lui-même me rendre compte de cet événement malheureux, et m'a dit que sur trois compagnies de Saxons d'élite qu'il avait avec lui, il n'était revenu qu'un officier et trois hommes. Il est retourné à Schweidnitz, et je viens de lui renvoyer un renfort de 300 hommes d'infanterie et 100 chevaux. J'espère que par le moyen de ce secours combiné avec la marche du général Fauconnet qui s'avance de Breslau avec les cuirassiers et les chasseurs, il pourra couper la retraite de l'ennemi sur Glatz.

Je suis obligé en ce moment, Sire, de faire usage de tous les moyens que je puis me procurer ; les troupes sont animées du meilleur esprit, mais elles sont en trop petit nombre, et l'ennemi se renforce et s'aguerrit tous les jours. J'ai déjà fait à Votre Majesté un exposé exact de ma situation. Je lui ai fait connaître l'état de mes forces. Cependant elles me suffiraient si je pouvais être maître de Neiss ; mais il paraît que cette place n'est pas prête à se rendre, d'après une lettre que vient de m'écrire le général Vandamme. J'ai l'honneur de la mettre sous les yeux de Votre Majesté, avec la copie de la sommation et de la réponse du gouverneur.

Je compte fort peu sur les Saxons qui me restent, je crois que plus loin de chez eux ils iraient mieux. J'ai besoin d'un renfort de 8,000 Français ou Bavarois, et 1,000 chevaux. L'ennemi remue beaucoup et devient entreprenant. S'il le devient trop, je serai obligé de lever

le blocus de Kosel et le siége de Neiss, et de réunir toutes
mes forces en plaine, jusqu'à ce que je reçoive des renforts. Votre Majesté peut cependant être persuadée que
je ne ferai usage de ce moyen qu'à la dernière extrémité.
Schweidnitz me paraît un point important à garder. C'est
toujours de ce côté que l'ennemi est obligé de déboucher, lorsqu'il veut se porter sur un point quelconque, et
par conséquent où on peut l'attaquer avec avantage.

Au quartier général, à Franckenstein, le 16 mai 1807,
à 5 heures du matin.

Sire, j'ai l'honneur de rendre compte à Votre Majesté que l'ennemi, après l'engagement qu'il a eu le 14
avec le général Lefebvre, a été attaqué à Canth dans la
même matinée, vers les 11 heures, par le général Dumuy.
Son détachement, fort de 150 hussards à pied, de 50 dragons aussi à pied, et d'un escadron de chasseurs que
j'avais fait revenir, a enfoncé les portes du village où l'ennemi s'était renfermé, l'a mis dans le plus grand désordre,
lui a fait 200 prisonniers, et repris tous les Bavarois qui
avaient été faits prisonniers.

Le général Lefebvre, à qui j'avais envoyé à Schweidnitz un renfort de cavalerie et d'infanterie avec ordre de
se porter à Freyburg pour couper la retraite de l'ennemi, vient de m'annoncer qu'il a rencontré hier une de
ses colonnes se dirigeant sur Glatz. L'affaire a été chaude,
mais pas un instant indécise. L'ennemi a perdu 200
morts, 800 prisonniers, parmi lesquels 30 officiers et 3
pièces. C'était à peu près la force de cette colonne. 240
lanciers polonais avaient joint le général Lefebvre avant
son départ de Schweidnitz.

Prévoyant qu'une autre partie du corps ennemi cher-
cherait à gagner la forteresse de Silberberg, j'ai envoyé
hier soir le lieutenant-colonel Ducoudras, mon aide de
camp, avec 200 hommes d'infanterie et 100 chevaux,
pour les intercepter. Une fusillade que j'ai entendue, et
qui dure encore dans la direction où il se trouve, me fait
espérer qu'il a rencontré l'ennemi. Je viens de lui expédier un renfort de 500 hommes d'infanterie et de 100
chevaux sous les ordres d'un de mes aides de camp.

Votre Majesté peut voir par ces détails que ce corps
ennemi est presque entièrement détruit, mais elle peut
juger en même temps que, pour faire de telles sorties,
l'ennemi doit avoir de grandes forces dans Glatz. C'est ce
que tous les rapports me confirment.

Je fais partir les Saxons pour le siége de Neiss afin
d'éviter les différends qui pourraient s'élever entre eux
et les Bavarois à l'occasion de la conduite de ceux-là à
Canth.

Je viens de donner l'ordre que l'on fasse repartir la
cavalerie que j'avais rappelée, mais je prie Votre Majesté
de me permettre de garder les lanciers polonais; j'ai un
besoin indispensable de cavalerie.

Au quartier général, à Breslau, le 20 mai 1807.

Sire, j'ai l'honneur de rendre compte à Votre Majesté
que je suis arrivé à Breslau. J'ai passé hier la revue de
250 cuirassiers qui sont partis immédiatement après pour
la grande armée. Les 230 dragons auxquels j'avais fait
envoyer l'ordre de rétrograder, ne l'ayant pas reçu, ont
continué leur route et doivent être arrivés à Thorn en ce
moment.

Aujourd'hui je passe la revue de 480 chasseurs ou hussards, et, le 23, je les ferai partir pour Thorn.

Les lanciers polonais sont arrivés au nombre de 400 hommes, dont 280 montés. Je n'ai aucune nouvelle des 6,600 recrues que Votre Majesté m'a annoncé devoir venir de Varsovie. Comme je retourne au camp, je laisse des ordres pour qu'aussitôt leur arrivée, on en habille 2,000, et que l'on porte de suite les lanciers à 600 chevaux.

J'ai l'honneur d'envoyer à Votre Majesté un paquet qui m'est envoyé de Vienne par son ambassadeur.

Au quartier général, à Scheitnig, le 28 mai 1807.

Sire, j'ai reçu les deux lettres dont Votre Majesté a bien voulu m'honorer, le 23 et le 24 mai. Je ne doute point que la prise de Dantzig n'accélère la reddition de Neiss.

Je reçois à l'instant un rapport du général Legrand, gouverneur de Bayreuth, qui me paraît d'un intérêt majeur. J'ai l'honneur de le mettre sous les yeux de Votre Majesté. Elle seule peut savoir le degré de confiance qu'on doit accorder à ce rapport.

Le général de Pernety, que j'ai envoyé dans les montagnes avec un corps de 800 hommes, m'écrit de Hirschberg qu'une de ses colonnes a rencontré une centaine de paysans armés qui se sont battus pendant une demi-heure, et ont laissé sur le terrain plusieurs morts et quinze prisonniers. Il m'écrit également que les paysans se rassemblent quelquefois au nombre de 6 à 700, quittent leurs armes et se dispersent aussitôt qu'ils savent

que des troupes marchent contre eux, les reprennent et
se réunissent dès qu'elles sont éloignées. J'ai en conséquence autorisé le colonel Morio, que j'ai envoyé à
Dresde pour presser le départ de 2,400 Saxons, qui,
avec les 600 qui sont à Neiss, compléteront le nombre des
3,000 que Sa Majesté le roi de Saxe doit envoyer dans le
courant de ce mois; je l'ai autorisé, dis-je, à disposer de
1,400 hommes, et à les placer le long du Bober à
Hirschberg, Spiller, Greiffenberg et Lowenberg. Ces
corps ayant une réserve à Lauban, par ce moyen l'ennemi ne pourra plus se retirer dans les montagnes, et la
route militaire de la Saxe se trouvera entièrement pro-
tégée.

Le général de Pernety m'écrit aussi que sa cavalerie a
poursuivi quelques cavaliers ennemis qui n'ont pu échapper qu'en se jetant en Bohême.

Je saisis cette occasion pour dire à Votre Majesté combien je suis content des services du général de Pernety,
qui, sans négliger en rien la partie de l'artillerie, peut
être employé de la même manière que le général Lefebvre. C'est un officier distingué qui est propre à tous
les services.

Copie.

Bayreuth, 16 mai 1807.

Monsieur, le général Étienne Legrand, gouverneur
général de la province de Bayreuth, m'ayant fait inviter,
à mon arrivée dans la ville de Bayreuth, revenant de la Bohême, et nommément de Prague et d'Eger, où je m'étais
rendu à la rencontre de monseigneur le duc de Saxe-

Cobourg, mon souverain, m'interrogeant sur les rencontres que je venais de faire pendant mon voyage, et à l'égard des recrutements qui s'opéraient sur les frontières de la province de Bayreuth, le soussigné croit de son devoir de rendre un juste compte à Son Excellence, et de lui donner la déclaration suivante :

« Pendant un arrêt de presque quinze jours, tant dans « la Bohême même que sur les frontières, le soussigné a « rencontré journellement, surtout depuis le 4 jusqu'au « 8 du mois de mai, des troupes, des soldats prussiens, « non armés et non vêtus en uniforme, se disant ration- « nés et portant leur marche vers Glatz, où vers cette « partie de la Silésie, non occupée par l'armée victo- « rieuse. On l'a en même temps assuré qu'il y avait déjà « un corps ramassé et au delà de 2,000 hommes, soldats « rationnés et prussiens, qui cependant n'étaient nulle- « ment organisés et tout à fait sans armes.

« Le soussigné a appris à Éger qu'il s'y trouvait un « commissaire prussien nommé Hagen qui s'occupait à « enrôler de nouvelles troupes pour l'armée prus- « sienne. »

Au quartier général, à Scheitnig, le 29 mai 1807.

Sire, je reçois la lettre que Votre Majesté m'a fait l'honneur de m'écrire le 26, par laquelle elle veut bien m'apprendre la prise de Dantzig. Tout le monde, Sire, redouble d'efforts pour rendre Votre Majesté maîtresse de Neiss ; mais, manquant d'artillerie et de troupes, on ne peut guère déterminer sa reddition.

Votre Majesté m'a fait demander 100,000 quintaux de

blé, non avarié, et 100,000 quintaux de seigle. Le comité général a été assemblé hier. Le seigle se trouve en totalité, mais le froment n'existe point ici sans être germé jusqu'à deux lignes. J'ai en conséquence ordonné que 50,000 quintaux de froment seraient remplacés par la même quantité de seigle de bonne qualité, et qu'il fallait que les cercles se procurassent chez l'étranger les 50,000 quintaux de froment nécessaires. Cela a été ainsi arrêté, et dans deux jours on commencera les convois par eau.

Des 3,000 cavaliers que Votre Majesté m'a envoyés à monter, 430 doivent être déjà rendus à la grande armée, 400 autres vont partir dans trois jours. Ce qui m'empêche d'en envoyer le double, c'est que les partisans prussiens ont enlevé à Bunzlau 400 selles de cuirassiers ou de dragons qui arrivaient de Dresde. Votre Majesté peut être persuadée que je ne néglige aucun détail, malgré que je sois retenu au lit depuis huit jours par des hémorrhoïdes qui me font horriblement souffrir.

Scheitnig, le 31 mai 1807.

Sire, j'ai l'honneur de rendre compte à Votre Majesté que le gouverneur de N iss a capitulé aux mêmes conditions que Schweidnitz, c'est-à-dire que la garnison défilera le 16 juin, si elle n'est pas secourue. J'ai pris de telles mesures, que je puis assurer à Votre Majesté, qu'à moins d'événements imprévus, le gouverneur de Glatz, avec ses 12.000 hommes, ne mettra point d'obstacle à l'exécution de la capitulation. Elle sera signée après demain, et j'aurai l'honneur de l'envoyer à Votre Majesté. Ce sont les capitaines du génie Deponthou, officier d'ordonnance de Votre Majesté, et Prots, qui ont dirigé les opérations du siége. Ils ont toujours été à la tête des colonnes, toutes les fois qu'il s'agissait d'attaquer ou de repousser l'ennemi. Je saisis cette occasion pour rendre compte à Votre Majesté qu'il est impossible de mettre plus de zèle, d'ardeur et de dévouement dans le service que n'en met le général Vandamme. Je suis extrêmement satisfait de cet officier général.

Le colonel Morio m'a envoyé de Dresde deux bataillons saxons. dont un de grenadiers. Ils sont à Franckenstein, sous la conduite du lieutenant-colonel Bouillé, qui avait été les chercher. Il y avait avec lui 120 dragons français. En se rendant de Neurode à Franckenstein, il a rencontré l'ennemi qu'il a repoussé jusqu'à une lieue de Glatz. Le capitaine Mercier, qui commandait les dragons, a eu un cheval tué sous lui, et le lieutenant Creutzer a été tué. Les saxons se sont très bien conduits : un de leurs tirailleurs s'étant très avancé, a blessé ou tué l'officier commandant prussien. M. d'Esterno, qui a chargé avec les dragons, assure que c'est le major de Gœrtzen, gouverneur de Glatz. Ces troupes étaient sorties pour protéger la rentrée d'un convoi qui se rendait à Glatz : ce convoi étant déjà rendu sous le canon de la place, lorsque M. de Bouillé a aperçu l'ennemi, il n'a pu être intercepté.

Le général de Pernety est encore dans les montagnes ; je lui ai ordonné d'effectuer son retour en cotoyant les frontières de Bohême et en rentrant par Neurode.

Scheitnig, le 5 juin 1807.

Sire, j'ai reçu la lettre dont Votre Majesté a bien voulu m'honorer le 30 mai.

Hier, pour la seconde fois, six sangsues m'ont été appliquées, et aujourd'hui je me trouve tellement soulagé, que j'espère pouvoir quitter demain le lit. que je garde depuis le 22 mai, avec des douleurs très vives. Pendant deux jours mon médecin a craint d'être obligé de m'opérer; mais grâce à ses soins, je suis sans inquiétude.

Je n'ai encore que 1,500 Saxons, et d'après une lettre du major général, je ne dois pas en espérer davantage. Si j'avais les 3,000, je les enverrais bloquer Kosel, sous les ordres d'un officier français, et je réunirais tous les Bavarois et les Wurtembergeois pour faire le siége de Glatz et bloquer Silberberg.

J'ai l'honneur de rendre compte à Votre Majesté que je n'ai pas encore reçu une seule recrue des 6,600 qui doivent m'être envoyées de Pologne, ni un seul officier pour pouvoir compléter les cadres. Cependant j'ai 2,000 habits de prêts, et je puis porter les lanciers à 800 hommes à cheval, si j'avais les hommes.

Avant hier, j'ai fait partir pour la grande armée 230 dragons, et après demain partiront 250 dragons, hussards et chasseurs. Le second escadron provisoire de carabiniers et de cuirassiers se mettra en route très incessamment. J'aurai soin de faire monter les 400 hommes que Votre Majesté m'annonce.

Scheitnig, le 10 juin 1807.

Sire, je reçois la lettre dont Votre Majesté a bien voulu m'honorer, le 4 juin, au moment où je montais en voiture pour me rendre au camp.

L'ennemi compte tenter de délivrer Neiss demain

au point du jour ou après demain au plus tard; mais je suis en mesure de le bien recevoir. Voici les dispositions que j'ai faites. Un corps de 3,000 Wurtembergeois est en avant de Patskchau; 800 Saxons. 400 Bavarois et 250 hommes de cavalerie sont à Camentz; 1,000 hommes occupent Wartha; deux régiments d'infanterie bavarois, formant 2,300 hommes, occupent le camp devant Franckenstein avec 350 chasseurs français à cheval, 340 chevau-légers et 300 lanciers. L'artillerie est répartie sur ces différents points. J'ai fait faire une tête de pont à Camentz. Ainsi l'ennemi viendrait-il avec les 12,000 hommes disponibles, que je suis en état de le bien recevoir.

J'ai envoyé chercher, en poste, pour la défense de Breslau, où il n'y a que 1,000 Français, les deux régiments de Wurtemberg venant de Colbert, qui, au lieu d'arriver demain soir, arriveront cette nuit. J'ai également envoyé chercher un régiment de fusiliers de Wurtemberg, fort de 400 hommes, qui est à Glogau et qui sera ici demain. Il restera dans cette place encore assez de monde pour la défendre.

Il y a assurément dans Glatz 12 à 15,000 hommes, dont 12,000 bien armés, et dans Silberberg 1,600 hommes. Votre Majesté sait sans doute que cette dernière forteresse est sur une montagne presque inaccessible, et qui n'est nullement dominée. Il faudra pour la bloquer 3,000 hommes, à raison de sa position, qui coupe la communication des deux côtés de la montagne. Il ne me resterait pas assez de troupes pour faire le siége de Glatz, la totalité de mes forces, y compris ce qui est devant Kosel, se montant à 14,000 hommes.

Il n'y a dans Neiss, d'après la déclaration du commandant d'artillerie prussien. que 240 milliers de poudre et presque plus d'obus. Au reste, les inventaires ne devant être faits que le 15, je ne puis rien assurer jusqu'à cette époque.

J'ai l'honneur d'adresser ci-joint, à Votre Majesté, les noms des officiers, sous-officiers et soldats qui se sont le plus distingués au siége de Neiss et à l'affaire de Salzbrunn. Ils méritent, sous tous les rapports, les récompenses que je prends la liberté de demander pour eux à Votre Majesté.

P. S. J'ai l'honneur de mettre sous les yeux de Votre Majesté une lettre que M. le général Hédouville vient de recevoir de M. Bourgoin.

Neiss, le 17 juin 1807.

Sire, j'ai l'honneur de rendre compte à Votre Majesté que la garnison de Neiss a défilé hier matin devant moi. Elle était forte de 6,000 hommes d'infanterie et 326 de cavalerie : c'est la plus belle que j'aie encore vue en Silésie. 550 malades sont restés dans la ville ; 3,000 hommes de garnison sont dirigés sur la France, les autres étant mariés et établis dans la province ont la permission de se retirer chez eux. 165 officiers sont prisonniers.

Le colonel Morio, que j'envoie auprès de Votre Majesté, aura l'honneur de lui donner les renseignements qu'elle peut désirer sur l'état des fortifications, et pourra répondre sur toutes les questions qu'elle daignera lui faire sur la défense et sur l'attaque de la place. Je lui remets toutes les notes relatives à cet objet, n'ayant pas le temps de rédiger le mémoire que Votre Majesté m'a demandé.

Au camp devant Glatz, le 21 juin 1807.

Sire, j'ai l'honneur d'envoyer à Votre Majesté, par M. le prince de Hohenzollern, l'un de mes aides de camp, la capitulation de Kosel. La garnison défilera prisonnière de guerre le 16 juillet. C'est M. le prince de Hohenzollern que j'envoie, chargé de la négociation, avec le gouverneur de cette place, qui l'a décidé à se rendre. Je n'ai eu qu'à me louer de cet officier pour la conduite qu'il a tenue depuis qu'il est auprès de moi. Il m'a paru ambitionner beaucoup la faveur d'être décoré de la croix de la Légion d'Honneur, ainsi que M. le prince de Salm-Salm et le lieutenant-colonel Lepell : ces trois officiers sont les seuls de mes aides de camp qui n'aient pas reçu cette décoration.

J'ai l'honneur de rendre compte à Votre Majesté que j'ai commencé à investir Glatz depuis hier. Aujourd'hui toutes les positions que l'ennemi occupait devant la place ont été enlevées. Sa perte a été considérable. Nous n'avons eu que quelques officiers et soldats blessés. Demain je ferai attaquer le camp retranché où les ennemis sont réunis au nombre de 5,000 hommes environ, mais qu'ils n'ont point encore eu le temps de fortifier.

Depuis mon départ de Breslau, tous les cuirassiers et carabiniers sont partis pour aller rejoindre leurs corps respectifs. Après demain il partira encore 300 hommes de cavalerie bien équipés.

Je n'ai pas reçu depuis longtemps des nouvelles de Votre Majesté ni de celles du major général. Je suis dans de vives inquiétudes relativement aux bruits qui circulent ici depuis quelques jours sur les dernières affaires qui ont eu lieu à la grande armée.

Wartha, le 26 juin 1807.

Sire, j'ai l'honneur de rendre compte à Votre Majesté qu'après l'enlèvement du camp retranché, sous Glatz, M. le comte de Gœrtzen s'est rendu en personne à mon camp pour me demander à capituler. Je joins ici la capitulation signée par M. le capitaine de frégate Meyronnet, l'un de mes aides de camp et ratifiée par moi. Le 26, à dix heures du matin, la garnison défilera prisonnière de guerre, si elle n'est pas secourue d'ici à ce temps-là.

J'envoie au major général le nom des officiers français, bavarois et wurtembergeois qui se sont le plus distingués dans l'affaire du 24, ainsi que le journal des opérations du 9e corps depuis le 20. Notre perte, qui m'est actuellement bien connue, s'élève à 40 morts, 300 blessés, 4 officiers tués et 13 blessés. L'ennemi a éprouvé une perte de 2,000 hommes, dont 30 officiers, parmi lesquels 14 sont prisonniers.

Demain Silberberg sera entièrement cerné et la ville bombardée, parce qu'il s'y trouve 800 hommes.

Breslau, le 7 juillet 1807.

Sire, par une lettre du général Clarke, écrite au général Hédouville, j'ai appris que le roi de Suède avait rompu l'armistice le 3, et que les hostilités recommenceront le 13. Le général Clarke prie le général Hédouville de lui envoyer deux régiments de cavalerie, le maréchal

Brune en manquant totalement. Quoique le général Clarke ne me fasse part en rien de tous ces mouvements, je fais partir à l'instant le premier régiment provisoire de chasseurs français, fort de 460 hommes bien montés, bien équipés et exercés, commandés par un très bon officier qui s'est distingué avec son régiment dans toutes les occasions, et particulièrement à l'enlèvement du camp retranché de Glatz. Je vais en même temps rassembler, à Breslau, 4 à 5,000 hommes d'infanterie, un régiment de cavalerie et 600 lanciers polonais, afin d'être prêt à marcher où Votre Majesté le jugera nécessaire. Cela n'empêchera pas que Glatz, Silberberg et Kosel ne soient bloqués. J'attends les ordres de Votre Majesté.

Leignitz, le 17 juillet 1807.

Sire, j'ai l'honneur d'envoyer à Votre Majesté des dépêches qui m'ont été adressées de Vienne par le général Andreossi pour les princes de Neufchâtel et de Bénevent.

J'ai établi, depuis ce matin, mon quartier général à Leignitz, où j'attends de nouveaux ordres de Votre Majesté.

J'ai l'honneur, etc.

JÉRÔME NAPOLÉON.

www.ingramcontent.com/pod-product-compliance
Lightning Source LLC
Chambersburg PA
CBHW061309030726
47595CB00001B/272